AFRIKA WUNDERHORN

Reihe für zeitgenössische afrikanische Literatur
Herausgegeben von Indra Wussow

HELON HABILA

REISEN

ROMAN

AUS DEM ENGLISCHEN VON SUSANN URBAN

AFRIKAWUNDERHORN

Die Übersetzung aus dem Englischen wurde mit Mitteln des Auswärtigen Amts unterstützt durch Litprom e.V. - Literaturen der Welt

MIX
Papier aus verantwortungsvollen Quellen
FSC
www.fsc.org
FSC® C006655

Titel der Originalausgabe:
Travellers

Rohrbacher Straße 18, D-69115 Heidelberg
www.wunderhorn.de

Gestaltung & Satz: Leonard Keidel
Foto Seite 2: © Heike Steinweg
Druck: NINO Druck GmbH, Neustadt/Weinstraße
ISBN: 978-3-88423-636-9
Ebook ISBN: 978-3-88423-637-6

Für Sharon, Adam und Edna
Und für Sue

Vom Reisen gibt's keine Rast für mich …

Alfred Lord Tennyson, *Ulysses*[1]

Es gehört zur Moral, nicht bei sich
selber zu Hause zu sein.

Theodor W. Adorno, *Minima Moralia*[2]

1. Buch

EIN JAHR IN BERLIN

1

Wir kamen im Herbst 2012 nach Berlin und anfangs lief alles gut. Wir wohnten in der Nähe eines Parks in der Vogelstraße. Auf der anderen Straßenseite befand sich eine Apotheke, daneben ein Altersheim und ein Waiseninternat, ursprünglich ein Heim für ledige Mütter, die irgendwann weiterzogen und ihre Kinder zurückließen.

Das Internat bestand aus zwei düsteren Gebäuden – das eine deutlich jüngeren Datums – hinter einer hüfthohen Mauer aus Betonziegeln und riesigen Tannenbäumen. Abends tobten die Kinder durch den Park, hüpften auf Trampolinen und spielten Ball, glockenhell durchschnitten ihre Stimmen die kühle Luft. Morgens saßen sie im Hof hinter der Mauer und schnitzten unter den aufmerksamen Augen ihrer Betreuer aus Holzstücken Tiere oder flochten Weidenkörbe. Einmal, als Gina und ich früh unterwegs waren, entdeckte uns einer der Jungen, er war im Alter zwischen acht und zehn Jahren, kam angesaust, lehnte sich über die niedrige Mauer, machte fast einen Purzelbaum darüber, während er uns mit strahlendem Gesicht zuwinkte und „Schokolade! Schokolade!“ rief. Ich wandte den Blick ab, ignorierte ihn. Gina blieb stehen und winkte zurück: „Hallo!“ Wie seine Augen in dem kleinen Gesichtchen immer größer wurden! Überrascht und begeistert rannte er zu seinen Kameraden zurück. Das wiederholte sich jedes Mal, wenn er uns sah, und Gina tat ihm stets den Gefallen, aber ich gewöhnte mich nie daran. Gewöhnte mich weder an das dünne, erwartungsvolle Stimmchen, noch daran, dass die anderen Kinder, ungefähr ein Dutzend, innehielten und ihre gespenstisch ähnlichen Blondschöpfe hoben, mit ihren blauen Augen beobachteten, wie er winkte und „Schokolade!“ rief, als hinge sein Leben davon ab.

Mark lernte ich kennen, als er mit einem von Ginas Flyern in der Hand zu uns kam. „Ich komme deswegen“, sagte er und schwenkte den gelben Flyer, mit welchem Gina für ihre Porträtserie mit dem Titel *Reisende* echte Migranten als Modelle suchte. Fünfzig Euro pro Sitzung, gesponsert vom Stipendiumsgeld. Ich zeigte in Richtung Gästezimmer, das sie zum Atelier umfunktioniert hatte. Kurz darauf waren ihre Stimmen bis ins Wohnzimmer zu hören, ihre höflich, aber bestimmt, seine fragend, voller Einwände. Gina hatte ihn abgelehnt und ich hätte ihm sagen können, er brauche sich nicht ins Zeug zu legen, sie werde ihre Meinung nie und nimmer ändern. Später, als ich sie nach dem Grund fragte, meinte sie ohne weitere Erklärung, er passe nicht. Wahrscheinlich sah er zu jung aus, war sein Gesicht zu glatt, ohne den Charakter, den nur Zeit und Erfahrung verleihen. Die Woche davor hatte sie eine Frau mit ihrer vierjährigen Tochter gemalt. Während Gina ihre Staffelei aufbaute, wartete die Frau im Wohnzimmer, immer noch in ihrem Wollmantel, einem alten, schäbigen Teil, und als ich sie fragte, ob ich ihr den Mantel abnehmen könne, schüttelte sie den Kopf. Ich wandte mich an ihre Tochter, fragte, ob sie etwas trinke wolle, da zog die Frau ihr Kind näher zu sich heran. Vor zwei Wochen hatte ihr ein Mann, Manu, Modell gesessen, der mir erzählte, in seinem früheren Leben sei er Arzt gewesen, jetzt arbeite er als Türsteher in einem Nachtclub und warte auf die Entscheidung über seinen Asylantrag. Sein Gesicht war faltig, vor der Zeit gealtert, und ich wusste, Gina würde von diesen Falten entzückt sein, jede einzelne ausdrucksstarkes Zeugnis dessen, was er zurückgelassen hatte, der Grenzen und Flüsse und Wüsten, die er durchquert hatte, um nach Berlin zu kommen. Ebenso wäre sie von den Händen der Frau entzückt, mit denen diese den Arm ihrer Tochter umklammerte, rau und trocken, mit eingerissenen Nägeln, höchstwahrscheinlich ruiniert von der Arbeit in einer Hotelwäscherei oder Spülküche.

Mark kam aus dem Atelier und stand vor der Wohnzimmertür, lächelte gequält, in der einen Hand hielt er seine rote Jacke, in der anderen immer noch den gelben Flyer. Gina in ihrem farbbespritzten Overall stand bereits wieder an der Staffelei, tupfte mit zusammengekniffenen Augen an ihrem Gemälde herum.

Ich bot ihm an, mit ihm zur Bushaltestelle zu gehen. Ich hatte den ganzen Tag lesend in der Wohnung verbracht und musste mir die Beine vertreten. Vielleicht tat er mir auch leid, weil er den Weg umsonst gemacht hatte, eventuell machte mich neugierig, dass er anders, an ihm etwas Besonderes war, was wohl auch Gina bemerkt und weshalb sie ihn abgelehnt hatte. Genau diese Ausstrahlung hatte auf mich die gegenteilige Wirkung, weckte mein Interesse. In diesem Moment machte Mark einen deprimierten Eindruck, als hätte er die fünfzig Euro bereits verplant gehabt, fünfzig Euro, die er nun nie zu Gesicht bekommen würde. Ich fragte ihn, ob er schon einmal Modell gesessen habe. Er verneinte. Wer habe das schon, von professionellen Modellen abgesehen, außerdem sei er der Meinung gewesen, sie brauche Leute von der Straße, ganz normale Leute, und er sei doch normal.

Ich ging vor Mark die Treppe ins Erdgeschoss hinunter aus dem Haus. Ich wollte ihn nur bis zur Bushaltestelle begleiten und anschließend, wie schon des Öfteren einen Spaziergang um den kleinen See auf der anderen Straßenseite machen. Doch als wir ankamen, fuhr der Bus gerade los und ich beschloss, mit ihm auf den nächsten zu warten und als der nicht kam und Mark meinte, er wolle zu Fuß gehen, sagte ich aus einer Laune heraus: „Ich komme mit." Es war Frühling und im Westen drückte sich die Sonne herum, wollte so gar nicht untergehen, ihre schrägfallenden Strahlen waren für die Jahreszeit ungewöhnlich warm und hell. Perfektes Wetter. Wir mischten uns unter die Menge, die aus der S-Bahn geströmt kam, gingen am Wurststand, an einem erdbeerfarbenen Erdbeerstand vorbei. Die Berliner saßen Eis essend unter Sonnenschirmen. Vor uns kreischte eine winzige, dralle Dame in roter Jacke „Nein! Nein!" in ihr Handy, während sie auf dem Gehweg auf und ab spazierte, dabei sämtliche Passantenblicke niederzwang. Und je mehr die Leute glotzten, desto schriller wurde ihre Stimme, für einen kurzen Moment war sie berühmt. „Nein, ich weiß es nicht", schrie sie und sonnte sich in ihrer Prominenz.

Wir kamen an einer Bank vor einem Kaiser's vorbei, auf der ein Roma-Paar saß, die abgestumpften Kulleraugen auf ihre Tochter gerichtet, die mit einer Schale in der Hand auf dem Gehweg stand. Mark murmelte mit gesenktem Kopf vor sich hin.

„Was für ein schöner Tag", sagte ich. Er nickte. Ich begleitete ihn zwar, aber ihn aufzumuntern war nicht meine Aufgabe. Direkt vor uns gingen zwei Frauen Hand in Hand im selben Tempo wie wir, uns immer ein paar Schritte voraus, sie trugen die gleichen Jeansjacken, ihre schlanken, wohlproportionierten Körper und ihr bei jedem Schritt wippendes Blondhaar waren ein hübscher Anblick. Die beiden passten zu diesem Tag. Die eine war älter, vierzig vielleicht, die andere sah aus wie zwanzig, Mutter und Tochter oder Schwestern, Freundinnen oder ein Paar. Ihre ineinander verschränkten Hände verströmten im Kontrast zu den grob quietschenden Reifen und dem Hupen auf der Straße große Behutsamkeit.

Auf beiden Straßenseiten kreischte Neonschrift von Ladenfronten: McFit, McPaper, McDonald's – ein sehr amerikanischer Firnis auf den eher traditionellen Gassen und Seitenstraßen, den verschlafenen Vierteln, die still vor sich hin pulsierten wie die unter Beton und Asphalt begrabenen Straßenbahnschienen. In unseren ersten Berliner Monaten waren Gina und ich durch diese schmaler werdenden Straßen gewandert, die vom Kurfürstendamm wegführten, immer weiter, vorbei an Handwerksbetrieben, Suppenküchen, Blumenläden und Einfamilienhäusern, in denen Kinder und Eltern um den Abendbrottisch saßen. Noch vor wenigen Monaten waren diese Straßen leer und schneebedeckt gewesen, in jedem entlaubten Baum, vor jedem Laden hing grellbunte Weihnachtsbeleuchtung, wie Talismane gegen die bösen Wintergeister. Am George-Grosz-Platz verschwanden die beiden Frauen in einer Parfümerie. Mark und ich setzen uns und beobachteten die gelben Doppeldeckerbusse, die anhielten und abfuhren, wieder anhielten, die ein- und aussteigenden Menschen. Schweigend saßen wir da, genossen die letzten Sonnenstrahlen des Tages. Angesichts der Leute, die vor den Straßencafés saßen, Kaffee tranken und rauchten, meinte Mark: „Das könnte genauso gut in Paris sein.“ Nach ungefähr einer halben Stunde seufzte er und stand auf, winkte zum Abschied und ging mit langsamen Schritten zur U-Bahnstation Adenauerplatz. Ich fragte mich, was er wohl für eine Geschichte hatte, ob ich ihn wiedersehen würde.

Gedankenverloren blieb ich im Dämmerlicht sitzen. Ein Mann mit feistem Gesicht rannte unbeholfen hinter einem M29-Bus her, zu spät. Er blieb stehen, wedelte frustriert mit den Armen, umflattert von seinem offenen Trenchcoat. Als er sich umdrehte, stellte ich fest, dass es kein Mann, sondern eine Frau war, die Hängebacken missmutig verkniffen. Eine junge Frau stieg auf hohen Absätzen aus dem M19-Bus und setzte sich auf die Bank neben mir. Sie holte Lippenstift und Spiegel heraus. Als sie beides in ihre Tasche zurückstopfte, sah sie auf und unsere Blicke trafen sich. Sie lächelte und dann war sie weg, mit einem für die Leute hier typischen Affenzahn. Ich hätte ein Gespräch anfangen können, hätte „Hallo" sagen können und vielleicht hätten wir dagesessen und uns unterhalten, elegant wie Pariser. Hätten vielleicht über George Grosz geredet, den Namenspatron des Platzes, Maler, Intellektueller, Rebell, der den Ersten Weltkrieg überlebte und im Zweiten den Nazis Paroli bot, nach Amerika floh, nur um heimwehkrank nach Berlin zurückzukehren und nach einer durchzechten Nacht eine Treppe hinunterzustürzen.

„Ein schöner Tod", hätte sie vielleicht gesagt. Während ich ihr nachsah, spürte ich die unüberbrückbare Kluft zwischen mir und dieser Stadt größer werden. Selbst wenn ich ihre Sprache spräche, die Sprache dieser Stadt, würde die junge Frau mich verstehen? Vor einem Monat wollte ich bei der Post einen Brief aufgeben und die Frau am Schalter, eine flachsblonde Schreckschraube, hatte mich angestarrt, sich geweigert, mit mir Englisch zu sprechen, und wir lieferten uns ein Blickduell, während die Schlange hinter mir immer länger wurde. Sie brüllte mich auf Deutsch an und ich antwortete auf Englisch, dass ich Briefmarken kaufen und meinen Brief aufgeben wolle, bis schließlich vom Ende der Schlange eine Frau nach vorn kam und dolmetschte. Es war eine verkrampfte Pattsituation und ich schwitzte, als ich auf die Straße trat. Eine Woche später nahm ich Deutschunterricht.

2

„Du musst mitkommen, Darling", sagte Gina vor einem Jahr in unserer Wohnung in Arlington. „Ich kann das nicht ohne dich." Sie hatte das renommierte Berliner Zimmer-Kunststipendium erhalten. Ein Jahr Berlin. Vielleicht war das genau das Richtige, um aus unserem festgefahrenen Leben, unserem Alltag auszubrechen. Jedes Jahr wählte die Zimmer-Jury zehn Künstler aus aller Welt aus – Schriftsteller und Maler, Filmregisseure und Komponisten – und in diesem Jahr war Gina eine von zwei Stipendiatinnen aus den USA. Sie war Juniorprofessorin an der Universität von Arlington, ich brachte in einem Hinterzimmer der Stadtbibliothek koreanischen Einwanderern Englisch bei. Außerdem arbeitete ich an meiner Hochschule als wissenschaftlicher Assistent, damit waren die Studiengebühren abgedeckt. Beim Unterrichten ging ich äußerst besonnen vor; jedes Mal, wenn ich vor den erwartungsvollen jungen Gesichtern stand, fühlte ich mich wie ein Hochstapler. Würden sie alles, was ich ihnen erzählte, für bare Münze nehmen, und welches Recht hatte ich, welches Wissen, welche Erfahrung, um mich als Autorität zu gerieren? Ich war erst fünfunddreißig, vielleicht wenn ich fünfzig wäre, mehr gereist wäre, mehr erlebt hätte …

„Es ist nur ein Job, Darling", sagte Gina, pragmatisch wie immer. „Du siehst das zu kritisch."

Oder vielleicht liege es auch an meiner Angst, mich festzulegen, mutmaßte Gina und bezog sich nicht nur auf meine halbfertige Dissertation, sondern auch auf unser Vorhaben, nach unserer Promotion zu heiraten. Sie hatte ihre bereits. Drei Jahre lang hatten wir in ihrer winzigen Studentenbude mit Blick auf einen Parkplatz zusammengelebt. Aber nein, sagte ich, das liege nur an meinem migrantischen Charakter, der mich auf ein Zuhause, auf Beständigkeit in dieser neuen Welt hoffen, aber auch vor langfristigen Bindungen zurückscheuen und ständig Fluchtpläne schmieden lasse.

Wir heirateten dann doch noch und die Ehe war gut, stabil, wir hatten einen geregelten Tagesablauf wie die meisten Ehepaare. Wir wachten gemeinsam auf, gingen zur Arbeit, abends saßen wir auf unserem schmalen Balkon und blickten auf den Parkplatz, tranken eine Flasche Wein, manchmal gingen wir ins Kino oder essen und vielleicht zögerte ich aus diesem Grund, Berlin zuzusagen: Was, wenn wir hingingen und die Dinge zwischen uns anders wurden? Was, wenn uns Berlin mehr veränderte als angenommen? Mir war bewusst, dass Gina sich, abgesehen von seinem Prestige und der Wichtigkeit für ihre Karriere, auch deshalb für das Zimmer-Stipendium beworben hatte, weil ich über afrikanische Geschichte des 19. Jahrhunderts, mit Schwerpunkt Berliner Konferenz 1884, promovierte, und was würde mich mehr zur Recherche animieren als ein Jahr Berlin? Trotzdem zögerte ich, denn bekanntermaßen ist jede Abreise ein Tod, jede Rückkehr eine Wiedergeburt. Die meisten Veränderungen sind nicht geplant und hinterlassen unweigerlich eine Narbe.

Zwei Monate nach der Hochzeit wurde Gina schwanger. Das war so nicht geplant und ganz bestimmt hatten wir nicht einmal einen Gedanken daran verschwendet, dass die Schwangerschaft im siebten Monat enden könnte. Beide waren wir am Boden zerstört, aber Gina hatte sich verändert. Sie ging nicht mehr aus dem Haus, weinte den ganzen Tag, aß nicht mehr. Ich konnte nicht viel tun; ich saß neben ihr, hielt ihre Hand, erinnerte sie daran, dass wir jung waren und es noch oft probieren konnten. Ich las ihr Gedichte vor, was ich vor unserer Heirat häufig getan hatte. Ihr zweiter Name war Margaret und ich rezitierte Gerard Manley Hopkins' *Frühling und Herbst: Margaret, ist dein Herz so taub, / weil in Goldengrove nun gilbt das Laub?* Normalerweise munterte sie das auf und sie lächelte dann kopfschüttelnd, diesmal jedoch nicht. Sie drehte das Gesicht zur Wand und rollte sich wie ein Fötus zusammen, machte sich winzig klein. Gina war immer stark gewesen, vielleicht stärker als ich, ganz sicher dynamischer als ich, und nun erlebte ich sie zum ersten Mal ganz hilflos. Wie plötzlich und unerwartet alles anders geworden war, gerade noch waren wir ein normales Ehepaar gewesen, jung, die Zukunft vor uns, im nächsten Moment vom Unglück gebeutelt, am Boden zerstört und hilflos.

Irgendwann fuhr sie zu ihren Eltern nach Takoma Park und kehrte nicht zurück; am nächsten Tag kam ihre Mutter, warf Ginas Sachen in eine Tasche und sagte, Gina müsse sich ausruhen, erholen, fügte sie hinzu. Ihr Verhalten deutete darauf hin, dass sie mir die Schuld am Zusammenbruch ihrer Tochter gab. Mit dem Vater kam ich besser aus, einem emeritierten Professor, der in den Achtzigern dank eines Fulbright-Stipendiums ein Jahr in Nigeria verbracht hatte und auf dieses Jahr voller Zuneigung zurückblickte. Ich hockte allein und einsam in unserer Zwei-Zimmer-Wohnung und rief Gina jeden Morgen an, wollte wissen, wie es ihr ging, und herausfinden, wann sie zurückkam. Und, da ich nichts anderes zu tun hatte, als vor dem Fernseher Däumchen zu drehen, fing ich an zu trinken. Zuerst trank ich nur abends, dann nachmittags, schließlich morgens. Ich konnte diese Abwärtsspirale aus eigener Kraft nicht stoppen.

Gina blieb sechs Monate bei ihren Eltern und in dieser Zeit bewarb sie sich für das Zimmer-Stipendium. Auf den

Tag sechs Monate, nachdem sie gegangen war, betrat sie aufgeregt unsere winzige Wohnung, ihre Augen glänzten hoffnungsvoll, als sie mir die Antwort-E-Mail zeigte. An diesem Abend fuhr sie nicht zu ihren Eltern. Wir hielten uns die ganze Nacht umfangen. Berlin. Vielleicht war das die Lösung für uns. Ein Ausbruch aus unserem auseinanderbrechenden Leben.

3

„Sogar in Berlin sehne ich mich nach Berlin", sagte Mark gern. Er lebte mit seinen drei Freunden Stan, Eric und Uta in Kreuzberg in einer leerstehenden Kirche an der Spree. Sie war schief, wirkte, als könnte man sie mit der Fingerspitze umstupsen. Eines dieser verfallenen Bauwerke, die man in Berlin gelegentlich sieht, vom Krieg verschont, von der Abrissbirne übersehen und die sich neben neueren Gebäuden seltsam ausnehmen. Die Barockfassade samt ihrem Kirchturm mit gedrehter Spitze lag hinter einem engmaschigen Drahtzaun, der das Gemäuer von den Nachbarhäusern und vorüberfahrenden Autos abschirmte. Die meisten Türen und Fenster fehlten. Im Innenhof trieb der Wind wie ein ruheloser Geist Papierfetzen und Bierdosen über den wild wuchernden Rasen auf den Gehweg. Mark und seine Freunde hatten das Gebäude von einer anderen Gruppe „Alternativer" übernommen, die auf der Suche nach größeren Herausforderungen im Kampf gegen das Establishment nach Stockholm weitergezogen war, nachdem ihnen Berlin zu zahm geworden war.

„Ich musste die Kirche bei unserem Einzug erst einmal entwidmen", sagte er. „Es spukte nämlich. So etwas spüre ich." Es war einer dieser haarsträubenden, nebenbei geäußerten Kommentare, die sich bei jedem anderen verrückt angehört hätten, aus Marks Mund jedoch normal, geradezu vernünftig klangen. Wir waren uns, der Frühling war schon fast vorbei, in einer Galerie wiederbegegnet. Wenn sie nachts durchgearbeitet hatte, schlief Gina tagsüber und stand erst spätnachmittags auf, sah trotzdem erschöpft, fast durchsichtig aus, schnappte sich aus dem Kühlschrank ein Sandwich und machte sich sofort wieder an die Arbeit. Auf mich allein gestellt, ließ ich mich von einem Ort zum andern treiben, hauptsächlich Galerien und Bibliotheken. Von der fraglichen Ausstellung hatte ich durch eine Mail erfahren, die Gina von den Zimmer-Leuten bekommen hatte. Die Galerie stellte Porträts aus, die südafrikanische Fotografen während der Apartheid gemacht hatten. Am Eingang drückte mir eine junge Frau ein Heftchen in die Hand, auf dem in fetter Helvetica der vollmundige Titel der Ausstellung stand: *Apartheid, Exil und proletarische Internationale.* Auch Fotografien und Videoinstallationen hiesiger schwarzer Künstler waren zu sehen. Ich ließ mich von Raum zu Raum treiben, las die Texte unter den Porträts – die meisten Fotografien waren aus den Siebziger und Achtziger Jahren und stammten von Südafrikanern, die in Ost- und Westberlin Exil gefunden hatten. Ich betrachtete die ernsten Gesichter. Was für eine Ironie der Geschichte, dass sie ausgerechnet hier vor Verfolgung und Apartheid Beistand gesucht hatten, in einer Stadt, in der nur ein paar Jahrzehnte zuvor die Nazis eine ganz besondere Hetzjagd veranstaltet hatten. Wie kamen sie mit dem Essen zurecht, der neuen Sprache, dass sie so sichtbar anders waren, mit dem klirrend kalten Winter des Exils? Die meisten von ihnen waren nach Südafrika zurückgekehrt, diejenigen, welche die Bitterkeit des Exils überlebt hatten, waren dort nun die neuen Führer, in die Positionen der weißen Unterdrücker gerückt, die ihrerseits vom düsteren Kapitel der Geschichte ins Exil verbannt worden waren.

Bald reichte mir der Anblick der einander ähnelnden grauen, freudlosen Gesichter und ich ging ins Untergeschoss zu den Videoinstallationen. Offenbar hatte ich den Raum ganz für mich, es fühlte sich etwas gespenstisch an, mitten im Raum zu stehen, umgeben von mehreren flimmernden Monitoren, auf denen Leute tonlos ihre Münder öffneten und schlossen. Ich nahm Platz in einer der Kabinen und setzte einen Kopfhörer auf. Plötzlich bekamen die stummen Gesichter Stimmen. Sie sprachen deutsch. Es riss mich beinahe hoch, als eine Hand meine berührte. Ich drehte mich um. Aus dem dunklen Raum schälte sich neben mir eine Gestalt heraus, deren rote Jacke im Dämmerlicht mit dem roten Sofa verschmolzen war, auf dem wir saßen, daher hatte ich den Mann übersehen. Er hielt mir die Hand hin. Sie war schlank und weich und kurz glaubte ich, er wäre eine Frau. Er bemerkte, wie ich stutzte, und lächelte. Er war es wohl gewohnt, für etwas gehalten zu werden, was er nicht war. Seine Hand noch in meiner sagte er: „Ich bin Mark."

Es war der von Gina abgewiesene Porträtkandidat. Er erkannte mich ungefähr gleichzeitig. Das Schweigen hing eine Weile zwischen uns, dann deutete ich auf die drei Bildschirme. „Was soll das darstellen?"

Die Monitore bildeten ein Triptychon: links von uns war eine Frau zu sehen, rechts ein Mann und in der Mitte lief ein alter Film. Die beiden Gesichter links und rechts unterhielten sich offenbar über den Film, der lief. Alles auf Deutsch. „Bei dem Film handelt es sich um *Whity* von Rainer Werner Fassbinder. Und die beiden unterhalten sich darüber, wie darin die Rassenfrage behandelt wird." Fassbinder kannte ich, aber *Whity* hatte ich noch nicht gesehen.

„Die Frau da", sagte Mark und zeigte auf die Frau mit dem Lockenkopf, „hat die Installation gemacht. Sie ist halb Nigerianerin." Mark war, wie sich später herausstellte, Filmstudent oder es zumindest einmal gewesen – bei Mark war nichts eindeutig. Wir saßen eine Weile in der dunklen Kabine und starrten auf den Film, dessen bedeutungslose deutsche Wörter aus dem Kopfhörer in meine Ohren drangen. Mark setzte seinen Kopfhörer ab und bot an, den Inhalt des Films zusammenzufassen; es war beeindruckend, mit welcher Intensität er das tat. Anschließend bedankte ich mich und fragte, ob ich ihn an der Bar auf ein Bier einladen könne. Mark legte den Kopfhörer weg und setzte seine Baseballkappe auf. Die Bar befand sich ebenfalls im Untergeschoss, gleich neben dem Ausstellungsraum, und war bis auf ein Paar, das auf einem Sofa in der Ecke saß, leer. Wir bestellten Bier.

„Woher kommst du?“, wollte er wissen.

„Ursprünglich aus Nigeria.“

„Kommt deine Frau auch aus Nigeria?“

„Nein, aus den USA.“

Er war Malawier, lebte aber seit mehr als fünf Jahren in Deutschland.

„Na dann, prost.“ Ich hob mein Glas.

„Auf Afrika“, sagte er.

„Auf Afrika.“

Ich versuchte, sein Alter zu schätzen. Irgendwas zwischen fünfundzwanzig und dreißig. Die Baseballkappe bedeckte den oberen Teil seines Gesichts und da er kleiner war als ich, musste ich mich dauernd hinabbeugen, um ihm in die Augen zu sehen. Er war meist im Aufbruch begriffen, von Stockholm nach Stuttgart nach Potsdam gezogen und nun in Berlin gelandet. Berlin gefalle ihm am besten.

„Sogar in Berlin sehne ich mich nach Berlin“, erklärte er mir an diesem Tag. Er war nur noch theoretisch Student, nicht mehr immatrikuliert, was mit den Studiengebühren zu tun und Auswirkungen auf seinen Aufenthaltsstatus hatte oder demnächst haben würde, weshalb er mit einigen Freunden die alte Kirche in Kreuzberg besetzt hatte. Für ein Taschengeld jobbte er gelegentlich für crew.com, einer Organisation für arbeitslose Schauspieler und Filmtechniker. Aber sein letzter Einsatz dort war schon länger her. Das alles erzählte er mir nicht damals in der Bar der Galerie, sondern später, auf mehrere Treffen verteilt. Er sah recht heruntergekommen aus, fast verwildert, seine schwarzen Converse waren dreckig und verschlissen, aber die von ihm ausgehende Lässigkeit zog mich an.

Als ich nach meinem zweiten, seinem dritten Bier meinte, ich müsse jetzt los, schlug er vor: „Komm, ich stell dich meinen Freunden vor, wir wohnen gleich um die Ecke."

Ich folgte ihm hinaus in die Nacht. Mark schritt selbstbewusst voraus, einmal schlängelte er sich zwischen den Autos auf die andere Straßenseite durch, hob dabei matadorgleich die Hand, um einen Wagen zum Stehen zu bringen, der ihn fast umgefahren hätte. Unberührt vom lauten Fluchen der angetrunkenen Fahrer blieb er auf dem gegenüberliegenden Gehweg stehen und winkte mich ungeduldig herüber. Ich wartete, bis die Ampel auf Grün schaltete, und war nicht sicher, ob ich seine halsbrecherische Selbstsicherheit beeindruckend oder erschreckend finden sollte.

„Das ist ja eine Kirche", entfuhr es mir halb fragend, halb konstatierend, als er das Törchen öffnete und mich hereinwinkte.

„Ja, hier leben wir momentan. Vorübergehend."

Alle drei Mitbewohner waren anwesend. Eric, Stan und Uta. Ich nickte ihnen zu und setzte mich neben Mark. Auf Marks Bemerkung, ich sei ebenfalls Afrikaner, erzählte mir Uta sofort, ihre Mutter stamme aus Kamerun, ihr Vater sei Deutscher. Sie lag auf dem Sofa, die Beine in Stans Schoß, Stan neben ihr saß halb, lag halb und seine langen Dreadlocks fielen über seine Schultern und die Sofalehne. Wir befanden uns im sogenannten Wohnzimmer, das im Keller lag und wo früher die Sonntagsschule abgehalten worden war. An einer Wand hing eine Tafel, davor stand ein hölzernes Lesepult. Auf einem zerkratzten Kieferntisch, in dessen Maserung sich Schmutz abgelagert hatte, standen Bierflaschen. Mark machte mir eine auf. Eric hielt in der einen Hand einen Joint, mit der anderen surfte er mit einem Laptop im Internet.

„Was machst du so?", fragte Uta in ihrem stockenden Englisch.

„Daheim in den USA unterrichte ich. Hier auch." Einmal die Woche gab ich den Zimmer-Fellows, die kein Englisch sprachen, Englischunterricht. Uta studierte an der Freien Universität und schrieb gerade an einem Roman.

„Einem Roman?"

„Der Roman ist tot", verkündete Mark. „Das Kino ist die Gegenwart und die Zukunft."

„Ist das dein Ernst?"

„Ein Film ist wie ein Roman, bloß ohne die langweiligen Stellen."

Ich zog am Joint, der irgendwie in meine Hand gewandert war. Mir wurde schwindlig.

Das Gespräch mäanderte dahin, versiegte in nachdenklichem, nie bedrückendem Schweigen, ehe es wieder aufgenommen wurde und in eine völlig andere Richtung floss. Eric erzählte von der letzten Demonstration, an der sie teilgenommen hatten. Sie waren in Davos und bei verschiedenen G20-Treffen überall auf der Welt gewesen.

„Gegen was demonstriert ihr?", wollte ich wissen.

Überrascht starrten sie mich an.

„Mann, gegen alles natürlich", sagte Stan.

„Gegen alles?"

„Wir sind der Meinung, dass es eine Alternative zu der Art und Weise geben sollte, wie die Welt momentan regiert wird“, sagte Eric.

„Eine Minorität, die über die Majorität des Geldes verfügt“, ergänzte Uta.

„In Asien müssen Millionen unter menschenverachtenden Bedingungen schuften. In vielen Ländern Afrikas herrscht Krieg“, sagte Stan.

„Im 21. Jahrhundert sollte kein Kind mehr verhungern oder durch Krankheit sterben müssen“, sagte Uta.

Ich nickte. Ich hatte schon andere junge Leute wie sie in Berlin getroffen, bei Lesungen, in der S-Bahn, Männer und Frauen in ausgefransten Pullovern und abgerissenen Jeans, die meistens in einer Kommune in leerstehenden Gebäuden wohnten, eine alternative Lebensweise vertraten, sich oft nicht einig waren, wie nun diese Alternative genau aussehen sollte, eben eine Alternative zum Istzustand, sonst wäre die Sache ja sinnlos. Ich trank und rauchte, hörte zu. Auf einmal stellte sich Mark hinter den Altar und las eine Bibelstelle vor. Sein Vater war Pfarrer und er machte sich über dessen Predigtstil lustig. Mit erhobenen Händen stand er da, verdrehte die Augen und donnerte: „Der Sommer ist dahin, die Ernte ist vergangen, und uns ist keine Hilfe gekommen ...“

Die anderen klatschten. Ich war mir nicht sicher, ob in Marks Stimme Selbstironie mitschwang, oder ob sich in seinem Gesicht nicht sogar echter Schmerz abzeichnete, als er sich zum Applaus verbeugte, bevor er sich wieder hinsetzte. Sie erzählten, wie er, als er vor einem Monat hier eingezogen sei, die Kirche entwidmet habe. „Ein Ort, der heimgesucht war. Ich konnte die Geister überall spüren“, erklärte er.

„Wie entwidmet man eine Kirche?“, wollte ich wissen.

„Mit Alkohol. Man gießt Alkohol in die Ecken und liest bestimmte Stellen, von deren Wirkung nur Eingeweihte wissen, laut aus der Bibel vor.“

Selbst in meinem angesäuselten und angekifften Zustand spürte ich, wie vergänglich diese Phase war. Wie lange noch, bis sie die Welt so sahen, wie sie wirklich war: niederträchtig, grausam, gleichgültig und nicht zu verändern? Wie lange würde es dauern, bis sie aus ihrem bröckelnden Elfenbeinturm auszogen und sich der restlichen Menschheit anschlossen, die, wie Flaubert sagt, in einem Meer von Scheiße schwimmt, das erbarmungslos an die Mauern jedes jemals erbauten Elfenbeinturms schlägt. Eines Tages würden sie sich rasieren und Banker werden oder zum mittleren Management gehören, BMW und Mercedes fahren; sie würden eine Familie gründen und sich mit leeren Machtsymbolen umgeben, genau jenen Dingen, die sie jetzt verhöhnten. Aber jetzt, jetzt in diesem Moment waren sie frei und rein wie der Morgentau auf einem Blütenblatt und ich fühlte den Drang, mich vorzubeugen und den Duft dieser Blume einzuatmen.

Deshalb ging ich immer wieder nach Kreuzberg zu dieser heruntergekommenen Kirche mit der verdrehten Spitze. Ich ging sogar auch dann noch hin, als ich herausfand, dass ihre Bewohner überhaupt nicht zum geknechteten Proletariat gehörten, mit dem sie sich so sehr identifizierten: Utas Eltern waren Ärzte aus dem ehemaligen Ost-Berlin, Stan bastelte an der Humboldt-Uni an seiner Dissertation, er war im Senegal aufgewachsen, wo sein Vater für einen internationalen Lebensmittelkonzern arbeitete, seine Mutter war Malerin. Auch waren sie nicht so jung wie sie wirkten. Keiner von ihnen war unter dreißig, Mark war mit genau dreißig der Jüngste, Uta einunddreißig, auch wenn sie wie zwanzig aussah, Stan zweiunddreißig, Eric fünfunddreißig und verheiratet, lebte allerdings getrennt von seiner Frau, die mit der gemeinsamen Tochter in Mannheim wohnte.

4

Dann wurde es Mai. Mark und seine Freunde luden mich zur Mai-Demonstration ein. „Das wird dir gefallen", sagte Mark. Die Proteste am 1. Mai seien eine Tradition, die ich einmal miterleben müsse, meinten sie. Junge Leute, die Ladengeschäfte und Regierungsgebäude stürmten, Autos umwarfen und sie gelegentlich auch anzündeten, um den Status quo anzuprangern.

An diesem Tag ging die Kreuzberger Polizei frühzeitig auf Streife, schwärmte vom Hermannplatz bis zum Moritzplatz aus. Sie trug Schutzausrüstung samt kugelsicheren Westen, riegelte mit Streifen- und Mannschaftswagen einige Straßen ab, zu denen nur noch Anwohner mit Ausweis freien Zugang hatten. Um diese Absperrungen zu vermeiden, traf ich rechtzeitig vor Demonstrationsbeginn bei der Kirche ein. Alle standen schon in Stiefeln und Jeans abmarschbereit an der Tür. Mark unterhielt sich mit einer jungen Frau, die ich noch nie gesehen hatte, seiner Freundin Lorelle. Ich musste mich zusammenreißen, um die Nadeln und Ringe, die sie in Lippen, Nasenflügeln, Wangen und Augenbrauen trug und ihr Gesicht wie ein Nadelkissen aussehen ließen, und ihr Zungenpiercing nicht offen anzustarren. Das musste doch wehtun. Bestimmt verbargen sich unter ihrem ausgebeulten Sweatshirt noch weitere Piercings. Auf ihrer linken Wange prangte ein Mandala-Tattoo, dessen Rosa- und Blautöne ihr Gesicht wie ein Neonlicht erleuchteten. Ihr Haar, auf einer Seite vollständig abrasiert, war über den blonden Ansätzen ebenfalls ein Mix aus rosa und blau. Ich gab ihr die Hand.

„Nett, dich kennenzulernen", sagte sie. „Mark hat mir viel von dir erzählt."

Ihr Händedruck war fest. Ihre Stimme entsprach so gar nicht ihrem Äußeren, warm und leise, mit starkem amerikanischem Akzent. Sie war Amerikanerin, jedoch in Heidelberg geboren. Ihre Eltern waren bei den US-Streitkräften, mittlerweile zurück in die Staaten versetzt, sie war hiergeblieben, weil ihr das Leben in Deutschland besser gefiel. Wie Mark studierte sie Film.

Wir gingen durch Parks und Nebenstraßen, wichen den herumfahrenden Mannschaftswagen und größeren Menschenansammlungen aus. Unser Ziel war ein türkisches Café, dessen Inhaber Schwarzen keinen Zutritt gewährte, weil er der Meinung war, es seien alle Illegale und Drogendealer. Eine erstaunlich große Menge hatte sich bereits davor versammelt. Junge Leute in Jeans, Stiefeln oder Turnschuhen, manche hielten Transparente hoch, andere ihre Handys, weil sie die Demo aufnehmen wollten, taten das auch während sie in die Sprechgesänge einstimmten. Wir schlossen uns an, warfen Steine auf die Polizisten, die sich schützend vor das Café gestellt hatten, dessen Inhaber hinter der Theke kauerte. Wir marschierten um den Block, immer wieder, brachten den Verkehr zum Erliegen. Gegen Mittag war ich müde, hungrig und allmählich gelangweilt. Drüben schwenkten Mark und Uta, die in ihrer abgeschnittenen Jeans und dem feuerroten Halstuch sehr hübsch aussah, nebeneinander ihre Plakate wie Köder in Richtung Polizei. Ich beschloss, eine Auszeit zu nehmen, ging über die Straße und bestellte in einer Bäckerei ein belegtes Brötchen und einen Kaffee. Gina hatte zweimal versucht, mich zu erreichen. Als ich das Haus um sechs Uhr verlassen hatte, hatte sie immer noch in ihrem Atelier gemalt und ich hatte ihr nicht gesagt, wohin ich ging. Ich rief sie an, doch sie nahm nicht ab – wahrscheinlich schlief sie. Draußen hatte sich in der kurzen Zeit, die ich in der Bäckerei gewesen war, die Demonstrantenmenge beinahe verdoppelt und die Anspannung ringsum stieg spürbar. Zeit, heimzugehen. Auf der Suche nach Mark, um ihm mitzuteilen, dass ich mich ausklinken würde, geriet ich plötzlich in eine Woge aus Körpern mit direktem Kurs auf die Polizisten, die in Reih und Glied mit erhobenen Schlagstöcken hinter ihren Schutzschilden standen. Steine, Flaschen und Dosen zischten über unsere Köpfe hinweg gegen die Schilde. Jemand rammte mir seine Schulter in den Rücken und ich stürzte. Als ich aufstehen wollte, stießen mir Knie ins Gesicht, traten mir Füße auf die Hände. Alles rannte, verfolgt von der Polizei. Mehrmals versuchte ich, mich aufzurichten, kam aber gegen die endlose Welle aus Knien und Beinen nicht an, die über mich hinwegrollte. Ich blieb am Boden, hypnotisiert von einem matt schimmerndem, im Gehweg eingelassenen Messingquadrat – einem der sogenannten Stolpersteine. Die waren mir schon öfter aufgefallen, ganze Lebensgeschichten standen darauf, Name, Lebensdaten, Tag der Deportation, Todesort. Vier Namen, die Hartmanns: Elisabeth, Markus, Lydia und Eduard. Alle kamen nach Sobibor, alle starben am selben Tag, am 5. Dezember 1944. Ich war geblendet vom Messingglanz, schockiert von der brutalen Gleichgültigkeit der Geschichte, hatte Tränen vom Tränengas in den Augen und konnte mich vor Erschöpfung nicht rühren. Jemand zerrte mich hoch und kurz wehrte ich mich, im Glauben es wäre ein Polizist, aber es war Mark. Er lächelte euphorisch. „Alles okay?", fragte er. Ich stand auf. Meine Handflächen waren zerschunden und brannten, meine Hose hatte an den Knien Löcher.

„Alles gut."

Aber schon war er wieder weg, schleuderte einen Stein auf die Polizeikette. Neben mir landete ein Tränengaskanister, der sofort von einem strubbelhaarigen Jugendlichen Richtung Polizei zurückgeworfen wurde, der Rauchbogen hing wie eine Gewitterwolke in der Luft. Rechts von mir rannte Lorelle direkt auf eine schildbewehrte Reihe Polizisten zu, nutzte ihr beträchtliches Gewicht als Rammbock. Natürlich wurde sie niedergeschlagen und zu einem Polizeibus geschleift, während sie kreischend um sich trat. Vom Tränengas benebelt, stand ich da, mir liefen Augen und Nase. Ich war allein auf einer winzigen Insel und um mich herum wütete und tobte das Meer in unbändiger Wut.

„Ich muss los“, erklärte ich Mark.

„Nein, jetzt noch nicht. Er ist da. Das ist unser historischer Moment“, sagte Mark und wedelte dabei mit den Armen. „Das ist unser Sharpeville, unser Agincourt.“

Fast hätte ich über seine Übertreibung gelacht. Welcher Moment, hätte ich gern gefragt, wird das hier tatsächlich die sogenannten Kapitalisten und Rassisten umstimmen und ewigwährende Liebe und Harmonie in die Welt bringen? Und trotzdem war ich wider Willen beeindruckt. „Mit deinem abgelaufenen Visum willst du nicht verhaftet werden. Komm, wir gehen“, sagte ich.

„Wo sind die anderen?“, fragte er.

„Ich weiß nicht. Lorelle haben sie abgeführt, das habe ich mitbekommen. Los jetzt.“

Wir entfernten uns, bogen aufs Geratewohl um diese Ecke, in jene Straße, bis Sirenen und Sprechgesang ein fernes Flüstern im Wind waren. Wir setzten uns in eine Kneipe und bestellten jeder ein Bier. Mein Handy klingelte, es war Gina, doch ich war zu müde und zu durcheinander, um ranzugehen. Wir tranken unser Bier aus, aber

Mark war noch nicht in Aufbruchstimmung. Er bestellte ein zweites Bier.

„So muss es sein", sagte er und schlug auf den Tisch. „Widerstand gegen das System." Wir tranken aus und bestellten noch eine Runde. Allmählich spürte ich, wie ich runterkam. Draußen gingen im Dämmerlicht die rauchgelben Straßenlaternen an. Der Tag war beinahe zu Ende. Ein Streifenwagen heulte vorbei, sein blitzendes Blaulicht vermischte sich mit dem Straßenlampengelb.

„Ich sollte nach Hause."

„Ach, komm", sagte Mark, der bereits betrunken wirkte, „ich geb noch eine Runde aus." Er bestellte einen doppelten Whisky.

„Für mich nicht. Beeil dich. Ich bring dich heim, dann bin ich weg."

Auf dem Heimweg blieb Mark an einer Currywurstbude stehen. Ein junger Typ mit alkoholgerötetem Gesicht ließ sich, obwohl seine Freundin ihn am Arm weiterziehen wollte, neben uns auf die Bank fallen. Das Gesicht in den Händen beugte er sich vor. „Scheiße", murmelte er unentwegt vor sich hin. Das Mädchen trug ein Cosplay-Outfit und viel Make-up, hatte ihre Augen mit Kajal auf mandelförmig geschminkt. Auf der anderen Straßenseite stand in einem düsteren Zugang ein Mann mit Hoodie, der die Vorübergehenden leise „Alles gut?", fragte, ihnen dabei aber nie richtig in die Augen sah.

„Auf nach Hause, Mark."

Da er nicht mehr gerade gehen konnte, legte ich seinen Arm über meine Schulter, musste mich dabei komisch verbiegen, weil er viel kleiner war als ich. So schwankten wir zur S-Bahn-Station. Als wir zur verlassenen Kirche kamen, war die Tür aus den Angeln gerissen und lag im

Eingangsbereich. Die Lampen brannten. Die Stühle waren umgeworfen, Papiere auf Tischen und Boden verstreut.

„Verdammte Scheiße!"

„Was ist denn da passiert?"

„Keine Ahnung. Sieht aus wie eine Razzia."

Mark ging von Raum zu Raum, stellte Stühle wieder hin und hob Bücher auf. Sein Zimmer lag am Ende des Flurs neben der Küche. Seine dünne Matratze war zerfetzt und beinahe durchgeschnitten. Sein Rucksack, der seine wenigen Habseligkeiten enthielt, lag geöffnet mitten im Zimmer.

„Was für Arschlöcher! Das war die Polizei, die hat uns schon seit einiger Zeit im Visier."

„Wo sind die anderen?"

Achselzuckend sah er mich an. „Ich habe keine Ahnung."

„Was willst du jetzt machen, wo willst du schlafen?"

„Ich komm schon klar." Besonders überzeugend klang das nicht.

„Warum gehst du nicht zu deiner Freundin?"

„Lorelle? Das geht nicht. Sie hat eine Mitbewohnerin. Aber he, mach dir keine Sorgen. Ich komm woanders unter. Ich komm klar."

Ich wandte mich zum Gehen. Schwankend, den leeren Rucksack in der Hand, versicherte er mir, er komme schon klar, und dann fiel mir ein, dass er sowieso nicht bei Lorelle hätte unterschlüpfen können, weil sie festgenommen worden war. Ich war müde und zerschlagen, wollte nur noch heim, unter die Dusche und ins Bett.

5

Von Marks Verhaftung erfuhr ich erst eine Woche später, als ich bei der Kirche vorbeischaute. Sie wirkte anders als sonst, die Tür war wieder eingehängt und der Garten sah aus, als wäre jemand mit dem Rechen darüber gegangen. Unter einem Baum war sorgfältig Müll zusammengetragen worden, der nur noch in Abfalltüten gestopft werden musste. Auf mein Klopfen öffnete niemand. Ich drückte die Tür auf. Die schäbigen Sofas und Lampen waren verschwunden. Das Lesepult war noch vorhanden und mir fiel ein, wie Mark dahintergestanden und aus der Bibel vorgelesen, sich über seinen Vater, den Pfarrer, lustig gemacht hatte. Ich war traurig und auch ein wenig verletzt – sie waren ausgezogen, ohne mich zu informieren. Sie hatten meine Handynummer, zumindest Mark, er hätte mich ruhig anrufen können. Aber ihr Leben war ein einziges Provisorium, wahrscheinlich waren sie von der Polizei verjagt worden und hatten mittlerweile ein anderes Gebäude besetzt; vielleicht meldeten sie sich in ein, zwei Wochen, wenn sie sich dort eingerichtet hatten. Zumindest Mark. Mir ging auf, dass sie mir fehlten; mir fehlte es, abends, wenn Gina arbeitete, in der Kirche vorbeizuschauen und ihren Gesprächen zu lauschen, die sich mit allen möglichen Themen beschäftigten, vom Klimawandel über abgefeimte Politiker bis hin zu Flüchtlingen, auch wenn ich die vier arroganterweise insgeheim naiv und hoffnungslos idealistisch fand. Jetzt musste ich mir eingestehen, dass sie sich zumindest über Andere Gedanken machten, nicht nur über sich selbst, willens waren, die Polizei mit Steinen zu bewerfen und für ihre Ideale sogar ins Gefängnis zu gehen – wie viele Leute waren dazu fähig? Ganz bestimmt nicht meine egoistischen, hyperehrgeizigen Kommilitonen von früher und definitiv nicht Ginas hypersensible, geradezu narzisstische Künstlerkollegen des Zimmer-Stipendienprogramms, die wir regelmäßig bei Abendessen, Vernissagen und Lesungen trafen. Die ganze Woche über wartete ich auf Marks Anruf. Hatte er überhaupt ein Handy? Ich konnte mich nicht daran erinnern. Schließlich rief mich Lorelle an. Am Tag nach der Demo war sie aus dem Polizeigewahrsam entlassen worden. „Wo sind denn alle abgeblieben?", fragte ich. „Ich war bei der Kirche, aber da war keiner."

Marks Grüppchen habe sich aufgelöst, erklärte sie. Stan sei zurück nach Mannheim, Eric nach Frankreich und Uta zu ihren Eltern. Das Gap-Year vom Leben, die Suche nach einer Alternative vorbei, dachte ich, die Revolution verloren. Enttäuschung durchfuhr mich.

„Und Mark?", fragte ich. Mark sei verhaftet worden, deshalb rufe sie an. Ob wir uns treffen könnten? Lorelle wartete in einem Café gegenüber dem U-Bahnhof Neukölln auf mich. Sie bestellte einen Chai, ich einen Kaffee. Sie war anders, zurückhaltender, als hätte sie nicht geschlafen. Sogar das Mandala auf ihrer Wange wirkte weniger fluoreszierend, die Farben in ihrem Haar waren weniger festlich.

„Als ich dich letztes Mal gesehen habe", übertönte ich mit lauter Stimme den Straßenlärm, „schlugst du gerade kreischend um dich, während du von der Polizei davongeschleift wurdest."

„O Gott, an dem Tag war ich dermaßen high. Am nächsten Morgen haben sie mich freigelassen. Das ist Routine. Man könnte sagen, das macht den Kampf so spannend."

„Was ist jetzt mit Mark?"

Ein junger Mann mit schulterlangem Haar und länglichem Trauerkloßgesicht kam an unseren Tisch, beugte sich zu Lorelle und flüsterte ihr schüchtern etwas ins Ohr. Er roch nach Kot, Urin und abgestandenem Schweiß. Seine dicken, ausgelatschten Stiefel standen vor Dreck. Sie schüttelte den Kopf. „Ich habe keins." Er wandte sich an mich. Ich sah weg und er schlurfte zum nächsten Tisch.

Offenbar war Mark an dem Tag, als ich ihn zur Kirche begleitete, nochmals losgezogen und hatte noch mehr getrunken, war dann zurück in die Kirche, wo er laut Musik laufen ließ, die eine Polizeistreife anlockte. Man fragte ihn, weshalb er sich dort aufhalte und wo sein Wohnsitz sei, und als er anfing, die Polizisten zu beschimpfen, nahmen sie ihn mit. Die Lage verschärfte sich, als sich herausstellte, dass sein Visum abgelaufen war. Jetzt war er ein Fall für die Einwanderungsbehörde.

„Und wo ist er jetzt?"

„Sitzt in Abschiebehaft. Ich habe ihn gestern besucht und er meinte, ich solle dich anrufen. Er hat sonst niemanden. Er braucht Hilfe. Die wollen ihn zurück nach Malawi schicken – was Schlimmeres kann ihm gar nicht passieren. Er kann nicht zurück."

Wie entschieden sie klang: Er kann nicht nach Malawi zurück. Wie meinte sie das?

„Was ... was kann ich denn tun?", fragte ich.

„Er braucht einen Anwalt."

„Was ist mit diesen Menschenrechts-NGOs – Amnesty International, können die ihm nicht helfen?"

„Mit denen habe ich schon gesprochen, aber das fällt nicht direkt in deren Gebiet. Immerhin haben sie mir die Adresse eines Anwalts gegeben. Der gehört einer anderen Organisation an, die haben sich auf solche Fälle spezialisiert und sie arbeiten unentgeltlich."

„Hast du ihn schon angerufen?"

„Ja, und er hilft gern, aber er braucht Geld für Aktenzugang, Kopien und so weiter."

„Wie viel?"

„Ungefähr zweihundert Euro. So viel habe ich leider nicht ..."

„Klar, kein Problem." Ich war erleichtert, dass es nur zweihundert waren. Ich hätte Gina nur äußerst ungern um die Summe gebeten. Die Kanzlei des Anwalts lag in Mitte, zwanzig Minuten S-Bahn-Fahrt von dem Gebäude entfernt, in dem Mark inhaftiert war. Es war eine kleine Kanzlei mit zwei Schreibtischen, einer für den Anwalt, der andere für die Rechtsanwaltsgehilfin, eine steife, sauertöpfisch dreinschauende Frau. Ihr schwarzer Rock reichte bis zur Wadenmitte, ihre himmelblaue Bluse war bis oben zugeknöpft, die Spitzenrüschen um den Hals hielten ihren Kopf wie eine Klammer aufrecht; auf der Brust trug sie ein Namensschild: Frau Grosse. Es gab nur einen Besucherstuhl, daher blieb ich stehen. Der Anwalt hieß Julius Maier, „aber sagen Sie einfach Julius", meinte er und erhob sich aus seinem Stuhl, um mir die Hand zu geben. Er war zartgliedrig, geradezu durchsichtig neben der gestreng-gewichtigen und überaus präsenten Frau Grosse. Sein Vater sei aus Burkina Faso, fügte er hinzu, wie um seine Glaubwürdigkeit zu untermauern, seine Mutter Deutsche. Lorelle gab ihm den Umschlag mit den zweihundert Euro. Er zählte das Geld und reichte es an Frau Grosse weiter, die ebenfalls nachzählte, das Geld in den Umschlag und diesen in eine Schublade steckte. Ich wartete geradezu darauf, dass sich um ihre Taille eine Kette mit dazugehörigem Schlüssel materialisierte, mit dem sie die Schublade zusperren würde. Sie bemerkte meinen Blick und quittierte ihn mit einem Stirnrunzeln; ich wandte mich ab.

„Zuallererst muss Ihr Freund beweisen, dass er nicht illegal hier ist, und dafür muss er den Nachweis erbringen, dass er immer noch Student ist."

„Er kam als Student her, das ist aktenkundig. Warum glauben die ihm das nicht?", fragte ich.

„Das ist aktenkundig, stimmt. Aber die Lage ist nicht ganz so einfach. Mittlerweile ist er nicht mehr immatrikuliert und hat daher gegen die Visumsbedingungen verstoßen."

„Ist das was Ernstes?"

„Sehr. Ihm droht Abschiebung oder Haft." Der Anwalt wartete auf einen Kommentar meinerseits, redete dann weiter. „Am hilfreichsten wäre es, wenn er beweisen kann, dass er eine Visumsverlängerung beantragt hat. Ich habe mit ihm gesprochen und er sagte, das habe er versäumt."

„Kann er das denn nicht nachträglich tun?"

„Dazu benötigt er ein Schreiben der Hochschule, das bestätigt, dass er immer noch immatrikuliert ist – aber das ist nicht so einfach. Er meinte, er sei im letzten Jahr nicht zur Uni gegangen. Bevor er hierhergekommen ist, hat er eine andere Hochschule in Potsdam besucht. Sein Stipendium läuft aus. Offenbar ist er demnächst mit dem Studium fertig, ihm fehlt nur noch die Abschlussarbeit."

Eine geradezu kafkaeske Situation – für einen Gerichtsprozess musste er beweisen, dass er eine Visumsverlängerung beantragt hatte (was nicht der Fall war), doch um eine Visumsverlängerung zu beantragen, musste er beweisen, dass er immer noch Student war (was rein theoretisch der Fall war, auch wenn er keine Förderung mehr erhielt und seit einem Jahr das Unigelände nicht betreten hatte und weil er mehrmals die Hochschule gewechselt hatte, waren seine Unterlagen durcheinander, verheddert wie das Haar eines Rastafaris). Trotzdem sah der Anwalt optimistisch aus, Lorelle hingegen skeptisch und ich wahrscheinlich verwirrt.

„Es wäre tatsächlich einfacher, wenn er einen Asylantrag stellt“, erklärte er.

„Wie ein Flüchtling?“

„Genau.“

„Das macht er nie im Leben“, sagte Lorelle.

„Warum nicht, das vereinfacht die Sache ...“

„Weil er kein Flüchtling ist, sondern Student.“

Wir fuhren mit der S-Bahn zur Justizvollzugsanstalt, ein Gebäude im Brutalismusstil, geradezu dem nationalsozialistischen Architekturkatalog entsprungen, wo wir etliche Formulare ausfüllen mussten. Julius erledigte das und händigte die Unterlagen einer Beamtin aus, die Frau Grosses Zwillingsschwester hätte sein können. Zeile für Zeile ging sie jedes Blatt durch, fuhr dabei mit ihrem dicken Zeigefinger die Zeilen nach, ehe sie einen Stempel herausholte und ihn unten auf jede Seite donnerte, wobei jedes Mal der Tisch bebte. Dann sah sie uns an und zeigte in Zeitlupe auf eine Stuhlreihe an der Wand. Wir setzten uns. Ich war bereits jetzt schon erschöpft und kam mir vor, als stünde ich vor Gericht, würde gleich in letzter Instanz verurteilt und gehängt. Ich vermied den giftigen Blick der Vorzimmerdame und betrachtete den langen, rechteckigen Raum. Auf einer Seite befand sich hoch oben eine Reihe quadratischer Fenster, an den Eisenstangen davor scheiterte jegliche Hoffnung auf Flucht. An einer der Türen zu unserer Rechten hing ein „Zutritt verboten“-Schild. Ein Mann kam herein und unterhielt sich mit Julius; als er sich an uns wandte, wechselte er ins Englische und forderte uns auf, ihm zu folgen. Wir gingen durch viele Türen, jede von ihnen wurde mit einem anderen der vielen Schlüssel aus dem Bund geöffnet, den er in der Hand hielt, bis wir schließlich in einer Art Vorzimmer gegenüber einer weiteren Tür Platz nehmen sollten. Nach einer Weile ging die Tür auf und Mark kam in Begleitung eines Wachmanns heraus, der sich diskret, aber gut sichtbar an der Tür positionierte. Nach dem festungsähnlichen Eingang, den vielen Türen und der Bürokratie hatte ich erwartet, dass Mark in Ketten hereingeschlurft käme. Er trug wie immer seine rote Jacke, darunter ein T-Shirt. Ohne seine Kopfbedeckung sah er niedergeschlagen, verletzlich und ein wenig verloren aus.

Mark bedankte sich bei mir. „Alles wird gut", sagte ich.

Lorelle saß angespannt und aufrecht auf ihrem Stuhl, den Blick unverwandt auf Mark gerichtet, als wäre sie am liebsten zu ihm hingerannt und hätte ihn umarmt, aber sie blieb sitzen, lächelte jedes Mal, wenn sich ihre Blicke trafen. Wie sich herausstellte, gab es Grund für Julius' Optimismus: Zwei Tage später wurde Mark entlassen. Der Anwalt rief mich an und wir trafen uns in seiner Kanzlei. Mark war ebenfalls anwesend, die Baseballkappe wie üblich tief in die Stirn gezogen, er trug wie immer seine rote Jacke über Hemd und T-Shirt, Converse und Hochwasserjeans. Er war vorläufig frei. Die Hochschule hatte bestätigt, dass er weiterhin immatrikuliert war und die Visumsverlängerung war beantragt. Mark hatte man in die Obhut des Anwalts entlassen. Beeindruckt schüttelte ich Julius' Hand.

„Er muss jederzeit zur Verfügung stehen, wenn ihn eine Behörde kontaktiert. Er darf Berlin nicht verlassen. Die wollten eine Adresse, reine Formalität. Wir haben Ihre angegeben, ist das okay?"

„Natürlich", versicherte ich, verkniff mir die Frage, wie er an meine Adresse gekommen war. „Aber wo soll er unterkommen?"

„Im Heim“, sagte Julius und ergänzte auf meinen ratlosen Blick hin, „im Flüchtlingsheim.“

Dort wo die Asylsuchenden auf das Ergebnis ihres Antrags warteten. Ich sah Mark an – was dachte er darüber? Er betrachtete einen Ast draußen vorm Fenster.

„Aber er ist doch kein Asylant“, sagte ich.

Julius zuckte die Achseln. „Das ist lediglich eine Übergangslösung.“

„Weißt du was“, meinte ich zu Mark, „komm mit zu mir, da kannst du ein, zwei Tage bleiben, ehe du woanders unterkommst.“

Mark zuckte schweigend mit den Schultern. Ein Dankeschön wäre nett gewesen, andererseits hatte er einiges durchgemacht. Bevor wir gingen, nahm Julius mich beiseite. „Wie gut kennen Sie ihn?“

„Wir kennen uns ungefähr seit zwei Monaten. Warum?“

Er zuckte wieder mit den Achseln. „Sie sollten mit ihm reden.“ Er wirkte, als läge ihm noch etwas auf der Zunge, aber offenbar fand er schweigen ratsamer. Er sah Mark, dann mich an. „Reden Sie einfach mit ihm. Um … um mehr über ihn zu erfahren, Sie verstehen?“

„Okay.“ Ich war verwirrt. Verheimlichte Mark mir etwas? Er würde mir doch bestimmt sagen, wenn es gefährlich wäre, ihn aufzunehmen? Wir gingen erst mal in eine Kneipe und ich gab ein Bier aus, um Marks Freiheit zu feiern. „Mein erstes Bier seit Tagen“, sagte er und schwieg dann die meiste Zeit. Gern hätte ich Julius' Bemerkung erwähnt, aber wie brachte man so etwas zur Sprache? Ich beschloss, das Thema zum geeigneten Zeitpunkt möglichst taktvoll aufs Tapet zu bringen. Als wir ausgetrunken hatten, sah er auf. „Hoffentlich ist deine Frau nicht sauer, wenn du ein Findelkind anschleppst.“

„Sie wird's verkraften“, sagte ich, obwohl mir klar war, dass ich mit dieser Aktion zu weit ging, einen nur schwer rückgängig zu machenden Schritt tat. Von nun an war ich für Mark verantwortlich. Was immer er tat, was immer mit ihm geschah, würde direkte Auswirkungen auf Gina und mich haben.

6

Als ich die Wohnungstür aufschloss, hörte ich Stimmen und mir fiel ein, dass wir an diesem Tag Gäste hatten. Gina war mit ihrer *Reisenden*-Serie fertig und hatte ihre Modelle sowie einige von den Zimmer-Leuten zur privaten Vernissage eingeladen – und ich hätte auf dem Heimweg die Getränke dazu mitbringen sollen. „Scheiße", entfuhr es mir leise und ich sann fieberhaft nach einer Entschuldigung.

„Alles in Ordnung?", fragte Mark mit hochgezogenen Augenbrauen. Ich lächelte und winkte ihn herein.

Gina stand, ein Glas in der Hand, im Wohnzimmer und unterhielt sich mit einem Mann, der sein Ralph-Lauren-Hemd ziemlich weit aufgeknöpft trug, damit man seine behaarte Brust bewundern konnte. Sie machte den Mund auf, schloss ihn aber wortlos, als sie Mark sah. Ihre Augenbrauen hoben sich fragend. Ich ging zu ihr und küsste sie auf die Wange. „Hi, Darling", sagte ich. Auf dem Balkon standen zwei Frauen mit einem Glas Wein in der Hand und rauchten. Ich winkte ihnen zu und schüttelte dem Mann die Hand.

„Du bist Ginas Mann", konstatierte er. „Ich bin Dante." Er war Franzose oder Italiener, womöglich Spanier. Ob er sich wohlfühlte mit so exponierter Brust? Ich nickte und drehte mich zu Mark um. „Das ist Mark, ein Freund." Ich wartete, ob Gina sich an ihn erinnerte, wenn ja, ließ sie es sich nicht anmerken.

„Mark, das ist meine Frau, Gina."

Gina sah von Mark zu mir, immer noch mit fragendem Blick, gab ihm dann die Hand. Mark mit seiner Baseballkappe, seiner gerade einmal bis zu den Knöcheln reichenden Jeans, dem einschultrig getragenen Rucksack, dem

Geruch nach Inhaftierung wirkte neben dem elegant aufgeknöpften Dante dermaßen fehl am Platz, dass ich mich für ihn schämte.

„Komm“, sagte ich, nahm seinen Rucksack und zeigte Mark das Badezimmer, damit er sich die Hände waschen konnte; außerdem musste ich kurz allein sein, um mich zu fassen. Am dringendsten brauchte ich jedoch etwas Alkoholisches. In der Küche standen zwei offene Weinflaschen auf der Arbeitsplatte, eine rot, eine weiß. Während ich im Büfett nach einem Glas suchte, kam Gina herein. Sie machte die Tür zu und lehnte sich dagegen.

„Ich habe versucht, dich zu erreichen.“

Ich schenkte mir ein Glas Wein ein und trank es in einem Zug aus. Gina kam zu mir herüber, nahm mir das Glas ab und stellte es behutsam ins Spülbecken. Ich nahm es wieder an mich und schenkte mir erneut ein. Eine Woche nach unserer Heirat waren zwei ihrer Freunde auf dem Weg nach Baltimore durch unsere Stadt gekommen und Gina wollte mich ihnen vorstellen. Sie hatte gekocht und ich hätte auf dem Heimweg von der Bibliothek, wo ich meine Englisch-Studenten unterrichtete, Wein mitbringen sollen, allerdings war mir die gesamte Sache völlig entfallen. Ärgerlicherweise tat ich nichts Wichtiges, sondern hockte lediglich mit einem Roman in der Bibliothek herum und als ich mich wieder erinnerte, war ich drei Stunden zu spät dran. Als ich heimkam, lag sie im Bett und sprach am nächsten Tag kein Wort mit mir.

„Entschuldige, ich hatte vergessen, dass wir heute Gäste haben.“ Sie sehe in ihrem roten Kleid wunderschön aus, fügte ich hinzu.

„Ich habe mehrmals angerufen. Dir auf die Mailbox gesprochen.“

„Ich kann noch schnell Nachschub holen, wenn es nicht zu spät ist …“

„Natürlich ist es zu spät. Dante hat ein paar Flaschen mitgebracht. Und wer ist dieser Typ? Irgendwie kommt er mir bekannt vor.“

„Er heißt Mark. Er war schon mal bei uns.“

„Was macht er hier?“

„Er braucht einen Platz zum Schlafen.“

„Zum Schlafen?“

„Ja. Ich erklär's dir später.“

„Du kannst es mir jetzt erklären.“

„Zu kompliziert. Später.“

„Trink bitte nicht so viel“, sagte sie und verließ die Küche. Ich leerte das zweite Glas, diesmal langsam. Um mich den Gästen stellen zu können – so ungefähr das Allerletzte, wonach mir war –, benötigte ich einen Stimmungsaufheller und ein frisches Hemd. Als ich durch den Flur zum Schlafzimmer ging, sah ich, dass die Ateliertür offenstand. Auch dort waren Leute, ein Mann und eine Frau, die sich leise unterhielten. Ich blieb im Türrahmen stehen und räusperte mich. Im Dämmerlicht erkannte ich Manu und die Frau, deren Tochter ebenfalls anwesend war. Sie stand im Schatten einer Leinwand.

„Hallo“, sagte ich. Die drei drehten sich um und starrten mich schweigend an, als erwarteten sie einen Anschiss von mir. Die Frau stellte sich neben ihre Tochter.

„Ich wusste nicht, dass Sie hier drinnen sind“, ich hielt weiterhin den Blick auf Manu gerichtet. Alle starrten mich weiterhin schweigend an und als die Situation immer peinlicher wurde, meinte ich: „Ich bin gerade erst gekommen. Ich habe mich mit einem Freund getroffen.“ Sie sagten immer noch nichts und dann nahm die Frau die Tochter bei der Hand und drückte sich mit größtmöglichem Abstand an mir vorbei durch die Tür ins Wohnzimmer. Wieder sah ich Manu an, dann der Frau hinterher. „Ich weiß gar nicht, wie sie heißt."

„Bernita."

„Sie redet nicht viel, oder?"

„Sie ist schüchtern", sagte er.

Ich betrat das Zimmer und stellte mich neben ihm vor eine der Leinwände. Insgesamt waren es sechs, der Größe nach geordnet, die größte, 150 × 130 cm, links und die kleinste, 60 × 50, rechts. Die Gemälde waren so aufgebaut, dass lediglich das Licht einer einzigen Lampe auf sie fiel. Manus Porträt, 150 × 130, erwiderte unseren Blick, nachdenklich, ein wenig müde, aber voller Würde, wie ein besiegter König inmitten seines zerstörten Palastes.

„Gut getroffen", sagte ich.

Das nächste Porträt zeigte die Frau mit ihrem Kind. Ich sah die fertigen Gemälde zum ersten Mal. Gina verabscheute es, ihre Werke in halbfertigem Zustand zu zeigen, selbst mir. Die Frau saß da, auf ihrem Schoß schlief das Kind.

„Wie eine Pietà", meinte Manu. Eine Frau, die ihr entkräftetes Kind hielt, trauerte, wie das nur eine Frau kann. Sie trug den voluminösen Wintermantel, betrachtete die in ihren Armen liegende Gestalt, das Licht umstrahlte ihren bedeckten Kopf wie ein Heiligenschein. Auf drei kleineren Leinwänden war das Kind allein skizziert – ich trat näher. Nein, es handelte sich nicht um dasselbe Kind. Es war ein weißes Kind, der Junge aus dem Heim für mutterlose Kinder, der über der Mauer hing und „Schokolade!" rief. Und doch war es auf dem nächsten Bild nicht derselbe Junge. Es war ein eher exemplarisches Kindergesicht, ein Allerweltskind. Jedermanns Kind. Und das nächste war noch exemplarischer, geschlechtslos, weder schwarz noch weiß; deutlich zu sehen war jedoch ein geradezu anklagender Schmerz in seinen glänzenden Augen. Ich trat zurück und wandte mich an Manu. Was er wohl darüber dachte? Er hatte sich vorgebeugt, sein Gesicht dicht vor der Leinwand.

„So viel Traurigkeit“, sagte er. Als ich schwieg, fuhr er fort: „Aber das ist möglicherweise nur meine Interpretation.“

„Möchten Sie ein Bier? Ich ziehe mir rasch ein anderes Hemd an und dann bin ich bei Ihnen.“

Manu erzählte, er habe eine Tochter. Sie lebten in einem Flüchtlingsheim.

„Warum haben Sie sie nicht mitgebracht?“

„Sie hat heute Deutschunterricht.“

Ich versuchte, seinen Akzent zu erraten. „Kommen Sie aus dem Senegal?“

„Nein, aus Libyen. Mein Vater kam ursprünglich aus Nigeria.“

Mark saß mit einem Glas Wein in der Hand zwischen den zwei Frauen, die auf dem Balkon geraucht hatten, auf dem Sofa. Die eine hieß Ilse, sie war für die PR bei Zimmer verantwortlich, die andere hatte ich noch nie gesehen. Er schilderte den beiden sein Martyrium durch die Einwanderungsbeamten. Dante und Gina rückten näher und mittlerweile war Mark, dem die Aufmerksamkeit sichtlich gefiel, von einer kleinen Gruppe umringt. Er erzählte mit der für ihn typischen Prahlerei, gab der Geschichte einen humoristischen Anstrich, als wäre alles ein großer Spaß gewesen. Mir kam es vor, als hörte ich zum ersten Mal davon, als wäre ich nicht teilweise mit dabei gewesen und unwillkürlich musste ich seine Wandlungsfähigkeit bewundern. Die mir unbekannte Brünette im blauen Kleid, das nur bis zur Mitte der Oberschenkel reichte, lehnte sich zu Mark hinüber. „Also beantragen Sie jetzt Asyl? Das wäre doch das Einfachste für Sie, oder?“

„Mark ist Student“, sagte ich und trat näher.

„Ah so“, sie sah zu mir hoch. Sie wirkte wie Mitte vierzig. Eine Journalistin aus Frankfurt, wie ich später erfuhr. Sie hieß Anna. Wie Gina wohl an sie geraten war? Wahrscheinlich durch Ilse. Zimmer förderte und vernetzte seine Stipendiaten unermüdlich.

„Warum“, Mark wandte sich mit einem schelmischen Funkeln in den Augen an mich, „gehen Weiße immer davon aus, dass jede schwarze Person, die reist, ein Flüchtling ist?“

„Tun sie nicht“, sagte Anna. „Tue ich nicht“, verbesserte sie sich. „Schließlich kann ich nicht für jeden Weißen auf dem Globus sprechen.“

Ich klinkte mich aus und ging in die Küche, um mir Wein nachzuschenken; als ich zurückkam, waren die Frau und ihr Kind gegangen. Mir fiel Manu ins Auge, der mit einem Glas in der Hand etwas abseits in der Nähe der Tür stand. Er starrte die Gruppe an und als ich seinem Blick folgte, stellte ich fest, dass er Gina ansah, die sich mit Dante unterhielt. „Deine Frau ist extrem begabt“, sagte er.

„Komm doch zu uns“, meinte ich, „halt dich nicht so abseits.“

„Ich muss jetzt leider gehen. Es ist schon spät.“

Ich reichte ihm seinen Mantel und als ich mich wieder zu den anderen gesellte, fragte Anna Mark gerade, ob er in Berlin Rassismus erlebt habe, denn bestimmt sei Berlin doch die liberalste und offenste Stadt Europas, in der man die Menschen herzlich willkommen heiße. Mark lächelte unbeeindruckt. „Mir gefällt’s hier. Sogar in Berlin sehne ich mich nach Berlin.“

„Hahaha", Anna lachte entzückt. Ihr Lachen war erstaunlich laut. „Das gefällt mir. Darf ich Sie zitieren?"

Mark hob die Hand, sein Gesicht war weingerötet. „Bevor Sie mich zitieren, möchte ich noch Folgendes sagen … mir ist auch aufgefallen, dass Frauen, wenn ich in der Nähe bin, unweigerlich ihre Taschen umklammern. Und zwar so." Er führte es vor. „Mit beiden Händen. Erst ist mir das gar nicht aufgefallen, aber dann war es so offensichtlich, dass ich es nicht übersehen konnte."

Anna lachte, wirkte jetzt aber mehr auf der Hut. Gina warf mir einen Blick zu – Mark fiel in meinen Zuständigkeitsbereich. Er sorgte für Unbehagen bei ihren Gästen. Dante versuchte die Situation zu retten. „Aber was Rassismus betrifft, ist die Lage in Europa doch gut. Besser als in Amerika, oder? Ich bin öfter dort für Ausstellungen. Obama wird dort nicht respektiert und bestimmt, weil er schwarz ist."

„Na ja, es ist nicht ideal, aber so schlimm auch wieder nicht", sagte Gina. „Wir haben seit den Sechzigern, seit der Bürgerrechtsbewegung große Fortschritte gemacht." Sie sah mich an, aber ich hatte dem nichts hinzuzufügen.

„Was für Erfahrungen hast du als Afrikaner in Amerika gemacht?", fragte Dante mich. Ich betrachtete seine modisch zerrissene Jeans, das blaue Hemd, aus dessen Ausschnitt die Brusthaare lugten und beschloss, ihn unsympathisch zu finden, lächelte aber und erzählte von meiner ersten Reise nach New York. In der Penn Station war ich auf einen Polizisten zugegangen, weil ich ihn nach dem Weg fragen wollte, wie man das überall auf der Welt eben so macht, und als ich näherkam, bemerkte ich, wie sich seine Hand langsam in Richtung der Waffe an seiner Taille bewegte. Ich war stehengeblieben und hatte mich umgesehen, bestimmt war da jemand hinter mir, dessentwegen er nach der Waffe greifen wollte, denn ich konnte ja nicht der Grund sein. Mittlerweile umklammerte er seine Waffe, aber ich fragte ihn trotzdem nach dem Weg, wenn auch mit zitternder Stimme, und er sah mich mit unbewegter Miene an und sagte: „Weitergehen." Als ich Gina die Geschichte vor langer Zeit erzählt hatte, war sie ausgerastet. Sie hatte die Polizei als rassistische Schweine beschimpft. Damals war sie hitzköpfig gewesen, in letzter Zeit war sie toleranter geworden, nahm weniger wahr, was um sie herum geschah, ihr Blick galt einzig ihrer Malerei.

7

„Wie lange bleibt er denn?“, fragte mich Gina, als die Gäste gegangen waren und Mark auf dem Wohnzimmersofa schnarchte.

„Ein, zwei Tage.“

„Wie konntest du das nur tun – ihn mitbringen, ohne mich vorher zu fragen? Wenn irgendwas schiefgeht …“

„Was soll denn schiefgehen?“, fragte ich und in dem Moment fiel mir der besorgte Gesichtsausdruck des Anwalts ein, als er mich fragte, ob ich Mark denn gut kennte. Ich verdrängte den Gedanken. „Meinst du, er zündet das Haus an oder bricht bei den Nachbarn ein? Also echt. Er wirkt vielleicht ein bisschen … aus dem Lot, aber er ist in Ordnung. Er braucht einfach einen Platz, wo er sich ein, zwei Tage berappeln kann.“

„Was hat er denn für Probleme?“

„Du hast ihn ja vorhin gehört. Er ist Student und seine Aufenthaltspapiere müssen in Ordnung gebracht werden. Ein Anwalt kümmert sich darum.“

In dieser Nacht bekam ich so gut wie keinen Schlaf, lauschte Ginas leisem Atem. Ich hätte sie gern nach dem Kind gefragt, das sie gemalt hatte, und wofür es stand, aber sie schlief bereits, weit von mir abgerückt, das Gesicht zur Wand gedreht. Schlaflos lag ich da, bis schließlich draußen die Vögel loszwitscherten. Ich machte das Fenster auf, streckte meinen Kopf hinaus und sog tief die Morgenluft ein. Ich bin immer erst richtig wach, wenn ich frische Morgenluft geschnuppert und die Vögel tirilieren höre – selbst im Winter. Das Laub färbte sich allmählich rot. Schon jetzt klang der Sommer aus. Als wir letzten Oktober herkamen, fiel bereits das bunte Laub. Ende Oktober hatte ich am Fenster gestanden und ein einsames Blatt betrachtet, das sich hartnäckig an seinen Ast klammerte, und gedacht, dies müsse das letzte Blatt in der ganzen Straße, der ganzen Stadt, ach was, der ganzen Welt sein, das noch am Baum hing und das genau vor meinem Fenster. Der Herbst ist meine liebste Jahreszeit; ein Augenblick des Dazwischen, weder Winter noch Sommer, und so kurz. Ich beobachtete gern, wie der Wind und die vorbeifahrenden Autos die Blätter wirbeln und kreisen ließen, sie wehten hoch und trudelten hinab, häufelten sich am Gehwegzaun auf. Ich beobachtete gern, wie die Kinder gegenüber mit dem Laub spielten, es zusammenrafften und einander über den Kopf regnen ließen. Sie fassten sich an den Händen und hüpften kreischend durch die rotbraungelben Blätter, beruhigt und aufgestachelt durch das Knirschen und Knacken unter ihren Füßen, und ihr helles Lachen stieg von der Straße hoch in die entlaubten Bäume, erschreckte die Vögel, stieg hoch zu den Balkons und Fenstern, die immer noch offen standen, dem nahenden Winter zum Trotz.

8

Mark war schon wach, saß auf dem Sofa und sah durch die offene Balkontür auf die Wipfel der Pappeln, die die Straße säumten. Er war bis zum Hals in eine Decke gewickelt und wie er so dasaß, ausnahmsweise fast reglos, wirkte er verletzlich, nahezu kindlich. Er hatte auf dem Balkon geraucht und der Geruch war ins Zimmer gewabert. Gina habe zu einer Veranstaltung müssen, teilte ich ihm mit.

„Ja, ich habe mitbekommen, wie sie gegangen ist", erklärte er.

Sie hatte mir nicht erzählt, wohin sie ging. In letzter Zeit schien sie immer gerade dann zur Wohnungstür hereinzukommen, wenn ich ging oder zu gehen, wenn ich kam; sie wachte auf, wenn ich schlafen ging. Am Vortag hatten wir nebeneinander im Badezimmer gestanden, redeten aber nicht miteinander, weil jeder den Mund voller Zahnpasta hatte, starrten uns nur im Spiegel über dem Waschbecken an, ein kurzer Blickkontakt, dann beugte sie sich vor und spuckte ins Wasser, das schäumend in den Abfluss strudelte. Ich dachte oft an Gina in ihrem Atelier, die den ganzen Tag allein war, mit Farben und Strichen, Angst und Hoffnung kämpfte, dem Pinsel Formen abrang, Gliedmaßen, Gesichter, Haare, Augen, und manchmal zutiefst zweifelte, ob sie die ideale Form im Platon'schen Sinne, die sie vor ihrem geistigen Auge hatte, einfangen konnte. In unserer Berliner Anfangszeit schien sich alles zu fügen, aber jetzt hielt sie sich manchmal nur im Atelier auf, um mir aus dem Weg zu gehen, so wie ich mich meinerseits mit Mark und seinen Freunden traf, um ihr auszuweichen. Manchmal wenn sie aus dem Atelier kam und mich lesend oder fernsehend im Wohnzimmer vorfand, wirkte sie überrascht von meiner Anwesenheit, dass es mich gab und sie gab, Mann und Frau gemeinsam unter einem Dach. Ich hätte nicht sagen können, wann sich dieses Unbehagen eingeschlichen hatte. Ich wollte sie umarmen und schweigend gemeinsam dasitzen, wie wir das vor langer Zeit oft getan hatten, aber dazu wäre eine enorme Energie nötig gewesen und die hatte ich nicht. Stattdessen schlüpfte ich in meine Jacke und streifte durch die einsamen Seitenstraßen von Berlin. Nichts und Niemand ist so einsam, wie ein einsamer Fremder in einer fremden Stadt.

„Wie habt ihr euch kennengelernt?", wollte Mark wissen.

„Vorher brauche ich einen Tee", sagte ich. „Willst du auch einen?"

„Lieber Kaffee, wenn du welchen hast."

„Kein Problem."

Als ich mit den Tassen kam, hatte er sich aus der Decke geschält und war bereits angezogen. Ich hatte Gina im März 2007 bei einer Wahlkampfveranstaltung Obamas an der American University in Washington kennengelernt. Obama hatte kurz zuvor seine Präsidentschaftskandidatur verkündet und Gina war eine seiner Wahlkampfhelferinnen. Irgendwann stand sie neben mir, umringt von ihren Freunden, die ebenfalls alle in Obamas Wahlkampfteam waren und entsprechende Buttons trugen. Noch nie hatte ich jemanden gesehen, der so schön war. Zweimal trafen sich unsere Blicke und ich spürte, dass auch ich ihr aufgefallen war – ich bekam kaum ein Wort des Kandidaten mit, war viel zu beschäftigt mir eine Strategie auszudenken, wie ich sie ansprechen könnte, aber noch ehe ich meinen Mut zusammenraffen konnte, waren sie weg, wurden dem Kandidaten vorgestellt.

„Was hast du in den USA gemacht?“

„Ich bin 2006 mit einem Stipendium rüber – ich habe dort meine Dissertation geschrieben. Wie es das Schicksal wollte, studierte sie ebenfalls Geschichte. Eine Woche darauf traf ich sie in der Bibliothek und diesmal gab es kein Halten mehr für mich. Als ich erwähnte, ich sei aus Nigeria, erzählte sie, ihr Vater sei Fulbright-Stipendiat in Nigeria gewesen. Und so fing es an. Jetzt du“, sagte ich.

„Was willst du wissen?“

„Erzähl mir von Malawi. Hast du Geschwister?“

„Ja. Zwei von jeder Sorte, ich bin das Sandwichkind.“ Er klang ernst, der leichtfertige, schwer fassbare Mark war für einen Moment lang verschwunden.

„Erzähl mir von ihnen, von deiner Familie.“

„Ich ... mein Vater und ich waren selten einer Meinung. Habe ich schon erwähnt, dass er Pfarrer war?“

„Ja. Welche Glaubensgemeinschaft?“

„Seine Pfarrei gehörte zur Pfingstbewegung, eine der wenigen in Lilongwe. Als ich kleiner war, hat er mich ermuntert, bei der Kirchentheatergruppe mitzumachen. Ich habe es geliebt, hatte schon früh eine Neigung dazu. Wir spielten hauptsächlich biblische Geschichten nach. Ich liebte es, auf der Bühne zu stehen, liebte die Macht, die Gemeinde mit meiner Tollpatschigkeit, mit Worten und Gesten zum Lachen oder zum Weinen zu bringen. Ich spielte immer die Hauptrolle. Einmal war ich der Verlorene Sohn, der ausgestoßen wurde und mit den Schweinen aß und bei der Heimkehr von seinem Vater mit offenen Armen aufgenommen wurde, dann wieder war ich Josef, den seine Brüder in den Brunnen geworfen hatten. Ich kann verstehen, warum Schauspieler manchmal schizophren werden. Man geht so leicht in der Rolle auf und sich davon zu lösen, ist problematisch. Ich war jeweils felsenfest davon überzeugt, dass ich diese Person *war*. Wahrscheinlich bin ich schon damals vor etwas geflüchtet, wovor, weiß ich nicht. Meine Kindheit, das war nur die Kirche, keinerlei andere Interessen. Während meine Freunde draußen herumstromerten, Sport trieben und andere Hobbys entdeckten, blieb ich in der Kirche, immer unter dem wachsamen Auge meines Vaters. Mehr gab es in meiner Kindheit nicht. Als ich mit der weiterführenden Schule fertig war, wollte ich natürlich Schauspiel studieren, aber das kam für meinen Vater nicht in Frage."

„Warum?"

Mark zog aus seiner Jackentasche eine Zigarettenschachtel heraus. Wir stellten uns auf den Balkon und rauchten. „Schauspieler in der Kirche zu sein, war okay, aber außerhalb nicht. Schauspieler sein heiße, eine Lüge zu leben, behauptete er. Mit der Vorspiegelung falscher Tatsachen sein Geld zu verdienen. Gottlos, nannte er es. Aber mit Hilfe meiner Mutter gelang es mir doch. Ich lud die gesamte Familie zu meinem ersten Auftritt ein. Ich spielte die Hauptrolle in *Sizwe Bansi ist tot* von Athol Fugard. Da war ich neunzehn. Ich hatte mich enorm ins Rollenstudium reingekniet, damit ich den passenden Tonfall, die entsprechenden Bewegungen fand. Aber trotzdem konnte ich, sogar von der Bühne aus, die Enttäuschung im Gesicht meines Vaters sehen."

„Was genau hat ihm denn missfallen?", fragte ich.

Mark nahm einen tiefen Zug, lehnte sich dann über die Balkonbrüstung und schnipste die Kippe weg. „Er meinte, es bringe Schande über die Kirche. Es sei zu weltlich. Dazu muss man wissen, dass mein Vater für die Kirche, für die Bibel lebte, das war sein gesamter Lebensinhalt. Ich war dermaßen enttäuscht, dass ich nicht mehr nach Hause fuhr. Während der Semesterferien wohnte ich bei Freunden und wir spielten in kleinen Theatern, in Nachtclubs und auf der Straße und verdienten genug für unseren Unterhalt. Es machte Spaß. Meine Mutter besuchte mich und flehte, ich solle heimkommen. Ich weigerte mich. Nach Abschluss des Studiums ging ich zu Onkel Stanley, dem jüngsten Bruder meines Vaters, nach Südafrika. Er unterrichtet an der Uni und ist das genaue Gegenteil meines Vaters. Ich bin nie wieder nach Hause gegangen. Er war derjenige, der vorschlug, ich solle ins Ausland gehen und dort weiterstudieren. Er hat mich mit seinem Freund am Goethe-Institut in Johannesburg verdrahtet. Ich schrieb mich dort für einen Deutschkurs ein und bewarb mich für ein Stipendium, damit ich hier weiterstudieren konnte. Eins ergab einfach das andere."

„Hast du je daran gedacht, zurückzugehen?", fragte ich. Er schüttelte den Kopf, zuckte die Achseln. „Hin und wieder. Meine Mutter fehlt mir. Und mein Onkel und seine Frau, deren Kinder, meine Geschwister. Aber ich und Rückkehr – eher nicht. Zumindest nicht in nächster Zeit."

Ich wollte auf das, was der Anwalt gesagt hatte zu sprechen kommen, doch zu meiner Überraschung sagte Mark, er müsse jetzt gehen.

„Wie, du gehst jetzt?"

„Schau mal, ich bin mir nicht sicher, ob deine Frau es so gut findet, dass ich hier bin. Ich habe das schon letzte Nacht gemerkt. Und heute früh hat sie nicht mal auf mein Guten Morgen reagiert."

Ich entschuldigte mich. „Aber du musst wirklich nicht gehen. Gina ist momentan einfach nur mit den Gedanken woanders ..."

„Schon gut", sagte er. „Ehrlich. Ich weiß zu schätzen, was du alles für mich getan hast."

Ich kam mir wie Judas vor, als ich Mark zur Bushaltestelle begleitete, war aber gleichzeitig auch erleichtert, ein Gefühl, das ich zu unterdrücken versuchte. Er meinte, er könne bei Freunden unterkommen und wenn das nicht klappe, gebe es immer noch das Flüchtlingsheim. Ich umarmte ihn, eine Judasumarmung, und sah ihm nach, wie er durch eine Verkehrslücke rannte, wobei der Wind seine alberne Jacke hochwehte. Während der letzten Wochen hatte er abgenommen. Er erwischte den M400-Bus und als dieser losfuhr, sah ich Mark am Fester des Oberdecks winken. Mit bleierner Hand winkte ich zurück und schleppte mich schweren Herzens nach Hause. Alles veränderte sich. Das Laub an den Bäumen, die Kleider in den Schaufenstern. In der Luft lag eine fast kaum wahrnehmbare Kühle. Ich dachte an zu Hause und den Harmattan im November, der mich fast immer krank gemacht hatte, meine Mutter meinte, das sei, weil mein Körper auf den Wechsel der Jahreszeiten reagiere. Unsere Körper wollten, träge wie sie seien, immer am Gewohnten festhalten. Ich hatte mit meiner Mutter schon länger nicht mehr telefoniert. In meiner Anfangszeit in Amerika rief ich sie jeden Sonntag an, verplauderte Fünf-Dollar-Telefonkarten, der Hörer wurde an meinen Vater weitergereicht, an meine Schwester und beide Brüder. Eigentlich sollte ich nach meiner Dissertation heimkehren, doch dann traf ich Gina und aus Tagen wurden Monate, aus Monaten Jahre und dann hörte ich auf, daheim anzurufen. Bei meinem letzten Anruf vor einem Jahr, hörte sich meine Mutter derart distanziert an, als würde sie mit einem Unbekannten übers Wetter reden. Ich reichte den Hörer an Gina weiter, aber meine Mutter hatte Probleme, Ginas amerikanischen Akzent zu verstehen, daher dauerte der Anruf nur wenige Minuten. Ich dachte daran, wie es gewesen war, bevor

Gina schwanger wurde. Abends saßen wir oft auf dem Balkon, tranken Weißwein und beobachteten den leeren Parkplatz auf der anderen Straßenseite, die Kinder, die auf ihren Skateboards über den Asphalt tretrollerten, den Gehweg entlangdonnerten, mit den an ihren Schuhsohlen festklebenden Brettern hoch in die Luft sprangen, jedes erfolgreiche Kunststückchen mit einem High-five feierten. Ich war so gedankenversunken, dass ich in eine Frau hineinrannte, die eine Schaufensterauslage betrachtete, kurz darauf in einen Mann. Ich war zum ersten Mal in dieser Straße, kannte weder die Namen der Läden noch eventuelle Sehenswürdigkeiten. Der Mann war hochgewachsen und trug eine modische Lederjacke. Er fasste mich am Ellbogen und rüttelte mich aus meiner Tagträumerei. „He, pass auf!" Ich nickte und ging weiter.

9

Eine Woche nachdem ich Mark zur Bushaltestelle begleitet hatte, wurden meine Fragen beantwortet. Es war der Tag, an dem Ginas Vernissage in der Zimmer-Galerie stattfand, die irgendwo in der Karl-Marx-Straße lag. Gina hatte sich damals jeglichen Kommentar verkniffen, als sie zurückkam und Mark nicht mehr da war. Unser Leben nahm seinen normalen Rhythmus auf. Wir gingen Abendessen, besuchten Ausstellungseröffnungen, Lesungen und Darbietungen von Ginas Künstlerkollegen. Sie sah glücklich aus, als sie die Besucher von Gemälde zu Gemälde führte, Fragen zu Farbe, Technik und Konzept beantwortete. Im Hintergrund lief getragene Instrumentalmusik, sämtliche Zimmer-Künstlerkollegen waren gekommen. Die Vernissage würde sich über den ganzen Tag erstrecken. Ich stand in einer Ecke, versuchte, mich nützlich zu machen, plauderte mit Julia, der Zimmer-Direktorin, einer großen, schlanken, bescheidenen Frau, mit ihrem Lebensgefährten Klaus, einem Brocken von Mann, der den Riesling hinunterkippte wie Wasser. Ich war seit drei Stunden da, ich war müde und hungrig und überlegte, ob ich irgendwo essen gehen sollte. Ich brauchte etwas Handfesteres als das angebotene Fingerfood und wollte Gina fragen, ob sie mich begleiten würde. Da kam in Begleitung dreier Personen ein Mann herein, der mir bekannt vorkam. Er erkannte mich gleichzeitig, löste sich aus seiner Gruppe und kam herüber. Es dauerte kurz, bis ich ihn einordnen konnte. Es war Julius, der Anwalt. In Jeans und T-Shirt sah er anders aus. Das hier sei die Vernissage meiner Frau, erklärte ich ihm.

Er sah beeindruckt aus. „Meine Lebensgefährtin hat mir von der Ausstellung erzählt.“ Er deutete auf eine der jungen Frauen, die Jeans und Bomberjacke trug. „Übrigens hätte ich Sie morgen angerufen. Ich muss mit Mark reden. Wohnt er noch bei Ihnen?“

„Nein. Alles in Ordnung?“

„Ich muss mit ihm reden. Es geht um seine Visumsverlängerung.“

„Er wohnt schon seit längerem nicht mehr bei uns, aber ich kann es ihm ausrichten. Ich kann ihn finden, wenn es nötig ist.“

Der Anwalt zögerte. „Es ist tatsächlich dringend ... ich habe erst heute erfahren, dass sein Visum leider nicht verlängert wurde.“

„Oh, das tut mir leid.“

„Können Sie ihm das bitte ausrichten?“

„Klar.“

Schon im Gehen sagte er: „Eigentlich geht es mich nichts an, aber ... Sie wissen, dass sein richtiger Name Mary ist? Das wussten Sie bestimmt schon, Sie sind ja gut befreundet.“

Verdattert starrte ich ihn an. Mary?

„Er ist eine Frau, vielmehr sie ist eine Frau. Mary Chinomba.“

Mark war eine Frau? „Sind Sie sicher?“ Mehr brachte ich nicht heraus.

„Selbstverständlich, schließlich habe ich ihre Papiere gesehen. Sie sehen so erstaunt aus – Sie wussten es also nicht.“

10

Meine Anrufe bei Mark landeten direkt bei einer Stimme, die mir knapp auf Deutsch beschied, ich solle bitte eine Nachricht hinterlassen. Nach einer Weile nahm die Mailbox keine Nachrichten mehr auf. Ich rief Lorelle an, die Mark zwar ebenfalls seit einiger Zeit nicht mehr gesehen, aber gehört hatte, er sei in einem Heim in der Nähe des Görlitzer Bahnhofs untergebracht. Wir trafen uns beim Bahnhof und gingen gemeinsam zum Flüchtlingsheim. Wir kamen an leerstehenden, verfallenen Gebäuden vorbei, deren Fassaden blau-grün-schwarze Graffiti zierten, an Geschäften, deren Rollladentüren dauerhaft geschlossen waren; wir gingen an dubiosen Eckläden vorbei, aus deren schmalen Türen Betrunkene mit Six-Packs unterm Arm heraustaumelten, die Bierbäuche hingen ihnen über den Hosenbund, an schnurrbärtigen Türken, die unter Sonnenschirmen Shisha rauchten und landeten in einer komplett verwaisten Straße, an deren Ende sich ein Zaun befand, an dem das Gras hochwucherte.

„Warst du schon mal hier?“, fragte ich Lorelle. Sie schüttelte den Kopf. Wir bogen um die Ecke in die nächste Straße, die bis auf zwei Männer ebenfalls leer war, mit geröteten, schmuddeligen Gesichtern saßen sie mit dem Rücken an eine Hauswand gelehnt da, die Beine auf dem Gehweg ausgestreckt, ganz im Bann der Chemie, die durch ihre Adern rauschte. Während sie gierig aus ihren Bierdosen schlürften, folgten uns ihre Blicke, bis wir um die nächste Ecke verschwanden. Das Flüchtlingsheim war eine ehemalige Schule, den meisten Fenstern fehlten die Scheiben und im vermüllten Hof wucherte das Gras. Vom geöffneten Tor führte ein breiter Weg zu einem großen, grauen Betonklotz. Auf einer Seite der Einfahrt stand ein weiteres, kleineres Gebäude, wohl ein ehemaliges Wach- oder Dienstgebäude, jetzt waren die Fenster mit Sperrholz vernagelt, das sich durch Regen und Sonne schwarz verfärbt hatte und abblätterte. Vor der Tür standen vier Männer, drei Schwarze und ein Asiate, und unterhielten sich leise. Sie starrten lange auf Lorelles Haar und Piercings, musterten dann mich. Einer von ihnen, der über den Dreadlocks ein rot-gelb-grün-schwarzes Rasta-Beanie trug, nickte mir zu und ich nickte zurück. Vor dem Eingang des Hauptgebäudes stritt sich ein Haufen Männer; sie waren unrasiert, schmutzig und eindeutig betrunken. Bei unserem Anblick sahen sie auf und einer von ihnen, der einzige Schwarze, entfernte sich. Der Gestank erschlug uns, noch bevor wir das Gebäude betraten: durchdringend, feucht und ekelerregend. Flüchtlingsheim. Einen weniger heimeligen Ort hatte ich noch nie gesehen.

„Sind wir hier richtig?", fragte ich Lorelle. Das Gebäude hatte vier Stockwerke, aus den Fenstern oben drangen Stimmen und leise Musik.

„Wir sind hier richtig."

Auf dem ersten Treppenabsatz befand sich ein Waschraum, dessen Eingang teilweise durch einen Müllhaufen blockiert war, der aus einem Abfalleimer quoll und diesen fast unter sich begraben hatte. Ein Mann mit hagerem Oberkörper und einem Handtuch um die Hüften, das Haar noch nass, kam heraus und stieg vorsichtig über den Unrat.

„Hi", sagte ich. „We are looking for a friend. Mark Chinomba." Sein Blick wanderte von Lorelle zu mir. Er schüttelte den Kopf. „Where he come from?"

„Malawi", antwortete Lorelle und fragte, weil sein Englisch so holprig war, ob er Deutsch spreche. Er zuckte die hageren Schultern. „Check upstairs."

Überall an den Wänden im Treppenhaus hingen Flugblätter mit schreienden Parolen *Nein zu Grenzen!, No to Illegal Detention! Asyl ist Menschenrecht*, Veranstaltungshinweisen auf Englisch und Französisch, die meisten jedoch auf Deutsch: Termine für Theatergruppen, religiöse Zusammenkünfte, Sozialarbeitersprechstunden. Auf dem zweiten Stock begegnete uns niemand, wir bogen nach rechts ab und gingen durch eine Doppeltür in einen langen, dunklen Korridor, der als Rumpelkammer für alte Fahrräder, kaputte Tische und Stühle und anderen Müll diente. Wir standen einer Reihe von Türen gegenüber, die meisten halboffen, man sah Stockbetten mit zerschlissenen Matratzen auf denen Männer schliefen, ihre Beine hingen im Freien. Ich klopfte an eine der Türen und trat ein. Vor einem kleinen Herd, auf dem sich ein Topf befand, stand ein Mann, in der einen Hand ein halbes Hühnchen, in der anderen ein Messer. Der Anblick Lorelles hinter mir brachte ihn aus der Fassung – offenbar gab es in diesem Teil des Flüchtlingsheims nur selten Damenbesuch. Er legte das Hühnchen neben kleingeschnittene Paprika und gehackte Zwiebeln auf den Tisch, wischte sich die Hände an der Hose ab und wandte sich uns zu. Nein, den Namen Mark Chinomba habe er noch nie gehört. „Aus Malawi? Nein, er kann nicht hier sein. Das Zimmer hier ist Senegal."

Ein anderer Mann saß auf seinem Bett und sah sich auf einem alten Röhrenapparat, der neben dem Bett auf einem Tisch stand, einen Fernsehfilm an. Er blickte nicht auf, während wir uns mit dem Hühnchenmann unterhielten, sondern starrte hingebungsvoll auf den Schirm, dessen Licht ihn beschien, sein Gesichtsausdruck wechselte so rasch wie die Bilder. Auf dem Boden lagen Schuhe und weitere Matratzen verstopften den Durchgang zwischen den Betten. Im Zimmer hing ein widerlicher Geruch nach Essen, müffelnden Schuhen und ungewaschenen Körpern.

„Wo sind die Nigerianer?“, fragte ich neugierig.

Kopfschüttelnd zeigte er nach oben. „Jetzt findest du keine Nigeria. Wenn du Nigeria willst, komm abends. Meiste schlafen jetzt.“

Ich blieb vor der Treppe stehen. Ich war müde und ausgelaugt. „Ich glaube, mir reicht's.“

Lorelle sah mich an. „Willst du Mark denn nicht finden?“

Im nächsten Stockwerk befand sich ein Raum, der viel größer war, als der vorherige, eine kleine Halle, in der alle Matratzen auf dem Boden lagen. Offenbar waren die meisten Männer hier aus Asien, höchstwahrscheinlich Syrer, Pakistaner, Bangladescher oder Afghanen, dazwischen ein paar Schwarze, alle hatten den gleichen verstohlenberechnenden Blick, alle schüttelten rasch den Kopf, als wir nach Mark Chinomba fragten. Manche lagen auf ihren Matratzen und tippten auf ihren Handys herum, einige saßen an einem Tisch in der Raummitte und stritten beim Kartenspiel. Als wir an weiteren offenen Türen vorbeikamen und über weitere Müllhaufen stiegen, vom Gestank beinahe ohnmächtig wurden, Männern zunickten, die grüppchenweise auf dem Balkon versammelt oder untätig am Fenster standen, kam es mir vor, als schritte ich durch einen Ort aus Dantes *Inferno*. Niemand kannte Mark. Das oberste Stockwerk war das Frauenstockwerk und schon auf der Treppe konnten wir hören, wie jemand beruhigend auf ein kreischendes Kind einredete. Die durchdringenden Schreie veranlassten mich zum Stehenbleiben.

„Glaubst du, er ist hier, bei den Frauen?“

Sie schüttelte den Kopf. „Nein. Nie im Leben.“

Wir gingen.

Am nächsten Tag rief Lorelle an. „Heute Abend läuft im Neuen Kino eine Doku über Mumia Abu-Jamal. Hat ein Freund erwähnt. Mark ist ein großer Fan von Abu-Jamal."

Ich hatte keine Ahnung, wer Mumia Abu-Jamal war, notierte mir aber Lorelles Wegbeschreibung. Nach der Vorführung saßen wir in dem kleinen Café neben dem winzigen Kino. An den Nachbartischen unterhielten sich die Leute noch immer über den schonungslosen Dokumentarfilm, den wir gerade gesehen hatten. Mark und Lorelle saßen händchenhaltend auf einem Sofa und Lorelle sah Mark mit einer Zärtlichkeit an, die so gar nicht zu ihrem harten, gepiercten Gesicht passte. Seit über einem Monat hatte sie Mark nicht gesehen. Als wir vorhin reinkamen und ihn an der Theke mit dem Barkeeper reden sahen, waren die beiden aufeinander zugestürzt und hatten sich wild geküsst, während die Leute ringsum Beifall geklatscht hatten. Ich stand da und beobachtete sie, wobei mir kurz durch den Kopf ging, dass Lorelle das Küssen mit all den Ringen in ihren Lippen bestimmt wehtun musste, war von der Szene aber genauso ergriffen wie alle anderen.

„Von Abu-Jamal habe ich heute zum ersten Mal gehört."

„Wie denn auch?", lachte Mark. Er wirkte aufgekratzt. „Du wohnst mit deiner schönen Frau in einem großen Haus. Du lebst in Amerika, wo jeder ein Filmstar ist und einen Riesenschlitten fährt."

„Bei dir hört sich das an, als wäre es eine Sünde oder eine Krankheit, in einem großen Haus zu wohnen."

„Na ja, ich würde mir keinen Film über Menschen, die in großen Häusern leben, ansehen, über sie auch keine Filme drehen."

„Das ist fast ein Manifest. Was für Filme würdest du denn machen?"

„Ich sage dir, welche Art Filme ich machen würde. Über einen Mann in einem Tunnel. Einem langen, endlosen Tunnel, an dessen Ende seine Geliebte wartet, aber allmählich begreift er, dass nicht nur seine Geliebte, sondern auch der Tod wartet. Aber wir sehen nie, wie er die Geliebte oder den Tod erreicht, nur eine einzige, lange Einstellung auf ihn im Tunnel, mehr nicht. Es geht um die Reise selbst. Die Ungeheuer, die sich aus der Dunkelheit auf ihn stürzen, existieren sämtlich nur in seiner Phantasie."

Ich nickte. „Hübsche Allegorie für die menschliche Natur. Schönheit und Tod, Seite an Seite. Wir alle stecken in einem Tunnel, die Liebe treibt uns voran, aber Liebe bedeutet gleichzeitig auch Tod. Begehren heißt sterben."

„Ja, und nicht zu lieben, bedeutet auch zu sterben", sagte Mark, ließ Lorelles Hand los und beugte sich vor zu mir. „Wenn ich meinen Film mache, wird der ziemlich avantgardistisch. Marechera. Dostojewski. Caravaggio. Knut Hamsun. So avantgardistisch, dass es einem beim Zuschauen das Herz abdrückt. Was ist der Sinn von Kunst, wenn nicht Widerstand?"

„Widerstand wogegen?"

„Einfach nur Widerstand. Aus Prinzip."

„Und solche Filme willst du machen?"

„Das ist das Leben, das ich führen will. Kunst und Leben werden eins."

„Warte nur, bis du älter bist und verheiratet, Kinder hast und Rechnungen bezahlen musst."

Lachend zuckte er die Achseln. „Vielleicht kommt es dazu ja nie."

Lorelle hörte zu, den Kopf an seine Schulter gelehnt, und rauchte eine Zigarette. Sie beugte sich vor. „Mark hat einen Kurzfilm gedreht, der hat eine Auszeichnung bekommen."

Mark hatte einen Film gemacht? Man sah mir meine Überraschung wohl an. Mark lachte und schob Lorelle beiseite. „Ein Kurzfilmchen. Dreißig Minuten lang. Habe ich vor zwei Jahren für ein Seminar gemacht.“

„Aber er hat hier in Berlin einen Regiepreis gewonnen.“

„Toll“, sagte ich. „Über einen Mann in einem Tunnel?“

„Du musst ihn dir ansehen. Ich habe eine Kopie, die kann ich dir leihen“, sagte Lorelle.

Ich wollte mich mit Mark unterhalten, welche Möglichkeiten er jetzt noch hatte, nachdem sein Antrag auf Visumsverlängerung abgelehnt worden war, aber er schien an dem Thema nicht interessiert, und vielleicht war dies ohnehin nicht der richtige Ort.

„Versuch mal, Julius, diesen Anwalt, anzurufen. Wenn möglich, noch heute. Er hat versucht, dich zu erreichen.“ Er nickte und wechselte plötzlich das Thema. „He, hast du nächste Woche Zeit? Da gibt es einen Schallplattenladen, den musst du dir unbedingt ansehen. Der ist gigantisch, der größte in Berlin, vielleicht in ganz Europa.“

„Ich habe Zeit.“

„Gut, dann gehen wir drei dorthin. Danach können wir was essen. Abhängen.“

„Super Idee, aber versprich mir, dass du nicht wieder abtauchst“, sagte ich.

Mark hob sein Bier und zitierte lachend Shakespeare: *„When shall we three meet again, in thunder, lightning, or in rain …?“*

Er sah glücklich aus und so würde ich ihn immer in Erinnerung behalten, nach vorn gelehnt, um mir zuzuprosten, Lorelle an seiner Seite, denn wie sich herausstellte, war dies unser letztes Zusammentreffen zu dritt.

„When the hurly-burly's done, when the battle's lost and won“, ergänzte ich automatisch.

11

Am Tag nach unserem Treffen im Kino brachen die Flüchtlingsunruhen aus, wie es die Zeitungen später nannten. Die Heimbewohner wachten auf und fanden das Gebäude von Polizisten umstellt, die Streifen- und Mannschaftswagen versperrten sämtliche Straßenzugänge. Neben den Mannschaftswagen standen von der Bezirksverwaltung gestellte Doppeldeckerbusse. Einer der Polizisten forderte die Bewohner über ein Megafon auf, ihre Sachen zusammenzupacken und das Gebäude zu räumen – sie hätten sechs Stunden Zeit. Offenbar hatten sich Anwohner bei der Bezirksverwaltung beschwert, sie fühlten sich bedroht, ihre Töchter und Söhne seien nicht mehr sicher auf den Straßen, wo Flüchtlinge Drogen verkauften und sich besoffen prügelten; die Fremden hätten die gesamte Straße in eine Müllhalde verwandelt, überall liege Abfall. Sechs Stunden für die Räumung. Die Busse sollten die Bewohner in ein anderes, außerhalb der Stadt gelegenes Flüchtlingsheim bringen, in der Zwischenzeit durfte niemand das Gebäude betreten oder verlassen. Um die Räumung zu beschleunigen, wurden Wasser und Strom abgedreht. Doch bald hatten Aktivisten in der Innenstadt von der Blockade gehört und versammelten sich auf der Straße, bildeten eine Menschenkette um den Block, solidarisierten sich in Sprechchören mit den Bewohnern und riefen, die Polizei solle abhauen.

„Mark hatte mir eine SMS geschrieben. Als ich ankam, war die Stimmung aufgeheizt. Die Polizei hatte bereits Tränengas gegen die Aktivisten eingesetzt und sie aufgefordert, sich fern zu halten. Sie ließen uns nicht durch die Absperrung“, berichtete Lorelle.

„Wohin hat man sie denn gebracht?“

„Nirgendwohin. Das ist ein beliebter Trick von ihnen. Sie stopfen die Migranten in Busse, mit dem Versprechen, sie anderswo unterzubringen, und setzen sie dann außerhalb der Stadt mitten im Nirgendwo ab.“ Sie nippte an ihrem Tee, als wollte sie den bitteren Geschmack hinunterspülen. „Wie kann man hilflosen Menschen nur so was Grausames antun? Weißt du, was auf den Bussen steht?“

„Was?“

„*Fahren macht Spaß*. Drumrum Bilder von glücklichen Familien Hand in Hand – Kinder und Eltern und obendrein ein Hund. Der reinste Hohn.“

„Was ist mit Mark passiert?“, fragte ich.

„Ich habe ihn pausenlos angerufen, aber er ist nie rangegangen, daher hoffte ich, dass es ihm irgendwie gelungen ist, sich rauszumogeln.“ Lachend schüttelte sie den Kopf. „Reines Wunschdenken. Mark würde so was nie machen. Er liebt solche Auseinandersetzungen mit der Obrigkeit. ‚Das ist unser historischer Moment‘, sagte er in solchen Situationen immer, ‚das ist unser Sharpeville, unser Agincourt.‘ Er war da drinnen, hatte sich mit den anderen verbarrikadiert. Sie haben die Türen von innen zugesperrt, mit Metallbetten und Tischen verrammelt, damit die Polizei sie nicht aufbrechen kann. Wir konnten sie an den Türen und Fenstern sehen, wie sie ihre T-Shirts schwenkten und sich an den Händen hielten. Die Polizei meinte, sie warten so lange, bis die da drin aufgeben. Es hat drei Tage gedauert.“

„Aber davon kam gar nichts in den Nachrichten …“

„Die bringen nur das in die Nachrichten, was sie bringen wollen“, sagte sie mit ausdrucksloser Stimme. „Ich war dort. Geh ins Internet, sieh dich auf alternativen Nachrichtenportalen um, da findest du alles. Am dritten Tag, als die Polizei von der Pattsituation die Nase voll hatte und drohte, sie mit Gewalt rauszuholen, übergossen die Flüchtlinge ihre Matratzen, ihr Bettzeug und die Fußböden mit Benzin und verkündeten, sie würden sich samt dem Gebäude anzuzünden. Manche gingen aufs Dach hoch und drohten, sie würden runterspringen. Mark war mit auf dem Dach. Ich erkannte seine Jacke."

„Was ist dann passiert?"

„Ich erkannte seine rote Jacke. Ich sah ihn vom Dach fallen. Runter auf den Asphaltboden."

„Er ist ... gesprungen?", fragte ich und wartete auf eine Wendung in der Geschichte, aber es gab keine.

„Im Scheinwerferlicht des Streifenwagens sah ich seine Leiche. Dann brachten sie ihn weg."

Ich schwieg, starrte Lorelle nur an. Wir saßen vor einem Café, in dem wir oft mit Mark, Uta, Stan und Eric gewesen waren. Gegenüber befand sich die Kirche, wirkte verlassener denn je. Mark war tot.

„Sie sagen, er sei gesprungen."

„Und?"

„Das hätte er nie getan. Dazu lebte er viel zu gern. Andere sagen, er sei gestoßen worden und ich glaube ihnen." Sie senkte den Kopf, ihr Gesicht war schmerzverzerrt.

„Gestoßen? Warum?"

„Weil er anders war und sie das selbst in diesem Moment der Verzweiflung nicht vergessen konnten. Was spielt das jetzt überhaupt noch für eine Rolle? Er ist tot."

Mary Chinomba. Eine Pfarrerstochter, die sich so gern als Mann verkleidete, so gern Männerrollen spielte, die kein Interesse an den netten Jungs hatte, die ihre Eltern ihr präsentierten. Die von zu Hause wegrannte und bei ihrem Onkel wohnte, dem Einzigen, der wusste, was oder wer Mary war, und dafür Verständnis hatte. Das Stipendium in Deutschland war für alle Beteiligten die optimale Lösung gewesen, geradezu ein Geschenk Gottes.

„Du hast mir mal erzählt, dass Mark nicht nach Malawi zurückkonnte. Was hast du damit gemeint?“, fragte ich.

„Nachdem sie ungefähr ein Jahr lang in Deutschland gelebt hatte, schrieb Mary ihrem Onkel einen Brief, tat so, als käme er von einem Freund. Darin stand, dass Mary bei einem Unfall ums Leben gekommen und eingeäschert worden sei, weil sich keine Angehörigen gefunden hätten. Sie unterschrieb mit ‚Mark‘. An diesem Tag starb Mary.“

„Glaubte der Onkel ihm … ihr?“, fragte ich.

„Der Brief war eigentlich gar nicht für den Onkel, sondern für den Vater bestimmt. Sie fand, so wäre es für alle Beteiligten das Beste. Mark brach sein Studium in Hamburg ab und wurde zum Nomaden. Er wollte nicht, dass man ihn durch Zufall fand. Wenn ich ihn fragte, ob er eines Tages in die alte Heimat zurückkehre, antwortete er immer mit ‚vielleicht‘.“

Wir saßen da und betrachteten unser kaltgewordenes Essen. Keiner von uns hatte den Wunsch aufzustehen und sich zu verabschieden.

„Erzähl mir, wie du sie kennengelernt hast“, bat ich.

„Ihn“, sagte sie.

„Ihn. Wie hast du ihn kennengelernt?“

Lorelle heiratete mit zweiundzwanzig, gegen den Willen ihrer Eltern. Die Eltern waren in die USA zurückversetzt worden und wollten, dass sie mitkam, aber Lorelle weigerte sich. Nach einigen Jahren wurde ihr Mann, ein DJ, den sie auf einer Party in einem ehemaligen Bunker kennengelernt hatte, gewalttätig. „Er schlug mich. Ich versuchte ein paar Mal, ihn zu verlassen, aber er drohte, er werde mir was antun, wenn ich das durchzöge. Schließlich flüchtete ich nach Berlin, schrieb mich dort an der

Uni ein. Gleich am ersten Tag traf ich Mark. Wir wurden Freunde, erst viel später ein Liebespaar. Wir waren das Freakgespann der Uni, die Transvestitin aus Afrika und die Durchgeknallte aus den USA. Mark gab mir den Mut, von Thomas die Scheidung zu fordern. Ich wurde erwachsen. Dank Mark."

Ich nahm ihre Hand. „Es tut mir so leid."

Sie nickte.

„Gehst du jetzt zurück nach Amerika?"

„Darüber denke ich schon seit einiger Zeit nach und jetzt das … es kommt mir vor, als hätten die Dinge hier ihren Sinn für mich verloren. Ich möchte meine Eltern wiedersehen, mich ihnen wieder annähern. Wie sieht es bei dir aus?"

„Ich weiß noch nicht recht."

„Viel Glück jedenfalls. Und wenn du wieder in den USA bist, ruf mich an."

Ich stieg an der Bushaltestelle bei der Apotheke aus. Gedankenverloren, mit gesenktem Kopf ging ich am Altersheim vorbei, und als ich am Waisenheim vorbeikam, sah ich ihn winkend zur Mauer rennen, sein Gesicht leuchtete vor Begierde wie auf Ginas Gemälde. „Schokolade!" Ich wandte das Gesicht ab und beschleunigte meinen Schritt, blieb dann aber stehen und drehte mich zu ihm um. Seine Hartnäckigkeit war bewundernswert. Ich hob die Hand und winkte zurück. Er stand da, beide Hände auf die Mauer gestützt, genau wie auf dem Gemälde, und sein Schreck verwandelte sich in Entzücken, als ich „Hallo" zurückrief.

Langsam nahm er die Hände von der Mauer, drehte sich um und ging zurück zu seinen Freunden. Den Kopf noch immer voller Gedanken setzte ich meinen Heimweg unter den Pappeln fort.

„Der Sommer ist dahin, die Ernte ist vergangen, und uns ist keine Hilfe gekommen.“ Diese Zeile ging mir nicht aus dem Kopf. Ich sah Mark, wie er seinen Vater imitierend hinter dem Lesepult stand und die Faust auf den grünen Filz donnern ließ, sein Blick über die Phantasiegemeinde wanderte.

„Ich gehe nicht zurück“, sagte ich zu Gina. Zwar hatte ich nicht darüber nachgedacht, aber sobald ich es gesagt hatte, wusste ich, dass ich das schon vor langem beschlossen hatte. Ich würde in Berlin bleiben, zumindest noch eine Zeitlang. Meinen Lebensunterhalt konnte ich einige Monate mit Englisch-Unterricht bestreiten, während ich überlegte, wie es weiterging. Ich konnte auch an meiner sträflich vernachlässigten Dissertation arbeiten. Gina saß mit einem Buch in der Hand auf dem Sofa. Sie wirkte nicht überrascht. Ich dachte an unsere Wohnung in Arlington. An den Parkplatz gegenüber und wie wir auf dem Balkon gesessen und die Kinder mit ihren Skateboards beobachtet hatten. Das schien in einem anderen Leben gewesen zu sein; in letzter Zeit konnte ich mich in diesem Bild nicht mehr sehen. Gina saß allein da.

„Wir waren einmal so glücklich“, sagte sie. Und ich wusste, damit meinte sie vor der Fehlgeburt. „Ich dachte, wenn wir gemeinsam nach Berlin gehen, weg von allem … ich dachte, in Berlin würde alles wie früher.“

Sie seufzte. Stille breitete sich aus, nur von gelegentlichem Vogelgesang unterbrochen. Vielleicht brauchten wir genau das, Stille. Eine Zeitlang Abstand. Sie sah mir geradewegs in die Augen und nickte. Aus einem der Bäume erklang der unverkennbare Ruf eines Kuckucks. Ich ging ans Fenster und sah nach oben. Ein Zwitschern, ein grauweiß-getüpfeltes Flügelschwirren. Dann war er weg.

2. Buch

CHECKPOINT CHARLIE

Manu läuft vor dem Eingang hin und her, ballt die Fäuste und stampft mit den Füßen auf, um die Durchblutung zu fördern. Es ist kurz vor Mitternacht, noch zwei Stunden bis Schichtende. Sein dicker Armeeparka und der Wollpullover darunter scheinen gegen die kalten Klauen des Berliner Winters wenig auszurichten. Er fühlt sich schwach vor Hunger. Nicht einschlafen, flüstert er vor sich hin, bleib wachsam, das ist alles, was du in den nächsten zwei Stunden tun musst. Er zwingt sich, an die Gäste zu denken, wie sie mit vom Trinken und Tanzen geröteten Gesichtern heraustaumeln. Es gehört zu seinem Job, ihnen die Tür aufzumachen, wenn sie herauskommen und sich an die Kälte zu gewöhnen versuchen. Manchmal hilft er ihnen, ihr Auto zu finden, wenn sie das selbst nicht mehr können. In dem einen Monat, seit er hier arbeitet, hat er noch nie eine Frau zu ihrem Auto führen müssen, es gibt immer einen beflissenen jungen Muskelprotz, der die Damen begleitet, wenn sie lachend und mit Schlagseite auf hochhackigen Stiefeln nach draußen taumeln. Das ist schließlich der Grund, weshalb die meisten in den Sahara-Nightclub gehen, um von einem jungen Mann nach Hause begleitet zu werden. Hauptsächlich ältere weiße Frauen und jüngere schwarze Männer.

Das Sahara liegt wie eine Insel inmitten der geparkten Autos, sein grelles Neonschild spiegelt sich rot und grün in den glänzenden Karosserien. Links und rechts neben dem Gehweg liegt aufgehäufter Schnee wie Sand auf einer Baustelle. Er zittert erneut und nimmt noch einen Zug von seiner Zigarette. Er ist kein Raucher, er hat das von seinem Kollegen, dem Türken übernommen. Ebenso wenig ist er Rausschmeißer, Türsteher oder Berliner, doch trotzdem hält er hier in Berlin den Leuten die Tür auf, schmeißt welche von ihnen raus und raucht Zigaretten. Noch zwei Stunden. Wieder verflucht er die Kälte, reißt sich aber schnell zusammen. Er hat Glück, dass er bei seinem Aufenthaltsstatus diesen Job bekommen hat. Seine Tochter braucht neue Schuhe, jetzt, wo sie bald zur Schule gehen wird, neue Kleidung, neue Unterwäsche, einschließlich Sport-BHs – sie hat ihm eine Liste gegeben. Im Mai wird sie zwölf. BHs. Was weiß er denn schon von BHs, abgesehen davon, dass es verflucht ärgerliche Biester sind, wenn man sie eilig aufmachen will. Ach, diese Kälte, dieser verfluchte europäische Winter. Wenn es eine andere Ablenkung gäbe, als rauchen und seinem gesprächigen Kollegen zuzuhören, wäre der Job, die Türsteherei vielleicht weniger dröge. Manchmal kommen Gäste raus, um schnell eine Zigarette oder einen Joint zu rauchen. Meistens ignoriert er sie. „Bleiben Sie immer professionell", sagte die Managerin am ersten Tag. „Bleiben Sie immer professionell oder das war's." Ein schroff aussehender, ruppiger Rotschopf und Kettenraucherin. Ihre Jeans war an Schenkeln und Waden zu eng, betonte ihre kurzen, stämmigen Beine, das Haar trug sie hochgetürmt, als wollte sie ein paar zusätzliche Zentimeter herausschinden. Sie blickte von ihrem Schreibtisch auf, als er hereinkam, und sagte, er habe von einer freien Stelle gehört. Das Büro war klein, dunkel und verraucht; an den Wänden hingen Fotos von Musikern und Schauspielern, manche trugen bizarre Kostüme, manche posierten mit der Managerin, auf jedem Foto prangte eine schwungvoll pompöse Unterschrift. Daneben hing ein altes *Mandingo*-Filmplakat. „Sind Sie nicht 'n bisschen zu alt für diesen Job?" Sie blies den Rauch in seine Richtung. Er sei erst vierzig, wollte er protestieren, und vielleicht sehe er etwas müde aus, aber jeder seiner Muskeln sei echt, erworben beim Erdbeer- und Traubenpflücken in Griechenland, wo er die letzte Erntesaison verbracht und auf hartem Boden geschlafen habe, der Polizei und den Neonazis entkommen sei und dafür sorgte, dass Rachida nichts zustieß. Die Managerin nickte widerstrebend, und meinte, beeindruckt von seiner schlanken, durchtrainierten Erscheinung, morgen könne er anfangen.

Die Männer kommen raus, rauchen, machen Smalltalk und gehen wieder rein zur wummernden Musik. Die meisten sind jung, muskulös und höchstwahrscheinlich aus Westafrika. Manu fragt sich, ob sie zu Hause Frau und Kinder haben, die darauf warten, ihnen nach Europa folgen zu können oder dass sie reich und mit den erforderlichen Papieren versehen zurückkommen – Papiere, die dafür sorgen, dass das Füllhorn des Lebens über sie ausgeschüttet wird. Was seine Frau wohl sagen würde, wenn sie ihn hier als Türsteher und Rausschmeißer im Sahara sehen könnte? Bestimmt hätte sie Verständnis dafür. Rachida braucht eine neue Winterjacke, neue Unterwäsche. Ist ja nur über den Winter, im Frühling wird er was anderes finden, als Reinigungskraft, Bauarbeiter, Tellerwäscher. Alles nur vorübergehend, bis er seine Papiere bekommt.

Die Frau taumelt heraus, als würde sie von der lauten Musik nach draußen geschubst, die ihr aus dem Saal hinterherwabert. Manu erkennt sie an der grünen Jacke, in die er ihr vorhin, als sie ankam, hineinhalf. Sie kam nach dreiundzwanzig Uhr und geht schon wieder. Vielleicht gefällt ihr die Musik nicht. Vielleicht gefallen ihr die Männer nicht. Sie taumelt leicht, zieht die Jacke enger um sich, schaut sich dabei langsam um. Er sieht sie an, fragt lautlos „Alles gut?“ lächelt wie immer dabei, um möglichst harmlos zu wirken. Sie wirft ihm einen nachdenklichen Blick zu, mustert ihn von oben bis unten. Das Licht fällt direkt auf sie und er erkennt, dass ihre Augen klar sind, wahrscheinlich ist sie gar nicht betrunken, nur leicht desorientiert, was bei dem grellen Lichtgeflirr und der Kälte nicht verwunderlich ist. Sein Kollege Ahmad der Türke schiebt ihn beiseite und redet in seiner überfreundlichen, übereifrigen Art auf sie ein. Sie schlingt unter der Jacke die Arme noch enger um den Oberkörper, ignoriert Ahmad und sieht Manu direkt an. „Können Sie mir mein Auto suchen helfen? Es steht irgendwo dort drüben." Sie deutet in die entsprechende Richtung.

Er nimmt den Schlüssel und geht zwischen den Wagen hindurch, drückt dabei immer wieder auf den Entriegelungsknopf. Je weiter er sich vom Gebäude entfernt, desto klirrender wird die Kälte. Ah, ein Mercedes-Benz. Er steht am Ende des Parkplatzes zwischen einer Mauer und einem Baum, als wollte sie nicht, dass man ihn entdeckt. Wahrscheinlich ihr erster Besuch im Sahara. Er steigt ein und dreht den Schlüssel um; laute Radiomusik lässt ihn zusammenzucken, dabei knallt er beinahe mit dem Kopf gegen das Dach. Manu muss über sich selbst lachen. Er stellt die Musik leiser. Im Auto riecht es nach Vanille und Sandelholz. So riecht Basma morgens, wenn sie sich für die Arbeit angezogen hat. Er lehnt sich im edlen Ledersitz zurück, schließt die Augen und lässt sich von der Musik einlullen. Sie trägt ihn fort, nach Hause, Rachida ist wieder zwei und er bringt sie ins Bett, sie kann nicht ohne ihr Wiegenlied einschlafen, das muss leise im Hintergrund spielen. Ein lautes Klopfen am Beifahrerfenster reißt ihn in die Gegenwart zurück. Wo ist er? Ah, die grüne Jacke. Er wischt sich über die feuchten Augen, lehnt sich dann hinüber und öffnet die Tür. Die Frau steigt ein.

„Hallo", sagt sie.

„Tolles Auto. Hatten Sie Angst, dass ich damit abhaue?"

Die Frage scheint sie zu erstaunen. Natürlich erwartet sie von einem Türsteher keinen Smalltalk, auch wenn er in Wahrheit kein Türsteher ist. „Also dann …", murmelt er und will aussteigen, aber ihre lederbehandschuhte Hand auf seinem rechten Arm hält ihn zurück.

„Bitte bleiben Sie", sagte die Frau. Sie zieht ihre Hand zurück und fängt an, die Handschuhe auszuziehen, zupft einen Finger nach dem anderen frei. Als sie die Jacke ablegt, bemerkt er zum ersten Mal den edlen Pelzkragen. Sie duftet nach einem schweren Moschusparfum. Die Musik hört auf, das nächste Lied fängt an.

Sie hält die Hände vor die Lüftungsschlitze, dreht sie langsam hin und her.

„Ich muss zurück zur Arbeit. Kommen Sie zurecht?"

Sie schüttelt den Kopf und lacht leise. „Ich …", setzt sie an. „… ich bin nicht ganz zurechnungsfähig, wenn ich mehr als zwei Gläser getrunken habe. Könnten Sie mich bitte nach Hause fahren? Ich wohne ganz in der Nähe."

„Ich kann zwar Auto fahren, muss aber noch arbeiten."

„Ich habe Ihren Kollegen gefragt, der sagt, es ist okay. Er meint, er vertritt Sie."

Er blickt sie an, blickt auf den Schneehaufen draußen, der im Dunkeln schimmert. „Okay", sagt er.

Sie fahren schweigend. Die Frau sitzt mit geschlossenen Augen da, den Kopf in den Nacken gelegt. Manu genießt die Stille, die unwirkliche Fahrt durch die verlassenen nächtlichen Straßen. Auf einer schmalen Seitenstraße torkelt ein Obdachloser auf die Fahrbahn. Mit seinem im Wind flatternden Mantel, dem langen Bart und den wilden, bedrohlichen Augen, die kurz im Scheinwerferlicht aufblitzen, wirkt er wie einem Dickens-Roman entsprungen, und schon ist er verschwunden. Manu befolgt die Richtungsangaben der Frau, atmet ihren Duft ein, ist sich ihres Körpers, ihres von den Straßenlampen und vorbeifahrenden Autos beleuchteten Schwanenhalses bewusst, auch, dass sie ihn ebenfalls deutlich wahrnimmt, denn sie hat sich ihm halb zugewandt, wartet auf ein Wort von ihm. Sie wohnt in Grunewald. Er folgt ihrem Finger in eine ruhige, dunkle Straße und lenkt den Wagen vorsichtig in die enge Einfahrt, laut knirschen die Reifen über den Streusplitt auf den Pflastersteinen. Er stellt den Motor ab und sie sitzen eine Weile im Dunkeln da, schließlich rührt sie sich. Sie zeigt ihm, wo es zur U-Bahn geht und gibt ihm einen Fünfzig-Euro-Schein. Er zögert, schüttelt dann den Kopf. „Nein."

„Also dann, gute Nacht."

Wie jeden Sonntag verlassen sie das Flüchtlingsheim am frühen Morgen. Sonntag ist ein guter Tag, er und Basma haben an einem Sonntag geheiratet und Rachida wurde an einem Sonntag geboren. Wenn sie da ist, mit dem Jungen auf sie wartet, wenn ein Wunder geschieht, wird es höchstwahrscheinlich an einem Sonntag passieren. Und so nehmen er und seine Tochter wie jeden Sonntag, seit sie vor einem Jahr nach Berlin gekommen sind, die U-Bahn bis zur Haltestelle Kochstraße und von dort gehen sie die Friedrichstraße entlang zum Checkpoint Charlie.

Er ist froh, dass die Bahnen heute fast leer sind. Er hasst die Wochentage, wenn er in den Stoßzeiten dicht an dicht mit den anderen Fahrgästen stehen muss, die nach abgestandenem Bier, Wurst und Käse riechen und laute, indiskrete Telefonate führen.

Sie sitzen nebeneinander, weit weg von den Türen, durch die bei jedem Halt kalter Wind hereinbläst. An einer Station steigt ein Kontrolleur ein, der sich vor ihm aufbaut und die Fahrkarten sehen will. Er kauft für sich und Rachida immer eine Monatskarte, nur kein Risiko eingehen. Nach der Kontrolle spürt er, wie Rachida ihn am Ärmel zupft. „Papa." Offenbar hat er vor sich hingemurmelt. Er umklammert ihre Hand. In letzter Zeit passiert ihm das wieder häufiger. Der bleiche junge Mann neben ihnen beugt sich vor und knutscht mit seiner noch bleicheren Freundin. Sein Haar ist zu einem Kamm hochgegelt. Das Mädchen trägt eine Motorradjacke und kniehohe Stiefel. Manu sieht ostentativ zum Fenster hinaus, versucht Rachida ebenfalls zum Wegsehen zu animieren. Als sie aussteigen, sehen sie sich direkt einem Plakat gegenüber, auf dem ein splitterfasernackter Mann auf einem Hocker sitzt und sie anzüglich angrinst, sein Schritt wird kaum von seinen darüber verschränkten Händen verdeckt. Vor einigen Monaten hätte sich Manu noch vor seine Tochter gestellt, um ihr die Sicht zu versperren, doch jetzt wendet er lediglich den Blick ab. Es ist eine neue Welt, eine andere Kultur. Sie wird sich daran gewöhnen. Neben dem Nackten hängt ein Plakat mit einem verhungernden, fliegenübersäten schwarzen Kind, das die Fahrgäste traurig ansieht und um Rettung aus der Hölle bittet, die im Schatten hinter ihm lauert. Was denkt Rachida über all das? Er sieht zu ihr hinunter, die schweigend, mit reglosem Gesicht neben ihm hergeht, sich bemüht, den Menschen auszuweichen, mit ihm Schritt zu halten. Sie braucht ihre Mutter.

Als sie vor der U-Bahn-Station gemeinsam mit anderen Fußgängern warten, dass die Ampel auf Grün schaltet, spürt er die vertraute Mischung aus Hoffnung und Angst. Vor zwei Wochen, als sie genau an dieser Stelle darauf warteten, die Straße überqueren zu können, hatte er gemeint, sie in der Ferne zu sehen, ein Kleinkind an der Hand, das genau so groß war wie Omar und genau die gleiche Frisur hatte. Er zeigte auf die Frau und sie rannten ungeachtet der Autos los, drängten sich durch den Touristenstrom auf dem Gehweg, vorbei an den falschen Militärpolizisten, der eine schwarz, der andere weiß, die vor dem Wachhäuschen auf der Grenzlinie standen, die amerikanische Flagge hissten und sich für zwei Euro pro Bild mit den Touristen fotografieren ließen. Ein Kind in einer blauen Jacke, das kurzfristig von seinen Eltern getrennt worden war und sich suchend umsah, krampfhaft bemüht, nicht in Panik zu geraten, stand allein auf dem Gehweg und ihnen im Weg. Sie bogen links in die Zimmerstraße ein, hasteten an mehreren, uralten Ladas vorbei, die am Straßenrand parkten, vorbei an einem riesigen Heißluftballon, der darauf wartete, seinen Fahrgästen Berlin aus der Vogelperspektive zu zeigen. Dann kehrten sie atemlos um, gingen Richtung U-Bahn Stadtmitte.

„Wo sind sie?“, rief Rachida. In ihren Augen standen Tränen. Die Frau war verschwunden, ihre schwarze Jacke von einem Meer schwarzer Jacken verschluckt worden, dann tauchte sie auf der anderen Straßenseite wieder Hand in Hand mit dem Kind auf. Sie glich einer Schwimmerin, die immer wieder aus den bewegten Meeresfluten auftaucht.

„Da!“, brüllte er.

„Mama!“, schrie Rachida.

Sie warteten an der Ampel, sahen das Paar immer tiefer in die Menge eintauchen. Es wurde Grün, sie rannten los. In Manus Brust krampfte es schmerzhaft, er musste mehr Sport machen. Ihm wurde bewusst, dass er zu heftig an Rachida zerrte, ihre Hand rutschte beinahe aus seinem schweißfeuchten Griff. Aber sie kamen der Frau und dem

Jungen immer näher, die jetzt einen Souvenirladen betraten. Warum blickte sie sich nicht um, suchte nach ihnen?

Später saß er mit zitternden Händen auf einer Bank, versuchte Rachida zu beruhigen, die das Gesicht in den Händen vergraben hatte, ihre Schultern bebten. Die Erinnerung an das erst erstaunte, dann verängstigte Gesicht der Frau, als er ihre Hand packte, peinigte ihn. Sie sah ihn, dann Rachida an, zwei Irre, die unter den Rufen „Basma, Schatz!“ und „Mama“ in den Souvenirladen geplatzt waren. Die Blicke der Vorübergehenden glitten über sie hinweg und er fragte sich, was sie wohl sahen: einen erschöpften Mann und ein weinendes Mädchen am Straßenrand, eindeutig Ausländer, die alte und schlechtsitzende Winterjacken trugen – doch die meisten nahmen einen sowieso nicht wahr.

Die Ampel schaltet um und sie überqueren die Straße, bei einem Zebrastreifen nimmt er Rachidas Hand, unter dem Vorwand, seine Tochter durch die Menschenmenge zu bugsieren, aber eigentlich, weil er sich an etwas festhalten möchte. Sie hängen bei den Souvenirläden herum, dann kehren sie um Richtung U-Bahn Stadtmitte. Mittlerweile kennen ihre Beine diese Strecken, sie heben und senken sich automatisch, biegen um Ecken, nur ihre Augen sind höchst wachsam, sie wenden die Köpfe, auf der Suche nach den geliebten Gesichtern. Stunden später, als das Mädchen sich nur noch müde dahinschleppt, gibt er auf und sie gehen in einen McDonald’s. Sie bestellt sich einen McChicken Classic. Wieder wird er daran erinnert, dass sie sich vergangenes Jahr noch das Happy Meal bestellt hat: sechs Chicken Nuggets, Pommes und ein Getränk. Er versucht ein Gespräch, während sie isst. Er spürt ihren fragenden Blick und lächelt schnell, berührt ihre Cornrows. „Deine Haare sehen anders aus. Wann hast du das denn gemacht?“

Ihre Augen strahlen, als sie sich über die Flechtreihen fährt. „Das hat Hannah gestern Nacht gemacht, als wir auf dich gewartet haben.“

Gestern Nacht. Während er mit der Frau in der grünen Jacke im Auto saß, sich danach sehnte, seine Hand auf ihre zu legen, seine Lippen an ihren Hals.

„Sieht schön aus. Wenn wir zurückkommen, müssen wir uns bei Hannah bedanken. Vielleicht sollten wir ihr was mitbringen.“

Sie lungern herum, bis sich die Menschenmengen zerstreut haben, die Döner-Kebab-Buden und Imbissstände schließen und statt der Touristen laute junge Menschen unterwegs sind, oft Hand in Hand, dann gehen sie zurück zur S-Bahn.

Hannah wartet im Garten, wie die Heimbewohner den öden, geschotterten Platz hinter dem riesigen, charmelosen Gebäude nennen. Er ist mit leeren Dosen und Plastiktüten übersät, die teilweise am Haussockel kleben; verkümmerte Rosenstöcke und mehrere eiserne Bänke bieten ein düsteres Bild. An wärmeren Tagen kommen die Bewohner heraus, vor allem jene mit Kindern, und setzen sich auf die Bänke, starren in den schiefergrauen Himmel, genießen den Augenblick der Ruhe, tun so, als wären sie woanders, nicht in einem Flüchtlingsheim tausende Meilen von zu Hause entfernt.

Hannah blickt ihn freundlich lächelnd, aber fragend an und Manu lächelt kurz zurück, sagt jedoch nichts. Flackert da etwa Erleichterung über ihr Gesicht? Ärger kocht in ihm hoch. Er weiß, was sie denkt: Sie spielen eine weitere Woche Familie, bis sich am kommenden Sonntag seine Tochter und er wieder auf die Suche machen. Sie haben sich in Griechenland kennengelernt und waren ein Jahr lang gemeinsam unterwegs, beinahe wie eine Familie, Hannah, Rachida und er, wie er das bei vielen erlebt hat, kinderlose Frauen schließen sich mutterlosen Kindern an, frauenlose Ehemänner männerlosen Ehefrauen – Ersatzpartner für eine gewisse Zeit. Irgendwann trennten sie sich, Hannah ging vor ihnen nach Berlin und jetzt sind sie wieder zusammen. Manchmal fragt Manu sich, was sie von ihm will. Liebe? Freundschaft? Schutz? Seit zwei Jahren hat sie ihn nie um etwas gebeten, was er nicht freiwillig gegeben hätte. Schutz, ja, Freundschaft, absolut, aber keine Liebe. Sie ist eine schöne Frau und selbst unter diesen Umständen gelingt es ihr, hübsch auszusehen, ihr langes seidiges Haar umrahmt ein Gesicht, aus dem jedoch Freude und Licht allmählich schwinden. Manchmal erwähnt Hannah Tochter und Ehemann zu Hause in Eritrea. Ins Detail geht sie nie und er fragt auch nicht nach. Details haben die Angewohnheit sich aufzuschichten, eine verführerische Lage auf der anderen und man glaubt, einen Menschen zu kennen, bis einem eines Tages bewusst wird, dass dies ein Irrtum ist. Erfundene Geschichten sind die Währung unter den Heimatlosen, den Entwurzelten, werden dargeboten wie ein entwaffnender Händedruck. Schon seit langem will er keine Einzelheiten wissen – er hütet sich vor zu viel Nähe. Sie sind hier, weil sie einen Neuanfang wagen wollen und nicht um die Vergangenheit zu wiederholen oder sich an sie zu klammern. Das Wasser, das sie alle überschritten haben, um hierherzukommen, hat die Vergangenheit weggespült. Aber Checkpoint Charlie kann er nicht aufgeben. Denn sie lebt. Manu weiß es einfach. Wäre sie tot, dann wüsste er das und wenn sie lebt, wird sie nicht ruhen, bis sie ihn und Rachida findet.

„Was diese jungen Männer wollen, ist Macht“, meint sein sauertöpfischer, scharfzüngiger Kollege Ahmad. „Wenn sie diese Frauen ficken, glauben sie, ihnen gehört die Welt. Wenn sie die in den Arsch oder den Mund oder sonst wo reinficken, haben sie das Gefühl, ganz Deutschland zu ficken. Ich schwör, genau das glauben sie. Haha. Wie denkst du darüber, Gaddafi?“

„Weiß nicht.“

„Du solltet das aber wissen. Du bist gebildet. Du musst doch eine Meinung dazu haben.“

„Wahrscheinlich hast du recht.“

„Da hast du recht, ich habe recht, Libyen.“ Er zieht an seiner Zigarette. „Sag mal, wenn du Libyer bist, warum bist du so schwarz?“

„Mein Vater stammt ursprünglich aus Nigeria. Er ist vor meiner Geburt nach Libyen gegangen.“

Manu hat zwischen sich und den anderen Libyern nie einen Unterschied gesehen, bis nach dem Fall des Diktators ganz normale Bürger, einschließlich seiner Nachbarn, darunter auch einige seiner Patienten, jeden zu attackieren begannen, der in ihren Augen anders, fremd aussah. Das erzählt er dem Türken nicht. Er zuckt die Achseln. „Es gibt dort viele wie mich.“

Der Türke ist ein ehemaliger Boxer. Ahmad der Türke hieß er im Ring. Einmal war er Anwärter auf den Bayerischen Meister im Schwergewicht, brach sich jedoch in der fünften Runde das Handgelenk, was er allerdings erst in der nächsten Runde bemerkte, weil er seine Hand nicht mehr spürte.

Sie stehen nebeneinander in der schmalen Nische neben dem Eingang, wo sie Schutz vor der Kälte suchen und wie wild dagegen anqualmen. Ahmad neigt zu Übertreibungen, vor allem in Nächten wie dieser, in der es bitterkalt ist, und die Frauen und jungen Männer, die rein- und rausgehen, offenbar jede Menge Spaß haben. Er behauptet, er kenne die Klitschko-Brüder. Vor drei Jahren war er mal der Sparringspartner der beiden, als sie nach Heidelberg kamen, und er durfte mit ihnen im Hotel Europäischer Hof Heidelberg wohnen, dem teuersten Hotel der ganzen Stadt. Manchmal wird Ahmad ganz sentimental beim Gedanken an seine Zeit als Boxer, meistens wenn das Thermometer unter null fällt und im Sahara nichts los ist, dann raucht er Kette, betreibt ein bisschen Schattenboxen, dabei sieht man unter seiner Jacke die Muskeln spielen, und wenn er es satt hat, geht er zur Bar und füllt Wodka in seinen Flachmann nach.

„Muammar", er nippt an seinem Wodka, „die Frauen kommen her, weil sie Gesellschaft suchen, ein bisschen Spaß haben wollen, und unsere Aufgabe ist es, ihnen den zu verschaffen. Stimmt's?"

„Stimmt."

„Einmal hat mich eine gebeten, sie zu ihrem Auto zu begleiten, genau wie bei dir neulich. Halten Sie meine Hand, hat sie gesagt, und wir stiefelten los. Schön. Jung. Solche Titten. Ich bring sie zum Auto und sie zerrt mich rein, bettelt, ich soll sie begleiten, sie will nicht allein heim. Ich schwör bei Allah, Libyen. Jetzt liegen wir uns im Auto in den Armen und wir legen los, es gibt kein Pardon, zack, ich geh auf sie los, sie geht auf mich los, wumms, sie zerkratzt mir den Rücken, bis es blutet, ich rammel, was das Zeug hält, sie bäumt sich auf, ich drück sie runter und jetzt wackelt das ganze Auto, aber wir machen immer weiter."

Er nimmt die Crouch-Haltung ein, die erhobenen Fäuste vorm Gesicht.

„Jetzt sind wir ineinander verkeilt, ungefähr so, wir schaukeln hin und her. Sie ist eine Tigerin. Und die ganze

Zeit über dudelt die Fairuz aus dem Autoradio. Jetzt kippen wir umschlungen und schwer atmend in den Sitz. Sie hängt an mir, und zwar so, umklammert meinen Hals, als ob sie Angst hat, einen Felsen runterzufallen, härter, sagt sie, härter, und dann kann ich mich nicht länger zusammenreißen, mein ganzer Körper bebt, ich bin am Boden. Ich bin ausgeknockt." Die Erinnerung lässt ihn schwer atmen, er lehnt sich gegen die Wand. „Ah, Gaddafi. Das waren wilde Nächte ..."

Dann richtet sich Ahmad auf, sieht an Manu vorbei in die Nacht. „He, schau mal, wer da kommt."

Der Club war zwei Wochen lang geschlossen gewesen. Hinter der Bar war ein mysteriöses Feuer ausgebrochen, manche sagten, es sei ein eifersüchtiger Ehemann gewesen, der seiner Frau zum Sahara gefolgt sei. Der Schaden war nicht groß.

In diesen zwei Wochen musste Manu, während er durch Berlins Straßen auf der Suche nach einer Gelegenheitsarbeit streifte und selbst an den Sonntagen beim Checkpoint Charlie, an sie denken, gleichzeitig erregt und schuldbewusst. Er spürt ihre Hand auf seinem Arm, ein kurzes Knistern, ein Schauder, ihr Mund flüstert dicht neben seinem Ohr „Gute Nacht".

Jetzt sieht er sie näherkommen. In den letzten paar Tagen ist es kälter geworden. Wie sie da in ihre grüne Jacke gehüllt näherkommt, will er sich umdrehen und in der kalten Nacht verschwinden. Sie stellt sich neben ihn in die Nische und zieht eine Zigarette heraus.

„Wie ertragen Sie bloß diese Kälte?", fragt sie. Wortlos gibt er ihr sein Feuerzeug. Die Frau nimmt einen Zug und reicht ihm die Zigarette. Sie rauchen schweigend.

„Sie sollten reingehen", sagt er. „Da ist es wärmer."

„Geht schon“, erwidert sie. „Ich tanze nicht besonders gut.“

„Warum kommen Sie dann her?“

„Vielleicht weil ich nicht allein sein kann“, sagt sie. Sie sieht ihm geradewegs in die Augen. Der Türke schleicht zur Bar und kommt mit einer Flasche Wodka zurück. „Ich darf nichts trinken“, sagt sie. „Ich muss noch heimfahren.“

„Ich kann Sie fahren“, sagt Manu. Der Türke zwinkert ihm zu und macht Boxbewegungen.

„Das wäre nett“, sagt sie. Sie nimmt die offene Flasche und nippt.

Später im Auto fragt er: „Wie heißen Sie?“

„Angela.“

„Wie die Kanzlerin“, sagt er. Vor ihrem Haus sitzen sie eine Weile im Auto, lauschen dem Klavierkonzert im Radio. Die Nacht ist still, alle Fenster sind dunkel. Eine Katze schleicht über die Terrasse in den Garten.

„Was machen Sie eigentlich?“ Sie dreht sich Manu zu. „Ich meine, bevor Sie nach Berlin kamen.“

„Ich war Arzt. Chirurg.“

Sie nimmt seine Hände und betrachtet sie, als könnte sie darin den Wahrheitsgehalt seiner Aussage überprüfen.

„Ich wusste, dass Sie anders sind, als ich Sie zum ersten Mal gesehen habe. Sie wirkten fehl am Platz, wie Sie dastanden und den Leuten ins Auto halfen. Was ist passiert? Wo ist Ihre Familie?“ Als er nichts sagt, streicht sie über seine Hand. „Sie haben gute Hände.“

„Danke.“

„Ihr Kollege hat erzählt, dass Sie aus Libyen stammen. Vermissen Sie Ihre Heimat?“

„Ich habe keine Heimat.“

„Kommen Sie doch mit rein.“

Er betrachtet durch das Autofenster das Haus, still steht es in der Dunkelheit, die sich wie Nebel daraufgelegt hat. „Lieber nicht", sagt er leise.

„Ach, kommen Sie. Trinken Sie einen Tee, bevor Sie zurückgehen. Ich lebe allein."

Er folgt ihr in eine große Diele. Obwohl sie kein Licht macht, ahnt er, dass das Haus groß ist. Ein Stutzflügel steht vor einem der Fenster im Wohnzimmer, an das sich die offene Küche anschließt. Durch das Fenster dort fällt ein silberner Lichtstreif, fällt auf den silbernen Kühlschrank und den Herd. Sie öffnet den Kühlschrank und nimmt eine Flasche Gin heraus, führt Manu durch Wohnzimmer und Flur ins Schlafzimmer. Sie lässt ihn in der Mitte des Zimmers stehen, stellt auf den Tisch daneben die Flasche und zwei Gläser, verschwindet im Bad. Gleich darauf hört er die Dusche laufen. Er sieht sich im Dunkeln um, tastet sich zu einem Lichtschalter. Das Deckenlicht geht an, durchbohrt ihn grell, schnell macht er es aus und schaltet die Nachttischlampe ein. Er setzt sich auf einen gepolsterten Hocker beim Fenster und zieht seine dicken Stiefel aus, deren Absätze abgelaufen sind und die er mittlerweile seit zwei Jahren trägt. Als sie eingehüllt in einen hauchdünnen Morgenrock aus dem Badezimmer kommt, bleibt er weiterhin reglos sitzen. Sie lässt den Morgenrock hinabgleiten.

„Ich bin verheiratet", sagt er. Seine Stimme ist heiser, sein Blick unverwandt auf ihren üppigen Körper gerichtet.

Angela setzt sich neben ihn auf den Hocker, er spürt die Wärme ihres Körpers. „Ich auch. Aber wir haben uns getrennt." Sie nimmt seine Hand und legt sie auf ihre Brust, sieht ihm dabei unverwandt in die Augen. Langsam hilft sie ihm aus der Jacke, lässt sie zu Boden fallen. Er steht auf, sich der Ausbeulung in der Hose bewusst. „Ich bade rasch."

Im warmen Bad, dessen Spiegel noch beschlagen sind, lässt er heißes Wasser in die Wanne ein. Die Heizung im Heim ist kaputt und seit einem Monat bedeutet sich sauberzuhalten, die Dusche aufzudrehen und sich so lange unter das eiskalte Wasser zu stellen, wie man es erträgt, und dann aus dem Duschraum zu flüchten. Er steigt erst mit dem einen Bein ins extrem heiße Wasser, dann mit dem anderen, lässt sich langsam nieder; das heiße Wasser auf der Haut ist ein Segen und beinahe entfährt ihm ein Entzückensschrei. Er versinkt bis zum Kinn und schließt die Augen.

Am nächsten Morgen wird Manu von der durch die Jalousie dringenden Sonne geweckt und er setzt sich auf, ist kurz orientierungslos. Wo ist er? Er ist in einem fremden Zimmer, in einem fremden Bett und er hat etwas Wichtiges vergessen. Als er die nackte Frau neben sich wahrnimmt, steht er auf und schlüpft in seine Kleider. Es ist Sonntag.

„Wo gehst du hin?" Angela streckt einen Arm nach ihm aus. Er zieht sich weiterhin eilig, mit geradezu verzweifelter Hast an. „Meine Tochter wartet auf mich", sagt er schließlich.

„Wie heißt sie?", will sie wissen.

„Rachida."

„Bring sie demnächst mal mit. Ich möchte sie kennenlernen. Ich habe Pferde, sie darf gern auf ihnen reiten."

Jedes Mal, wenn er wieder nach Grunewald geht, bittet Angela ihn, Rachida mitzubringen, und jedes Mal verspricht er es. Er geht unter der Woche hin, wenn er nicht arbeitet, und samstags vor seiner Schicht im Sahara. Gelegentlich übernachtet er, aber nie samstags. Er erfindet Ausreden: Er muss mit Rachida in den Park, er hat Deutschunterricht – den hat er zwar, allerdings nicht sonntags. Hannah und Rachida erzählt er, dass er in Grunewald auf Jobsuche ist und versucht sein Gewissen zu beruhigen, indem er ihnen kleine Geschenke mitbringt, Dinge, die er sich leisten kann, Tücher für Hannah, Süßigkeiten und Schnickschnack für Rachida. Manchmal drückt ihm Angela eine prallvolle Einkaufstüte mit Zucker, Tee, Obst in die Hand. „Für deine Tochter."

Hannah nimmt die Tüte jedes Mal schweigend entgegen, aber ihr Blick, den er meidet, ist voller Fragen.

„Wo gehen wir hin, Papa?", fragt Rachida. Ihre Nervosität lässt sich an der Art erkennen, wie sie seine Hand umklammert, als sie in die S-Bahn nach Grunewald steigen, sie geht dicht neben ihm, starrt die efeubewachsenen Villen hinter ihren efeubewachsenen Mauern an. Sie sind weit weg von Kreuzberg und dem Flüchtlingsheim, weit weg vom touristischen Gelärme und Gedränge am Checkpoint Charlie, weit weg von allem, was sie seit ihrer Ankunft in Berlin gesehen hat.

„Wir besuchen eine Freundin. Sie hat Pferde und vielleicht darfst du sogar auf einem reiten."

Erstaunt und zweifelnd sieht sie ihn an. Wie wird sie sich gegenüber Angela verhalten, fragt er sich. Alles wird gut. Angela ist charmant, man kann sich prima mit ihr unterhalten und bestimmt versteht sie sich gut mit Kindern. Mit ihr kann er sich über die Vergangenheit unterhalten. Wenn er nach dem Akt nackt im Bett liegt, kommen ihm die Worte leicht über die Lippen, herausgelockt von ihrem aufmerksamen Gesicht, den richtigen Fragen. Bei jedem Besuch erzählt er ihr mehr. „Erzähl mir von Libyen", fängt Angela stets an. Er berichtet, wie die Kinder aus Rachidas Schule eines nach dem anderen verschwanden. „Was ist mit allen meinen Freunden passiert?", hatte Rachida gefragt. „Die kommen gar nicht mehr in die Schule.“ Die Schülerzahlen schrumpften, je mehr Gewalt es gab; die Aufständischen des Nationalen Übergangsrats nahmen Stadt um Stadt ein; wer es sich leisten konnte, ging fort, bis nur noch die Kinder der Armen übrig waren. Am Schlimmsten war es, als auch die Lehrer einer nach dem anderen gingen. Ende 2010 hatten fast alle Schulen der Gegend schließen müssen.

„Jeden Tag wachte ich auf, brachte die Kinder zur Schule, ging zur Arbeit und tat, als würde sich die Lage bald wieder normalisieren. Mittlerweile war ich weit und breit der einzige Arzt, doch als schließlich sogar die Kranken aus Furcht vor der Gewalt auf der Straße nicht mehr in die Klinik kamen, sagte ich zu meiner Frau, sie solle die Kinder nehmen und gehen. Sie weigerte sich, ohne mich gehe sie nicht. Eines Tages brachte ich die Kinder wie üblich zur Schule und wir standen vor verschlossenem Tor, nicht einmal der Wachmann war mehr da, in diesem Augenblick wusste ich, es war Zeit. Als wir heimkamen, war meine Frau bereit. Von mir unbemerkt hatte sie schon vor Wochen gepackt und nur darauf gewartet, dass ich zur Vernunft kam. Und trotzdem zögerte ich noch. ‚Wenn wir weg sind, wer kümmert sich dann um die Kranken und Verletzten?‘, fragte ich. ‚Da sollen sich die Politiker darum kümmern‘, meinte sie.

Wir beschlossen, nach Berlin zu gehen, da gingen alle hin. Zudem hatte ich einen alten Schulfreund hier, Abdul Gani. Wir hatten keinen Plan, nichts. Einzig den Plan, lebend aus Tripolis rauszukommen. Ich sagte zu ihr: ‚Wenn unterwegs etwas passiert und wir getrennt werden, versuch trotzdem nach Berlin zu kommen. Wir treffen uns am Checkpoint Charlie. Ich werde dort jeden Sonntag auf dich warten.‘“

„Warum beim Checkpoint Charlie?“, fragte Angela.

Er zuckte die Achseln. „Ich hatte davon gelesen. Schien mir als Treffpunkt so geeignet wie jeder andere.“ Dann fügte er fast verlegen hinzu: „In den Filmen treffen sich die Liebespaare immer bei irgendwelchen Wahrzeichen, beim Empire State Building zum Beispiel oder beim Eiffelturm.“

„Du musst deine Frau sehr lieben.“

„Ja“, sagte er schlicht.

„Und, hast du deinen Freund Abdul wiedergesehen?“

„Leider nein. Als wir in Berlin ankamen, war er schon weg. Mittlerweile lebt er in Amerika, in San Diego.“

Ob Rachida wohl merkt, wie nervös er ist, wie er vor der Haustür seinen Schritt verlangsamt, wie unendlich lange es dauert, bis seine Hand die Klingel erreicht? Die Tür geht auf und ein Mann steht da, ein Mann mit hagerem, ernstem Gesicht und graumeliertem Haar. Er ist nicht besonders alt, ungefähr Mitte fünfzig. Er sieht Manu an, dann das Mädchen, dann wieder Manu.

„Zu wem wollen Sie?“ Er klingt herausfordernd, seine Haltung mit dem in die Hüfte gestemmten Arm wirkt aggressiv. Manu, der seine Verwirrung nicht kaschieren kann, wirft einen Blick auf seine Tochter, sieht zur Hausnummer hoch, 47, und sagt: „Wir haben uns wohl in der Hausnummer geirrt. Entschuldigen Sie die Störung.“

Er zerrt an Rachidas Hand und sie drehen um. Als sie über die Straße gehen, hört er Angelas Stimme: „Manu! He, Manu! Komm zurück.“

Vor der Tür ziehen sie ihre dreckigen Schuhe aus. Der Mann sitzt am Stutzflügel und klimpert unzusammenhängend vor sich hin. Er sieht nicht hoch, als sie das Wohnzimmer betreten.

„Joachim, das ist Manu, ein Freund. Und das ist Rachida, seine Tochter“, stellt Angela vor. Sie geht auf Rachida zu, beugt sich vor, umfasst das Gesicht des Mädchens und fährt ihm übers Haar. „Wie hübsch sie ist, Manu.“

„Hallo, Joachim“, grüßt Manu.

Joachim beugt sich weiterhin über den Stutzflügel, sein Rücken krümmt sich so über den Tasten, dass man den Eindruck hat, gleich kippte er vornüber, dann hebt er die Hände und eine Melodie erklingt. Sie steigt und fällt, wiederholt sich, steigt und fällt.

Angela zieht das Mädchen mit sich. „Meine Güte, du bist ja ganz kalt, komm mit in die Küche, ich mach dir einen Kakao. Und du, Manu, bekommst einen Kaffee.“

Mit geschlossenen Augen, den Kopf immer noch gesenkt, spielt der Mann weiter. Manu, der sich der peinlichen Situation sehr bewusst ist, setzt sich. Joachim ist ihr Ehemann, Angela hat seinen Namen mehrmals erwähnt. Was er wohl hier macht, warum ist er zurück? Manus Blick wandert über die vertraute Umgebung, alles erinnert ihn an Momente, in denen er und Angela sich stöhnend und nackt der blinden Leidenschaft hingaben. Der Stutzflügel. Sie vornübergebeugt, ihr Haar auf den Tasten, er hinter ihr, seine Hände auf ihren Hüften, hämmern sie gemeinsam eine süße, schräge Melodie. Er erhebt sich und genau in diesem Augenblick dreht sich Joachim um. „Charles Mingus.“

„Wie bitte?“, fragt Manu lächelnd. Tief einatmend ringt er um Fassung, lächelt unausgesetzt, um seine Harmlosigkeit zu demonstrieren.

„*Take the A Train* von Charles Mingus. Kennen Sie das?“

„Nein. Ich bin leider ziemlich unmusikalisch. Ich bin Arzt.“ Beim letzten Satz strafft er die Schultern.

Der Mann unterbricht ihn. „Hat Angela Ihnen erzählt, dass ich Jazzmusiker bin?“

„Glaub schon.“

„Jazz ist wie das Leben“, fährt Joachim fort. „Man muss dem Zufall vertrauen, was manchmal gut geht, manchmal nicht. Jazz ist wie Sex. Wenn alles sich fügt, alles zusammenspielt, ist er geradezu magisch. Ist das bei Ihnen auch so?“

„Ich bin kein Jazzfan“, sagt Manu.

„Ich spreche nicht von Jazz. Ist der Sex mit meiner Frau, magisch oder stimmt einfach nur die Chemie?“ Er hat die ganze Zeit über weitergespielt, jetzt hört er auf. Manu dreht sich Richtung Küche, in der Hoffnung, dass Angela gleich kommt. Durch die offene Terrassentür dringt Lachen. So hat er Rachida schon seit langem nicht mehr lachen gehört. Er macht einen Schritt Richtung Terrasse. „Ich muss nach meiner Tochter sehen.“

Da kommt Angela mit einer Tasse Kaffee herein und reicht sie ihm. Sie sieht von ihm zu Joachim, der wieder vor sich hin klimpert. „Worüber redet ihr beiden?“

Joachim spielt weiter, richtet seinen Blick auf Angela.

Manu geht durch die Küche zur Terrassentür, die in den Garten führt. Rachida ist im Stall und füttert eine gescheckte Stute mit einem Apfel. Sie dreht sich um und strahlt ihn mit verzücktem Gesicht an. Sie hält dem Pferd den restlichen Apfel hin. „Du kannst sie ruhig füttern, Papa. Ist die nicht süß?“

Er nickt.

Von hier kann er ins Wohnzimmer sehen. Die beiden schreien sich an. Joachim greift nach ihrem Arm, doch Angela schüttelt ihn verärgert ab und marschiert in die Küche. Joachim geht ihr nach, sie verlässt die Küche und verschwindet im Flur, der zum Schlafzimmer führt.

„Komm, wir müssen jetzt gehen."

„Das Pferd, Papa, was ist mit dem Pferd?", fragt Rachida. Sie hat ein Paar von Angelas Stiefeln an. Er nimmt sie fest in den Arm. „Es tut mir so leid, Kind. Das war alles ein Fehler. Wir müssen jetzt gehen."

„Aber …"

„Auf, Rachida, los jetzt."

Als sie durchs Wohnzimmer gehen, öffnet sich eine Tür und Angela kommt heraus.

„Entschuldige, wir müssen jetzt los. Danke für alles."

„Ihr braucht aber nicht zu gehen." Sie geht zu Rachida und nimmt ihre Hand.

„Es tut mir leid." Er sieht ihr in die Augen. „Es war ein Fehler."

Verwirrt sieht Rachida ihren Vater an, dann Angela.

„Komm, Rachida", sagt er. Beim Weggehen knirscht unter ihren Schuhen der verharschte Schnee.

„Sie sagt, sie kann heute nicht mit. Ihr geht es nicht gut." Mit verkrampftem Lächeln steht Hannah an der Tür. Sie trägt den gesteppten Hausmantel, der bis über die Knie reicht.

„Es ist Sonntag. Bitte erinnere sie daran. Es ist Sonntag."

„Was ist denn gestern passiert? Als ihr heimkamt, war sie außer sich."

Forschend sieht Manu sie an, das Haar fällt ihr ins Gesicht, verdeckt es größtenteils wie ein Schleier. Wie viel hat Rachida ihr erzählt?

Es ist Sonntag, hätte er am liebsten wiederholt, sagt jedoch stattdessen: „Kann ich sie sehen?"

Er macht einen Schritt vorwärts, versucht an ihr vorbei in den Frauentrakt zu gelangen. Das oberste Stockwerk des Flüchtlingsheims ist den Frauen und Kindern vorbehalten und obwohl ihnen der Zutritt nicht verboten ist, betreten die Männer den Frauentrakt nicht. Wenn sie eine Frau sehen wollen, stellen sie sich an die Eingangstür dort und fragen nach ihr. Hannah weicht nicht.

„Komm", sagt sie. „Gehen wir in den Garten."

Im verlassenen Garten treibt der Wind eine Plastiktüte über den quadratischen Platz, die sich schließlich um eines der Beine der Bank wickelt, auf der sie nebeneinandersitzen. „Mein Anwalt hat sich heute gemeldet. Mein Asylantrag wurde anerkannt."

Sprachlos starrt Manu sie an. „Das sind tolle Neuigkeiten, Hannah", sagt er schließlich. „Das freut mich sehr für dich."

Sie nickt. „Mir ist eine kleine Wohnung zugeteilt worden. Schlaf- und Wohnzimmer. Bad, Küche."

„Wann ziehst du aus?"

„Es gibt noch keinen Termin, aber demnächst."

„Du wirst Rachida fehlen."

Schweigend nickt sie wieder. „Du wirst *uns* fehlen", ergänzt er leise.

„Ihr beiden könnt ja mitkommen."

„Das geht nicht", sagt er.

„Warum nicht?"

Als er keine Antwort gibt, legt sie ihre Hand auf die seine. „Du musst mir jetzt keine Antwort geben. Denk darüber nach. Mittlerweile ist Rachida für mich wie meine eigene Tochter. Ich möchte sichergehen, dass es ihr gut geht. Ich möchte miterleben, wie sie erwachsen wird."

Es schneit leicht, der Gehweg wird weiß. Manu steigt aus der U-Bahn und geht Richtung Checkpoint Charlie. Allein. Die falschen Militärpolizisten sind wieder da, lassen sich mit den Touristen ablichten. Der Wind treibt ihm die Tränen in die Augen. Die hartgesottensten Urlauber trotzen der Eiseskälte, trudeln wie Papier, das der Wind herumweht, von Auslage zu Auslage, ihre geröteten Gesichter verschwinden fast vollständig unter Schals und Mützen. Er geht weiter die Friedrichstraße entlang, bis er das blaue U vor der Haltestelle Stadtmitte sieht. Das illuminierte Schild zieht ihn magisch an, wie Licht die Nachtfalter, und kurz darauf sitzt er in einer Bahn, wohin sie fährt, ist ihm egal. Er steigt ein paar Mal um, von der U-Bahn in die S-Bahn und wieder in die U-Bahn. Einmal schreckt er hoch, sieht sich um, weil er meint, etwas vergessen zu haben. „Rachida", sagt er leise. Als er aussteigt, fällt ihm auf, dass sich die Gleise in mehrere Richtungen spreizen; manchmal sehen sie aus wie Schnittstellen, die die Stadt unterteilen, manchmal sind sie wie Nähte, die die Stadt zusammenhalten. Er geht die Spree entlang, außer ihm ist niemand unterwegs, wo sind denn alle, die sommerlichen Menschenmengen, die im Gras sitzen und Touristen auf Ausflugsbooten beobachten? Vom letzten Schneefall sind im braunen, trockenen Gras schmutzige Schneeflecken übriggeblieben. Manu bleibt stehen und starrt ins Wasser.

Er hört Hannahs Stimme, die vom Wasser aufsteigt. „Warum machst du heute nicht einmal eine Pause?" Und seine entsetzte Stimme: „Du weißt, das geht nicht. Was, wenn sie heute kommt, genau an dem Tag, an dem ich aussetze? Das könnte ich mir nicht verzeihen …"

„Vielleicht ist es Zeit, loszulassen, Manu."

„Was sagst du da?"

„Rachida … Sie weiß, dass ihre Mutter nicht kommen wird. Sie macht das nur dir zuliebe."

„Was?"

„Sieh mal ... mein Mann ... er wird auch nicht kommen. Er starb, wurde vor meinen Augen getötet."

„Aber du hast gesagt, er kommt, dass du auf ihn wartest." Sie log. Warum tat sie das? Aber Hannah sprach weiter, leise, aber bestimmt. „Manchmal sagen wir Dinge, um nicht den Verstand zu verlieren. Deine Frau ist gestorben, habe ich recht? Und der Junge auch und du gibst dir die Schuld daran."

„Hör auf. Du weißt nichts über mich."

Er verließ sie, rannte hinaus auf die Straße, griff sich an den heißen, schmelzenden Schmerz in seiner Brust, erreichte schließlich die U-Bahn-Station. Jetzt starrt ihn sein Spiegelbild in der Spree an – Erschöpfungsfalten auf der Stirn und um die Augen, tief wie ein frischgepflügtes Feld. Seit wann ist sein Haar so weiß, seit wann oben so schütter? Der Wind weht übers Wasser; Kräusel, Wellen türmen sich auf, groß wie Pferde, die sich zum Angriff aufbäumen, und wohin er sich dreht, schwimmen Leichen, schreien Menschen. Er hält Rachida fest, er ist ein guter Schwimmer, aber wo ist Basma, wo ist sie, sie hat den Jungen, er kann die beiden nirgendwo sehen. Auftauchen und untergehen. Überall Treibgut. Aber er wird nicht aufgeben. Er wird jeden Sonntag zum Checkpoint Charlie gehen. Rachida wird ihn begleiten. Sie werden gemeinsam an den Souvenirläden und Eisbuden vorbeigehen. Wenn sie ihre Erinnerungen am Leben erhalten, muss nichts sterben.

3. Buch

BASEL

1

Eine zwanzigminütige Fahrt Richtung Liestal über verwirrende Kreuzungen führte zu dem Dörfchen, in dem die Frau lebte. Katharina hieß sie. Sie hatten die Autobahn verlassen und eine Straße genommen, die sanft in die Berge aufstieg und durch Dörfer führte, wo Autos mit Skiträgern und -boxen vor den Häusern und Hotels parkten. Die Skifahrer brächen von hier in die Berge auf, erklärte der Taxifahrer und zeigte nach vorn, Richtung französische Grenze. Die Grenze lag sogar näher als Basel, das hinter ihnen immer noch zu sehen war, die großen Gebäude und Sendemasten ragten in den bewölkten Himmel.

Das Haus war winzig, durch Tannen und Hecken von den Nachbarn abgeschottet. Portia bat den Taxifahrer, zu warten. Sie ging zum Häuschen, spähte durch die Glasscheibe der Tür, bevor sie läutete. Eine Frau öffnete einen Spalt und streckte den Kopf hinaus.

„Katharina?", fragte Portia.

„Ja."

„Ich bin Portia, Davids Schwester. Wir hatten telefoniert."

Die Frau nickte und machte die Tür weiter auf. Portia bezahlte den Taxifahrer und folgte der Frau ins Haus.

„Welcome in Basel", sagte Katharina lächelnd. Sie fuhr sich durchs Haar, drehte es im Nacken zu einem lässigen Knoten zusammen, ließ die Hände wieder sinken. *To*, verbesserte Portia innerlich. In Berlin war es genauso. „Welcome in Berlin", hieß es auch dort. Eine direkte Übersetzung aus dem Deutschen, schon klar, aber trotzdem verbesserte sie die Sprecher innerlich. Welcome *to* Basel.

„Entschuldigung, das Haus ist sehr klein", sagte Katharina. Strähnen waren aus ihrem rabenschwarzen Haarknoten gerutscht. Eine Schönheit, gestand sich Portia widerwillig ein, wenn man diesen zierlichen Typ mochte, die Frau war gerade mal knapp einen Meter fünfzig. Portia war unter anderem hier, um diese Frau kennenzulernen und zu verstehen, warum die Wahl ihres Bruders gerade auf sie gefallen war. Worin lag ihre Anziehungskraft? Katharina war eine gebildete Frau, eine ehemalige Unidozentin, hatte einen Doktortitel. Lag auch darin ihre Anziehungskraft, dass sie intelligent war, er mit ihr reden, zu ihr aufsehen konnte oder war es ihre Schönheit? Das wäre wohl ein guter Anfang, damit ließe sich das Eis sofort brechen. Warum meinst du, hat mein Bruder dich gewählt? Es sei denn, sie hatte ihn gewählt.

Das Haus war ein richtiges Puppenhaus, konnte neben Bad und Küche höchstens zwei Zimmer haben. Das Wohnzimmer fühlte sich mit ihnen beiden bereits jetzt schon beklemmend eng an. Eine offene Tür führte in die Küche. Auf dem Boden lag ein quadratischer Teppich mit Schottenmuster, darum herum waren ein Sofa und zwei Sessel gruppiert, vor dem Fenster befand sich ein runder Esstisch. Auf dem Fensterbrett stand eine Glasvase mit einer roten Rose – das Fenster nahm fast die gesamte Wandbreite ein und vergrößerte den kleinen Raum optisch. Neben dem Fenster befand sich ein Bücherregal. Alles war an seinem Platz, eine ordentliche Seele.

„Ein hübsches Haus", sagte Portia.

„Danke", sagte Katharina und aus Bescheidenheit, oder weil sie stur war und nicht zugeben wollte, wie unscheinbar das Haus war, deutete sie auf die langen, dicken, runden Deckenbalken. „Es ist alt, meine Tante hat es gebaut. Lange her. Vierzig Jahre ungefähr."

Sie setzten sich, noch immer war das Eis nicht gebrochen. Katharina nahm von der Kommode ein Foto der Tante und zeigte es Portia. Eine große, strenge Frau, die das Haar zurückgebunden trug, sich aufrecht hielt und die Brust herausdrückte, wie ein Ausbildungsoffizier bei der Parade. Vor einigen Jahren war sie mit achtzig gestorben – eine unabhängige Frau mit eisernem Willen, die in einer Zeit lebte, als solche Eigenschaften als unweiblich galten. Sie wuchs in Armut auf, heiratete nie, arbeitete ihr ganzes Leben lang in den unterschiedlichsten Berufen, Wäscherin, Kinderfrau, Busfahrerin, und hielt ihr Geld zusammen, von dem einen Wunsch angetrieben, sich ein Häuschen zu bauen. Und das tat sie auch, nachdem sie sich jeden Pfennig vom Mund abgespart hatte. Sie brachte sich das Schreinern bei und manche Möbel, wie die Bücherregale, die Stühle und der Esstisch hatte sie selbst gemacht. Katharina war ihre einzige Nichte; sie standen sich nahe und die Tante hinterließ ihr das Häuschen.

„Manchmal macht mich das traurig. Sie hat nichts vom Leben gehabt, nur gespart und jetzt ist sie tot." Während sie redete, wanderte ihr Blick immer wieder zu dem Durchgang, der zur Tür neben der Küche führte. Kurz darauf ging die Tür auf und ein Mann trat heraus. Mittelgroß, ungefähr vierzig, mit einem Bullterrier an der Leine. Er trug Stiefel und eine Windjacke, wollte offenbar nach draußen.

„Das ist Sven."

Er gab Portia die Hand.

Der Hund ging zu Portia, umkreiste sie und beschnüffelte ihre Hände und Füße, kehrte dann zu Sven zurück. Dieser zog den Hund an der Leine Richtung Haustür und redete leise mit ihm. Katharina unterhielt sich kurz auf Deutsch mit Sven, und er nickte. „Jaja." Seine Augen hinter den Brillengläsern zwinkerten leicht, als er lächelte. „Ich gehe mit Rex Gassi. Nett, Sie kennengelernt zu haben."

„Bye, Rex", sagte Portia.

Mann und Hund tauchten auf dem Pfad vorm Fenster auf, gingen auf die weiter entfernte Baumreihe zu. Sven beugte sich vor und kraulte Rex hinter den Ohren, ehe er die Leine losmachte. Rex sprang davon und der Mann folgte ihm, bis beide hinter den Bäumen verschwanden. Am Horizont erschien eine dichte, schwarze Wolke über dem Tannenwald, verwandelte sich in einen Vogelsturm, einen beständig die Gestalt wechselnden Starenschwarm, jetzt ein Trichter, eine Woge, dann eine Kugel, eine Sichel, hoch- und niederschwirrend, sich voneinander lösend, sich erneut vereinend, alles blitzschnell und dann war er verschwunden.

„Sven und ich sind zusammen aufgewachsen", erklärte Katharina. „Wir hatten vor zu heiraten."

„Ah", machte Portia. „Und?"

„Das ist lange her. Bevor ich deinen Bruder getroffen habe." Portia wartete, aber Katharina erklärte sich nicht weiter, ihr Blick war auf die ferne Baumreihe gerichtet, wo Mann und Hund verschwunden waren.

„Was ist passiert?", hakte Portia nach.

Katharina zuckte die Achseln. „Wenn du willst, kann ich über Sven reden. Aber er ist hier nicht wichtig, spielt bei dieser Sache keine Rolle. Mein und sein Vater waren Studienkollegen. Sven ist Professor."

„Alle haben also damit gerechnet, dass ihr beiden heiratet?"

„Nein, eigentlich nicht, nicht wie bei einer arrangierten Ehe. Er war mein erster fester Freund und wir mochten uns und alle dachten, wir würden heiraten. Ja, so war das. Möchtest du sonst noch was über ihn wissen?"

Portia schüttelte den Kopf, von der plötzlichen Direktheit der Frage verblüfft. So viel zum Eisbrechen. Sie war nicht diejenige, die Sven zur Sprache gebracht hatte; sie hatte das Gefühl, dass die andere sie umkreiste, sie beschnüffelte, zwei fremde Hunde, die sich kennenlernen. Portia lächelte breit, das hier entwickelte sich zur Schachpartie. „Wie alt ist er?“

„Vierzig mittlerweile. Fünf Jahre älter als ich.“

„Du warst also ungefähr dreißig, als du meinen Bruder kennengelernt hast?“

„Ich war neunundzwanzig, dein Bruder dreißig.“ Sie stand auf. „Ich mache Tee. Möchtest du auch eine Tasse?“

„Ja. Am liebsten Grüntee, egal welchen.“

Portia ging zum Bücherregal und las die Titel: Brecht, Goethe, Kierkegaard, Spinoza. Katharina hatte offenbar Philosophie oder etwas Ähnliches studiert. Worüber sie und ihr Bruder wohl abends diskutiert hatten? Warum war sie eigentlich hier, was sollte dieser Besuch bezwekken, schließlich war ihr Bruder tot, gestorben. *Lycidas.* Schon den ganzen Tag war ihr dieses Gedicht nicht aus dem Kopf gegangen, es war zum Verrücktwerden. *For Lycidas is dead, dead ere his prime – denn Lycidas ist tot, tot eh er blühte.* Seit drei Jahren tot. Diese Inquisition, dieses Buddeln in der Vergangenheit, wozu sollte das gut sein? Doch sie war hier und Katharina war hier, da konnte sie genauso gut weitermachen. Draußen stieg aus den Wiesen weißer Nebel, verdeckte langsam die Bäume.

Gleich nachdem sie den Tee gebracht hatte, stürzte sich Katharina ohne weitere Vorrede auf ihre Geschichte. Sie hatten sich bei der Basler Fasnacht getroffen. „Sagt dir das was? Nein? Die Fasnacht ist hier ein sehr berühmtes Fest. Die Leute tanzen und singen, hauptsächlich Volkslieder, politische Lieder. Viele Leute aus dem Ausland besuchen dieses Fest. An dem Abend folgten meine Freunde und ich den Sängern, die in ihren Kostümen und Masken durch die Straßen zogen, dabei Laternen trugen. Ich war kurz vor der Fertigstellung meiner Dissertation, ich war glücklich, sorglos.“ Sie verstummte, sah wehmütig aus, als durchlebte sie nochmals diesen Augenblick vergangenen Glücks.

„War David auch unter den Zuschauern?“

„Er hat mir später erzählt, dass er mit seiner Frau da war. Ich glaube, sie hatten sich gestritten. Sie war nach Hause gegangen. Und er war allein ...“

„Mein Bruder war vor dir schon mal verheiratet?“ Portia stellte ihren Tee ab. Katharina lächelte, die Tasse in beiden Händen. Amüsiert über Portias Reaktion nickte sie. „Ja, er hatte eine Frau. Sie heißt Brigitte. Und sein Name ist nicht David, sondern Moussa. Als dein Bruder in die Schweiz kam, wohnte er anfänglich außerhalb der Stadt, in einer Flüchtlingsunterkunft, einem alten Gebäude in einem Bauerndorf. Weil es unbewohnt war, wurden dort Flüchtlinge untergebracht. Es liegt ziemlich weit von der Stadt entfernt, und die Flüchtlinge durften nirgendwo hin, weder in die Kirche, noch in die Bibliothek oder in andere öffentliche Gebäude. So lautete ein neu erlassenes Gesetz. Die Regierung versuchte, die Einwanderung zu kontrollieren, es kamen zu viele Menschen, und die Leute wussten nicht, wie damit umgehen. Überall herrschte Misstrauen. Die Regierung gab den Flüchtlingen sogar Geld, wenn sie wieder in ihr Heimatland zurückgingen, tausend Franken pro Person, wenn ich mich recht entsinne.

Aber Moussa wollte nicht zurück. Er beantragte Asyl. Sie durften auf den Höfen arbeiten, den Bauern helfen und etwas Taschengeld verdienen. Sie lernten sich kennen, als er auf dem Hühnerhof von Brigittes Vater arbeitete und sie aus der Stadt zu Besuch kam. Ihre Eltern mochten ihn sehr, weil er so nett war. Manchmal blieb er nach der Arbeit noch zum Abendessen und sie unterhielten sich über alles Mögliche, auch über seine Pläne. Sie wollten ihm sogar einen Anwalt besorgen, der ihm mit dem Asylantrag helfen sollte. Doch an dem Tag kam die Tochter Brigitte mit ihrem zweijährigen Töchterchen. Brigitte war geschieden. Sie war erstaunt, dass er noch da war. Ihre Eltern hatten ihr bereits von ihm erzählt, allerdings wusste sie nicht, was sie von ihm halten sollte. Am Anfang war sie ihm gegenüber wohl sehr feindselig, erzählte er mir, meinte, er wollte ihre Eltern ausnutzen. Sie waren alt, Mitte siebzig. Aber später wurden sie Freunde. Dein Bruder, man kam leicht mit ihm ins Gespräch. Sehr charmant."

Portia entging der leichte Zynismus in Katharinas Stimme nicht. Verständlich, denn trotz allem, was passiert war, Brigitte war seine erste Frau gewesen, war auch im Nachhinein immer noch eine Konkurrentin. „Es dauerte nicht lange und sie nahm ihn übers Wochenende mit nach Basel in ihre Wohnung und ein paar Monaten später sprachen sie schon von Heirat."

„Und – hast du sie kennengelernt, diese Brigitte?", fragte Portia, als Katharina lange schwieg, den Blick auf ihre Teetasse gerichtet, die sie in meditativer Haltung vor sich hielt.

„Habe ich. Ich will jetzt nicht bösartig klingen, aber sie ist ziemlich gewöhnlich, nicht besonders gebildet, arbeitet als Verkäuferin. Aber sie war allein, hatte gerade eine Scheidung hinter sich, und ich glaube schon, dass sie ihn liebte, und ihre Tochter mochte ihn – er konnte sehr gut mit Kindern umgehen. Warum also nicht? Sie beschließen, rasch zu heiraten. Ich meine, er hat ihr erzählt, das sei der beste Weg für ihn, Aufenthaltspapiere zu bekommen, und sie wollte ihm helfen. Also gingen sie aufs Standesamt, aber dort stießen sie auf weitere Hindernisse. Statt zu heiraten, wurde er für längere Zeit verhaftet und schließlich nach Mali abgeschoben."

Moussa. Portia hörte diesen Namen zum ersten Mal. Sie hatte großen Nachholbedarf. David war vor fünfzehn Jahren von zu Hause weggegangen, da war sie neun und er neunzehn gewesen. Sie konnte sich nur noch an einen langbeinigen Burschen erinnern, der mit seinen Freunden hinten im Garten Fußball spielte, sie beschützte und den sie vergötterte. Eines Morgens, als er sie zur Schule brachte, erklärte er, er gehe für lange Zeit weg und vielleicht werde sie ihn nie wiedersehen, aber er werde ihr schreiben und er werde sie immer liebhaben. Am nächsten Tag war er weg, illegal nach Südafrika, wie sie später herausfand. Dort verbrachte er ein Jahr im Gefängnis. Er kam nach Hause zurück und als es so aussah, als hätte er sich endlich wieder eingelebt und könnte sein Studium aufnehmen, verschwand er ein Jahr später erneut, diesmal auf einem Schiff nach Westafrika, von dort wollte er durch die Wüste nach Europa.

Portia malte sich aus, wie er abgeschoben wurde. Als sie in England ihren Master machte, hatte ihr ein Kommilitone aus Kenia von seinem Onkel erzählt, der abgeschoben worden war, es aber irgendwie zurückgeschafft hatte. Es geschehe immer nachts, hatte er gesagt. Sie stellte sich vor, wie ihr Bruder, allein oder mit anderen, nachts in Handschellen von Mitarbeitern der Einwanderungsbehörde durch verlassene Terminals zu einem speziell dafür gecharterten Flugzeug geführt wurde. Der Flug würde endlos sein. Einmal war Portia von Frankfurt nach Sambia geflogen und eine arabische Familie war an Bord gekommen, Mann, Frau und zwei Kinder, die von Mitarbeitern der Einwanderungsbehörde begleitet wurde. „Warum?“, schrie der Mann immer wieder und sah die Passagiere an, während er durch den Gang lief. „Ist es, weil ich Muslim bin, weil ich nicht weiß bin? Sie schicken mich in den Tod. Mein Blut klebt an Ihren Händen.“ Auf seinem Platz schlug er den Kopf wiederholt gegen den Vordersitz. „Eher bringe ich mich um, als dass ich zurückgehe.“ Seine Kinder und die Ehefrau wehklagten laut mit, verzögerten den Abflug, bis schließlich der Pilot aus dem Cockpit kam, mit den Männern sprach und die schreiende Familie von Bord gebracht wurde. Sie sah den Mann noch genau vor sich, einen Dicken mittleren Alters, der Netzhemd und Jeans trug – bestimmt war er von den Männern beim Fernsehen oder beim Abendessen mit seiner Familie überrascht worden –, und die tränenüberströmte Frau, die an jeder Hand ein Kind hielt. Hatte ihr Bruder ebenfalls geschrien und gebettelt, bleiben zu dürfen, und als sie Mali erreichten, war er da ebenfalls mit nichts als den Kleidern am Leib am Flughafen abgeladen worden und wer hatte ihn dort abgeholt? Wie fühlte man sich, wenn man abgeschoben wurde? Erleichtert, beschämt, wütend? Bestimmt war man erleichtert, nicht mehr ständig dem europäischen Misstrauen ausgesetzt zu sein, der Distanziertheit. Und trotzdem planen manche sofort nach ihrer Ankunft in der Heimat, die Rückkehr in die Fremde. Als wäre ihnen ein Zielsuchgerät ins Hirn eingepflanzt worden, das auf Europa programmiert ist und erst zu brummen aufhört, wenn ihre Füße europäischen Boden betreten.

„Warum wurde er nach Mali abgeschoben und nicht nach Sambia?“, will Portia wissen.

Achselzuckend sah Katharina sie an. „Weil er allen erzählte, er sei aus Mali. Dass seine Familie dort lebt.

Sogar mir hat er das weisgemacht. Ich erfuhr erst viel später, dass seine Familie in Sambia ist."

„Was ist nach der Abschiebung passiert? Wie kam er zurück in die Schweiz?", fragte Portia.

„Durch Brigitte, sie versprach, ihn zurückzuholen. Sie engagierte einen Anwalt, der sagte, er könne nur zurück, wenn sie heiraten würden. Also stieg sie ins Flugzeug nach Mali und sie heirateten."

Unwillkürlich musste Portia Brigittes Beharrlichkeit bewundern. Was hatte ihr Bruder nur an sich gehabt, dass diese Frauen ihn so attraktiv fanden? Was haben schwarze Männer nur an sich, dass sie auf weiße Frauen wie ein Supermagnet wirken? Sind es Neugier, Exotik, Liebe oder Mitleid? Und warum können schwarze Männer von weißen Frauen nicht die Finger lassen?

„Sie muss ihn wirklich geliebt haben", sagte sie.

Katharina lachte. „Ja. Wie im Film, nicht wahr? Sehr romantisch. Und auch sehr dumm."

„Dumm?"

„Die Ehe hielt nicht. Sie hatten in Mali standesamtlich geheiratet und kamen als Mann und Frau zurück. Er bekam seine Aufenthaltspapiere, fing an bei der SSB zu arbeiten, alles lief gut, dann gerieten sie sich ständig in die Haare. Sie waren nicht einmal zwei Jahre zusammen. Er erzählte, alles habe immer nach ihrem Kopf gehen müssen und sein Leben sei die Hölle gewesen. Es sei ihm im Flüchtlingslager besser gegangen."

„Und zu der Zeit habt ihr euch dann getroffen?"

„Es war Liebe auf den ersten Blick. Für uns beide. Nur einen Monat nach dem Abend in der Bar verließ er sie und zog zu mir."

„Wenn ihr so verliebt wart, warum hast du ihn dann umgebracht? Warum hast du meinen Bruder umgebracht?

Kannst du mir das erklären?", fragte Portia. Katharina setzte ihre Tasse ab, ging zum Tisch und holte aus einer Schublade eine Schachtel Zigaretten heraus. Sie machte das Fenster auf und blies den Rauch nach draußen. „So, jetzt stellst du endlich die entscheidende Frage. Das ist der Grund, weshalb du gekommen bist. Ich habe mich schon gefragt, wann du sie stellen wirst."

Portia seufzte. Endlich war das Eis gebrochen.

Im Taxi, das sie zurück ins Hotel brachte, betrachtete Portia die Regentropfen, die gegen das Fenster klatschten, und sie stellte sich vor, dass Himmel und Erde durch Regensäulen miteinander verbunden waren. Regnerisches Basel. *He must not float upon his watery bier / Unwept, and welter to the parching wind – Nicht unbeklagt auf seiner nassen Bahre / Soll er hinziehn, treiben in heißen Stürmen.* Als sie gestern in Basel angekommen waren, hatte es geregnet. Ein nasses Willkommen. Es fühlte sich an, als würde es in jeder Stadt, jedem Dorf und jedem Weiler der Schweiz regnen. Es hatte am Berliner Hauptbahnhof geregnet, als sie in den Zug gestiegen waren, und es hatte die gesamte achtstündige Zugfahrt über geregnet. Vom schlechten Wetter und von der Begegnung mit Katharina erschöpft, schloss sie die Augen. Immer wieder ging sie innerlich Katharinas Worte durch, ihre Gesten, ihren direkten, kämpferischen Blick, bis sie schließlich das Gespräch abrupt beendete. Sie sei zu müde, sagte Katharina, die Erinnerungen seien zu aufwühlend, sie hätte nicht geahnt, dass sie das so mitnehmen würde, ob sie morgen weitermachen könnten? Sie werde anrufen, sie habe ja Portias Telefonnummer im Hotel.

Er hatte darauf bestanden, dass sie ein Zimmer mit zwei Einzelbetten nahmen. Damit sie etwas Freiraum hatte. Oder er. Schließlich war er verheiratet, zwar getrennt lebend, aber immer noch verheiratet. Er mochte sie, das spürte Portia, sonst wäre er ihrer Einladung nicht gefolgt. Komm mit nach Basel. Sie hatte sich selbst überrascht, erst in der Sekunde, als sie ihn fragte, war ihr diese Idee durch den Kopf geschossen; zu Portias Verteidigung muss gesagt werden, dass sie zu diesem Zeitpunkt betrunken war. Vor zwei Tagen hatte sie von seiner Existenz noch nichts geahnt, und jetzt waren sie gemeinsam in Basel, wenn auch in getrennten Betten. Sie genoss, dass er dabei war, wurde jedes Mal aufgeregt, wenn sie sich im Bett umdrehte und ihn im Nebenbett sah, nur ein paar Meter entfernt, mit einem Buch in der Hand, und er spürte, dass sie ihn betrachtete, und lächelte sie herzlich an, fragte, ob alles in Ordnung sei. Gern hätte sie ihn zu Katharina mitgenommen, aber er hatte davon abgeraten. „Wir sollten sie nicht überfordern." Er hatte recht gehabt. Seine Anwesenheit hätte gestört.

Als sie das Hotelzimmer betrat, war er nicht da, machte vielleicht einen Spaziergang. Portia beschloss, ein Bad zu nehmen, bevor er zurückkam. Das Zimmer war karg, fast ausschließlich zweckmäßig eingerichtet. An der Wand hing ein Flachbildfernseher, der Tisch war aus Holz, die Stühle waren aus Plastik; ihr gefiel, wie geräumig und schlicht es war. Die bequemen Betten hatten schön harte Matratzen. Bei der Recherche im Internet hatte sie die Nähe des Hotels zum Bahnhof angesprochen und sie buchte es kurz vor der Abfahrt in Berlin. Ihr gefiel der Blick auf weites, grasbewachsenes Sumpfland mit Weiden, über dem der Nebel hing. Dahinter schien ein Fluss zu sein oder ein See. *Watery bier* – nasse Bahre. Vor ihrem geistigen Auge sah sie Leichen im Wasser treiben. Sie schauderte. Das Hotel lag in der Altstadt, in der Nähe befanden sich die Universität und, wenn man nach der Broschüre ging, die ihnen die Rezeptionisten letzten Abend beim Einchecken gegeben hatte, viele ausgezeichnete Restaurants.

2

Portia hatte schon immer einmal Berlin sehen wollen und daher beschlossen, dort ein, zwei Tage zu verbringen, ehe sie nach Basel weiterreiste. Glücklicherweise fand sie im Internet ein Paar, in dessen Wohnung sie unterkommen konnte; die beiden hielten sich zurzeit irgendwo in Dänemark auf und sie durfte zwei Tage lang die Wohnung nutzen. Den ersten Tag setzte sie keinen Fuß vor die Tür, schlief fast die ganze Zeit. Sie war um vier Uhr morgens aufgestanden, um in Gatwick den Ryanair-Flug zu erwischen. Es widerstrebte ihr, nach draußen zu gehen, obwohl sie eine lange Liste mit Sehenswürdigkeiten hatte, die sie abklappern wollte – die breiten, nasskalten Berliner Straßen wirkten einschüchternd und leider sprach sie kein Wort Deutsch. Am nächsten Morgen sah sie sich amerikanische Filme und Sitcoms an. Hauptsächlich alte Filme. Denzel Washingtons Deutsch in *Training Day* war äußerst beeindruckend. Ihr fielen die Kung-Fu-Filme aus Hongkong ein, die David so gemocht hatte, und wie sie sich über die Diskrepanz zwischen der englischen Synchronisation und den Mundbewegungen der Schauspieler schlapp gelacht hatten. Die Deutschen schluderten jedoch weniger, die Synchronstimme hinkte der Mundbewegung maximal eine Silbe nach, man musste schon genau aufpassen, um es mitzubekommen. Portia vertrieb sich die Zeit damit, genau diesen Moment abzupassen, wofür sie sich dann jedes Mal einen Punkt gab – ein lustiges Spielchen für einen netten, faulen Regentag. Gegen Mittag hatte sie das Fernsehen über und kam sich wie eine Gefangene vor, daher erkundete sie die Wohnung.

Auf dem Kaminsims standen Fotos von Hans und Ina, ihren abwesenden Gastgebern, beim Wandern, beim Radfahren, beim Zelten in verschiedenen Ländern, hauptsächlich in den Tropen, eventuell sogar in Afrika. Portia hatte die Nacht auf dem Wohnzimmersofa verbracht, es kam ihr vor, als würde sie ebenfalls zelten. Neben dem Wohnzimmer lag das Gästezimmer, das bis auf ein ordentlich gemachtes Bett, einen Tisch mit Stuhl beim Fenster leer war. Sie hatte sich dort nur die Bettdecke geholt, sich wieder zu Sofa und Fernseher begeben. Alles war an seinem Platz, ordentlich, organisiert, bestimmt hatten die beiden geputzt und aufgeräumt, ehe sie in den Urlaub gefahren waren. Am Morgen war von Hans eine E-Mail gekommen, in der er ihre Telefonnummer im Hotel mitteilte und wissen wollte, ob bei Portia alles in Ordnung sei. Er habe vergessen, ihr zu sagen, dass sie sich gern am Inhalt des Kühlschranks, Eier, Brot und Käse, bedienen dürfe.

Gegen Mittag hörte es auf zu regnen und die Sonne kam heraus. In der Wohnung nebenan wurden Möbel gerückt, offenbar zog da jemand ein oder aus. Sie musste raus. Es gab keine Ausrede mehr, die Sonne schien, sie hatte einen Stadtplan und nur noch einen Tag, bevor sie nach Basel weiterreiste. Das war schließlich der Grund, weshalb sie in Berlin einen Zwischenstopp eingelegt hatte, sie wollte die Stadt sehen und die historischen Orte, von denen sie gelesen hatte: die Museen, die berühmten Straßen, die Denkmale, die an den Zweiten Weltkrieg erinnerten.

Portia duschte, schlüpfte in Jeans und T-Shirt. Als sie in den Hausflur trat, bemerkte sie in der offenen Tür der Wohnung nebenan einen Mann auf einer Leiter, einen Schwarzen, und als er sich umdrehte und sie ansah, wusste sie, dass er Afrikaner war. Was für ein Zufall, dachte sie, während er ihren erstaunten Blick erwiderte. Sie stand im Flur vor der Wohnungstür und starrte ihn an, sie konnte nicht anders. Seit zwei Tagen hatte sie mit niemandem Kontakt gehabt, mit niemand Schwarzem, abgesehen vom Deutsch sprechenden Denzel Washington, und jetzt stand direkt vor ihr ein Schwarzer, ein Afrikaner auf einer Leiter und starrte auf sie hinab. Aber was, wenn er gar kein Afrikaner war, sondern einer dieser wenigen Afrodeutschen, von denen sie gehört hatte, die keinerlei Erinnerung an Afrika hatten und nur Deutsch sprachen?

Er stieg von der Leiter, einen Bilderrahmen in der Hand und mit schiefgelegtem Kopf, der die Kopfhaltung widerspiegelte, mit der sie zu ihm hochsah. Und dann sprachen beide gleichzeitig. „Excuse me …“, sagte sie. „Can I help …?“, fragte er. Aha, also kein Deutscher. Sein Akzent war westafrikanisch, wahrscheinlich nigerianisch. Nigerianer waren überall. In Sambia hatte sie viele getroffen.

„I am sorry“, sagte sie und errötete innerlich.

„Can I help …?“, wiederholte er. Er sah gut aus, nicht auf die goldige, gefühlvolle Denzel-Washington-Art, sondern zurückhaltender, vor allem wenn er wie eben lächelte. Er war unrasiert und sah aus, als hätte er schlecht geschlafen.

„Ob Sie wohl … könnten Sie mir sagen, wie ich zur Museumsinsel komme?“

„Klar.“

Gemeinsam beugten sie sich über Portias Stadtplan.

Sie folgte seiner Wegbeschreibung, was gar nicht so schwierig war, wie befürchtet. Sie wollte die ägyptische Sammlung sehen, aber als sie ankam, befand sich vor dem Gebäude eine riesige Warteschlange. Es würde Stunden dauern, bis sie reinkäme. Die Museumsinsel war wie ein Jahrmarkt, entschlossen dreinsehende Touristen kamen und gingen, eine Gruppe rotgesichtiger junger Männer fegte an ihr auf einer Art Fahrrad vorbei, fünf oder sechs Burschen saßen im Kreis, traten in ihre jeweiligen Pedale und in der Mitte stand ein Bierfass, aus dem alle mit gigantischen Strohhalmen tranken.

Portia schlenderte ein Weilchen herum, stöberte in den angebotenen Büchern und DVDs, schloss sich dann dem Strom Richtung Brandenburger Tor an, rempelte Leute an, murmelte Entschuldigungen und als sie endlich genug um das Tor herumgestrichen, genug Fotos gemacht hatte, setzte sie sich in einen Bus und fuhr zur Wohnung zurück. Ein verschwendeter Tag. Ich hätte die Eintrittskarte vorher im Internet kaufen sollen, hätte sie schon gestern kaufen sollen, schimpfte Portia mit sich selbst. Normalerweise war sie gut vorbereitet und dermaßen auf dem falschen Fuß erwischt zu werden, ärgerte sie.

Die Tür des Nachbarn war geschlossen. Vielleicht wohnte er gar nicht da, war wahrscheinlich Möbelpacker. Aber nein, er wirkte gar nicht wie ein Möbelpacker, so wie er aussah und sprach. Portia war erstaunt, wie sehr sie enttäuscht war. Kurz blieb sie vor seiner Tür stehen und lauschte, in der Hoffnung Auspackgeräusche, Musik oder Schritte zu hören, aber es war ganz still. Es war beinahe vier Uhr nachmittags. Sie schloss ihre Wohnungstür auf und schaltete den Fernseher ein, sie konnte gar nicht abwarten, bis der nächste Tag kam, damit sie nach Basel fahren konnte. Berlin war eine Enttäuschung, es lag an ihr, nicht an der Stadt.

Aber das Fernsehen fesselte sie jetzt so gar nicht, also schlenderte sie durch die Wohnung, von Zimmer zu Zimmer, sah in die Küchenschränke hinein, las die Etiketten der Weinflaschen in der Speisekammer. Es gab eine halbe Kiste Rot- und eine ganze Kiste Weißwein. Portia wählte einen Bordeaux. Sie würde sich müde trinken, damit sie rasch einschlief und erst am nächsten Morgen aufwachte. Vergeblich suchte sie in den Schubladen und Schränken einen Korkenzieher. Und erst viel später, nachdem sie beim Nachbarn geklopft und mit ihrem schönsten Lächeln gefragt hatte, ob er ihr bitte einen Korkenzieher leihen könne und ihn lachend auf ein Glas einlud, wenn er Lust habe, und er gesagt hatte, ja, geben Sie mir nur fünf Minuten, und sie einander zuprostend am runden Esstisch ihrer Gastgeber saßen, an den drei Personen passten, erst da gestand sie sich ein, dass sie genauso gut den Chablis mit dem Schraubverschluss hätte trinken können, aber sie hatte sich auf den Roten mit dem Korken versteift, damit sie mit dem Nachbarn reden und ihn vielleicht auf ein Glas einladen konnte. Aber sie hatte eine gute Ausrede, sie hatte viele gute Ausreden: Sie war allein in einer fremden Stadt und er war ebenfalls Afrikaner und sie war kurz vorm Lagerkoller.

„Portia", sagte er. „Shakespeare."

Es war ein Kreuz mit ihrem Namen, ihre lebenslange Strafe. Aber er machte sich nicht lustig über sie wie ihre verwirrten Mitschüler von einst, er war nicht ungläubig wie ihre Dozenten damals. In England hatte ein Kommilitone beim Aufbaustudium gefragt, ob dies ein traditioneller afrikanischer Name sei.

„Mein Vater war ein großer Fan", erklärte sie.

„Seit wann wohnen Sie hier?", wollte er wissen.

„Ich wohne gar nicht hier, ich mache Couchsurfing."

„Couchsurfing?"

„Couchsurfing.com. Noch nie gehört?"

„Klingt wie eine Pornoseite."

Portia lachte. Humor hatte er also auch. Aber was, wenn er gefährlich war, ein Vergewaltiger, ein Aufreißer, der alles nahm, was nicht bei drei auf dem Baum war? Ganz eindeutig kannte er sich bei Pornoseiten aus. Tja, zu spät. Morgen würde ihre Mutter die ganze Geschichte in den sambischen Zeitungen lesen. Hoffentlich würde ihr der runde Glastisch zwischen ihnen ein paar Sekunden Vorsprung verschaffen, ehe er sie erwischte.

„Es handelt sich um eine Webseite, die den Kontakt zwischen Reisenden und Gastgebern herstellt, Menschen, die bereit sind, ihr Sofa völlig Unbekannten anzubieten, die sich ihrerseits irgendwann mal mit einer Übernachtung auf ihrem Sofa revanchieren."

„Es tut mir leid, dass Sie das Museum nicht sehen werden, weil Sie morgen abreisen. Wollen Sie noch mal rausgehen? Irgendwo was essen?", fragte er. Ein Vergewaltiger würde sie nicht zum Essen einladen, es sei denn, er wäre der unverfrorene Typus, den es aufgeilt, seine Tat in der Öffentlichkeit zu begehen. Ein exhibitionistischer Vergewaltiger.

„Ich würde gern afrikanisch essen", erklärte Portia. Sie hatte seit mehr als vierundzwanzig Stunden nichts gegessen.

Er dachte kurz nach. „Ich kann Ihnen einen Asiaten bieten, besser wird's nicht, allerdings ungefähr zwanzig Minuten mit der Bahn entfernt. Aber das Essen ist wirklich gut, versprochen."

Sie trug immer noch die Kleider, die sie auf ihrem Stadtspaziergang angehabt hatte, frischte im Badezimmer nur rasch ihr Make-up auf, schnappte sich ihre Handtasche und sie zogen los, nachdem sich jeder ein Glas Wein einverleibt hatte, was sich für Portia als Stärkungsmittel erwies. Die Müdigkeit von ihrer Stadttour war verflogen. Sie nahmen die Bahn, setzten sich nebeneinander, konnten sich aber wegen des Lärms nicht unterhalten, lächelten sich schweigend an, wenn sich ihre Blicke trafen. Musikanten, ein pummeliges Kind mit Akkordeon und ein Pärchen mit einem Ghettoblaster, wetteiferten darum, wer zuerst die Trommelfelle zum Platzen brachte. Die Berliner ertrugen die Lärmbelästigung stoisch, sahen ungerührt aus dem Fenster auf die vorbeiziehende Stadt. Ein *Motz*-Verkäufer versuchte Portia seine Zeitung zu verkaufen, doch sie hatte kein Kleingeld. Ihr Begleiter gab dem Mann einen Euro und nahm ein Exemplar, auch wenn er, wie er ihr beim Aussteigen erklärte, Deutsch eigentlich gar nicht lesen könne. „Aber Sie sahen aus, als ob man Sie retten müsste."

Sie bedankte sich. War das der Eindruck, den sie vermittelte – dass man sie retten musste?

„Da lang", sagte er. Sie befanden sich auf einer belebten Straße und beinahe jeder zweite oder dritte Laden war ein Antiquariat, in dessen Schaufenstern deutsche und englische Bücher auslagen. Eingequetscht zwischen Buchhandlungen und Plattenläden befanden sich asiatische Restaurants: Thailänder, Vietnamesen, Inder. Die Leute an den Tischen davor sahen gelangweilt aus, während Roma-Musikanten bekannte Melodien auf ihren Akkordeons und Trompeten spielten. Noch ein Buchladen. Durchs Schaufenster konnte man einen Schreibtisch sehen, hinter dem eine Frau mit Hut saß. Ihre Blicke begegneten sich und die Frau winkte sie lächelnd herein. Portia fasste nach seiner Hand. „Komm, wir wollen uns die Bücher ansehen." Das Geschäft war der reinste Bücherdschungel, überall hingen Bände halb aus den Regalen, quollen aus Kartons auf dem Boden. Es war schwierig, sich durch den Laden zu bewegen ohne auf Bücher oder Zeitschriften zu treten. Jetzt erkannte Portia, dass die Frau im geblümten roten Kleid ein Mann mit Perücke war. Genau genommen befanden sich zwei Männer im Laden, der andere, um einiges jünger, saß halb verdeckt von einem Regal weiter hinten im Laden. Auf dem Tisch standen zwei Gläser mit Rotwein und eine halbleere Flasche.

„Der ist der Hammer. Er ist Barack Obama, bevor er berühmt wurde."

„Aha, du bist also auch Cory-Booker-Fan", sagte der Mann im roten Kleid. „Gut zu wissen. Ich liebe diesen Mann. Er ist übrigens mein Bürgermeister, ich bin nämlich aus Newark."

Amerikaner mit rollendem R und flachem A. Portia zog aufs Geratewohl Bücher heraus. Alle antiquarisch – „for rent or for sale" verkündete ein Schild am Regal. Graham Greene hatte ein eigenes Regalbrett bekommen. Sie fuhr über die Rücken und las die Titel. Ihr Vater mochte diesen Autor sehr, hatte ihr zum neunzehnten Geburtstag die zweibändige Autobiografie geschenkt, *Ways of Escape* und *A Sort of Life*. Ihr war sein Stil etwas zu machohaft, zu sehr Hemingway.

Offenbar war der Laden eine Wohnung, die gleichzeitig als Buchhandlung fungierte. Dies hier war das Wohnzimmer, durch eine halb geöffnete Tür konnte sie die Küche sehen, wo Geschirr auf der Spüle und eine Packung, wahrscheinlich Katzenfutter, in einem Regal stand. Die geschlossene Tür neben dem Regal, die halb von Kartons versperrt war – aus manchen quollen Bücher, andere waren noch nicht geöffnet –, führte wahrscheinlich zum Schlafzimmer. Es war ein wahres Messieparadies. Das Durcheinander machte Portia beklommen, lähmte sie und daher watete sie zum Eingang zurück, wo der Mann mit der Perücke unter dem Hut sich mit seinem Freund immer noch über Cory Booker unterhielt.

„Sie haben auch Achebe", sagte ihr Nachbar. Sie stellte sich neben ihn. Eine ganze Abteilung war den afrikanischen Autoren der ersten Generation gewidmet: Alan

Paton, Mazisi Kunene, Naguib Mahfouz. Er blätterte durch *Things Fall Apart,* es war eine der ersten Ausgaben, sie enthielt eine Einführung von Aigboje Higo, auf dem Cover befand sich eine folkloristische Zeichnung von Okonkwos, ein auf dem Kopf stehendes Gesicht. Auch jedes Kapitel begann mit einer folkloristischen Zeichnung.

„Ich nehme das Buch hier", sagte er zu den Männern am Tisch, „was kostet es?"

Doch die beiden lachten so heftig, dass sie seine Frage nicht hörten. Dem Mann im roten Kleid liefen Tränenbäche über die Wangen, gruben sich durch sein Make-up.

„... das ist dermaßen absurd", wiederholte der andere Mann mehrmals. Er schlug mit der Hand auf den Tisch und nippte am Weinglas, lachte dabei die ganze Zeit. „Absurd!"

Portia zog ein Buch heraus und gab es ihrem Nachbarn. Er las den Titel, *Prison Dialogues* von James Kariku. „An das Buch erinnere ich mich. Ich musste es für meinen Oberschulabschluss lesen."

„Mein Vater", entfuhr es ihr.

„James Kariku ist dein Vater?"

Sie nickte abwehrbereit, hatte dieses Gespräch schon oft geführt und war es leid.

„Das gibt's ja nicht", sagte ihr Nachbar. Er sah sie an, dann das Buch, als wollte er herausfinden, ob sie ihn auf den Arm nahm.

„Ich heiße Portia Kariku. Ich kann dir gern meinen Ausweis zeigen." Sie wandte sich ab.

„Natürlich glaube ich dir, das kommt bloß so unerwartet. Okay, ich kaufe das Buch und du signierst es."

„Du kannst es gern kaufen, aber signieren kann ich es nicht. Ich bin nicht mein Vater." Ihre Stimme klang jetzt kalt. Er bezahlte das Buch und sie verließen den Laden.

Was für ein Saustall. Portia bekam noch nachträglich Gänsehaut, wenn sie an die Katzenhaare auf dem Teppich, die Spinnweben an der Decke und das schmutzige Geschirr auf der Spüle dachte. Wie wenig das alles zusammenpasste, der schrille Ladenbesitzer mit seiner Perücke und dem Geckenhut, der inmitten des ganzen Drecks Rotwein trank.

Als sie nach dem Essen auf die Straße traten, glitzerten die letzten Sonnenstrahlen des Tages auf den nassen Pflastersteinen. Es war ein schöner Altweibersommertag, wie Honig übergossen die goldenen Sonnenstrahlen Häuser, Bäume und Gehwege. Sie fuhren mit der Bahn zurück Richtung Mitte. „Steigen wir doch hier aus", schlug er vor.

„Das ist aber nicht unsere Haltestelle."

„Stimmt, aber es ist ein so schöner Tag. Gehen wir ein Stück", meinte er. Gemeinsam schlenderten sie eine Doppelreihe Pflastersteine entlang, die den ehemaligen Verlauf der Berliner Mauer markierte, und bald gerieten sie in eine Menge junger Menschen, die alle in dieselbe Richtung strebten. Fragend sah Portia ihn an.

„Die kommen von dem Park dort drüben, dem Mauerpark. Komm." Er nahm ihre Hand und zog sie weg vom Gedränge. Ihre Hand in seiner fühlte sich gut an.

„Ich lade dich auf einen Drink ein", sagte er.

Sie betraten eine winzige Bar, deren Eingang von der Straße fast nicht erkennbar war. Drinnen war es dunkel und leer, nur der Barkeeper stand hinter seinem Arbeitsplatz, hatte dem leeren Raum den Rücken zugewandt und starrte zum Fernseher hoch, der oberhalb des Flaschenregals an der Wand hing. An einer anderen Wand standen mehrere Flipperautomaten, daneben befand sich ein Zigarettenautomat. Durch eine Tür ging es in einen anderen Teil der Bar, wahrscheinlich das Restaurant, man konnte laute Stimmen und Gelächter hören. Sie setzten sich und schließlich kam der Barkeeper angetrottet.

„Einen doppelten Wodka für mich“, bestellte Portia, noch ehe ihr Nachbar etwas sagen konnte.

„Für mich auch“, schloss er sich mit einem Achselzucken an.

Beide tranken den Wodka auf Ex und bestellten dann Wein, er rot, sie weiß. „Also“, sagte er, „was machst du beruflich?“

„Ich bin Lehrerin“, erklärte sie. „Meine Mutter hat in Lusaka eine Schule, an der unterrichte ich.“

„Macht es dir Spaß?“

„Anfänglich nicht, aber man wächst rein. Die Kinder sind entzückend.“

Eine alte Frau in einer weißen Kunstfelljacke mit aufgestellten Kragen kam herein, in der Hand einen Bund Blumen. Das Licht der Eingangstür ließ ihr rotes Haar wie ein nächtliches Buschfeuer leuchten. Sie schüttelte den Regen von der Jacke, sah sich um, hinkte dann zu ihnen hinüber. Sie zog eine rosafarbene Rose heraus und hielt sie Portia hin. Die Frau trug an jedem Finger, einschließlich der Daumen einen Ring. Portia schüttelte den Kopf.

„Nimm sie“, sagte er und gab der Frau etwas Kleingeld. Portia steckte ihre Nase in die Blume, legte sie dann neben ihrem Glas auf den Tisch.

„Danke.“

Die Alte schlurfte zur Bar, drückte dem Mann dahinter die Münzen in die Hand und setzte sich mit ihren Blumen auf einen Hocker.

„Was machst du in Berlin?“

„Ich bin vor über einem Jahr mit meiner Frau hergezogen.“

„Ah.“ Sie schob die Rose ein Stück weg. „Wo ist deine

Frau jetzt? Du musst mir darauf nicht antworten ... vergiss die Frage."

Natürlich hatte sie die Ringspur an seinem Finger gesehen, aber nicht weiter darüber nachgedacht. Sie waren zwei Fremde in einer fremden Stadt, sie würden sich demnächst trennen und wahrscheinlich nie wiedersehen.

„Meine Frau ist vor ein paar Monaten nach Amerika gegangen. Wir haben in einem anderen Stadtteil gewohnt, in Charlottenburg. Ich bin vorübergehend umgezogen, als meine Frau ging."

„Wem gehört die Wohnung?"

„Einer Freundin, die ich über einen gemeinsamen Freund kennengelernt habe, Lorelle. Sie und ihr Mitbewohner ... sind nach Amerika, ich zerlege die Möbel für sie, damit sie eingelagert werden können, im Gegenzug darf ich ein paar Monate kostenlos hier wohnen."

„Was machst du anschließend?"

„Wahrscheinlich gehe ich zurück in die USA und stelle endlich meine Doktorarbeit fertig."

„Worüber schreibst du?"

„Über die Berlin Conference of 1884 ... die hier in Berlin oder vielmehr in Deutschland Kongokonferenz heißt."

„Interessantes Thema. Wie genau lautet der Titel deiner Dissertation?"

„Willst du das wirklich wissen?"

„Absolut. Ich bin gerade mit meinem Master fertig und spiele mit dem Gedanken, irgendwann den Doktor draufzusatteln."

„Mach das. Der Titel lautet *The Berlin Conference: Imaginary Borders and the Scramble for Africa.* Was hältst du davon?

„Gefällt mir."

„Schön. Jetzt du."

„Ja, jetzt ich. Gib mir eine Minute."

Sie stand auf und ging zum Barkeeper, wechselte mit ihm ein paar Worte, woraufhin er mit ihr zum Zigarettenautomaten ging. Portia kam mit einer Schachtel Marlboro zurück, öffnete sie und hielt ihm eine Zigarette hin.

„Ich rauche nicht", sagte er.

„Ich auch nicht, aber irgendwie habe ich jetzt Lust darauf." Sie steckten sich die Zigaretten an und sogen zögernd den Rauch ein, mussten mit tränenden Augen husten.

„Also, jetzt ich. Ich fahre morgen nach Basel. Mein Bruder hat dort mal gelebt. Ich treffe mich mit seiner Frau."

„Basel … wo lebt er jetzt?"

„Er ist tot. Es ist das erste Mal, dass ich Katharina treffe."

„Warum willst du sie jetzt kennenlernen?"

„Meine Mutter will wissen, wie er gestorben ist. Aus den Papieren ging das nicht eindeutig hervor. Und Katharina saß im Gefängnis, weil sie ihn umgebracht hat, daher war Kontakt schwierig."

„Seine Frau hat ihn umgebracht?"

„Ja."

Die Geister zur Ruhe betten. Nach dem Tod ihres Vaters letztes Jahr hatte ihre Mutter immer häufiger von David gesprochen. Was sie falsch gemacht und warum er das Gefühl gehabt hatte, weggehen zu müssen. Er war besessen gewesen vom Auswandern. Vor einem Monat, als Portia ihre Rückreise nach London vorbereitete, um ihre Master-Arbeit abzugeben, hatte ihre Mutter gesagt: „Ich möchte, dass du sie besuchst, wenn du in London fertig bist. Rede mit ihr. Ich möchte wissen, was passiert ist, warum er uns für sie verlassen, wonach er gesucht hat." Sie reichte Portia ein Foto – jenes Foto, das sonst auf ihrem Nachttisch stand und auf dem Katharina und ihr Bruder zu sehen waren, der ausdruckslos in die Kamera sah. Woran hatte er gedacht? Das Foto war vor fünf Jahren mit einem Brief gekommen, dem einzigen, den er nach seinem Weggang geschrieben hatte. Darin berichtete er, es gehe ihm gut, er lebe jetzt in der Schweiz und sei mit der Frau neben ihm auf dem Foto verheiratet, sie müssten sich keine Sorgen um ihn machen. Als sie das nächste Mal von ihm hörten, war er tot.

Portia sah sie kopfschüttelnd an. „Mama, das bringt ihn doch nicht zurück. Es war jedes Mal seine freie Entscheidung."

„Aber ich möchte den Grund wissen. Ich war doch eine gute Mutter und eine gute Ehefrau." Und weil Portia ihr ganzes Leben eigentlich immer nur ihrer Mutter gefallen, sie glücklich machen wollte, erklärte sie sich dazu bereit.

Ihr Vater war ebenfalls weggegangen, lange vor David, aber anders als dieser kam er zurück. Er kam zurück, vom Leben im Exil schwer gezeichnet, und man könnte sagen, letztlich hätte ihn die Rückkehr umgebracht. Das alles erzählte Portia ihrem Nachbarn nicht, obwohl sie es gern getan hätte. Sie hatte das Gefühl, sie könnte ihm die intimsten Dinge anvertrauen, und er würde aufmerksam und respektvoll reagieren. Was er wohl für eine Lebensgeschichte hatte? Er wirkte leicht verloren, etwas verträumt, als wartete er auf etwas oder auf jemanden. Was machte er ganz allein in Berlin, wenn seine Frau doch Tausende von Meilen entfernt in Amerika lebte?

Sie nahm die Rose in die Hand und roch erneut daran. „Gibst du eigentlich jeder Frau, die du triffst, eine Rose? Was sagt deine Frau dazu?"

„Die arme Alte sah aus, als könnte sie das Geld gebrauchen", sagte er. Die arme Alte hing über der Bar, in der einen Hand eine Zigarette, in der anderen ein Glas, die Blumen lagen neben ihr auf dem Tresen. Sie starrte zum Fernseher hoch und diskutierte das dortige Geschehen mit dem Barkeeper.

„Das ist ein guter Grund. Danke nochmals. Wenn wir zurückkommen, stelle ich sie gleich in eine Vase."

Nach einer Weile sagte sie unvermittelt: „Nächste Woche habe ich Geburtstag."

„Na, dann schon mal vorab herzlichen Glückwünsch. Der wievielte?"

„Du zuerst. Wie alt bist du?"

„Alt", sagte er. „Fünfunddreißig."

„Ich bin fünfundzwanzig."

„Noch so jung."

„Du klingst enttäuscht."

„Bin ich gar nicht. Momentan fühle ich mich einfach alt. In die Jahre gekommen. Was wünschst du dir zum Geburtstag?"

Sie zuckte die Achseln. „Glück, Freude, Weisheit. Was Besseres kann man sich nicht wünschen, oder? Und apropos Glück, ich muss dir sagen, du siehst ziemlich ernst aus."

Er zuckte die Achseln. „Wahrscheinlich, weil ich zu lange allein war, zu wenig rausgegangen bin. Ich habe vergessen, wie man seine Gesichtszüge in Gesellschaft anderer nicht entgleisen lässt."

„Seine Gesichtszüge nicht entgleisen lassen, schöne Formulierung. Warum bist du unglücklich?"

„Ist Glück sehr wichtig für dich?"

„Ist es das nicht für jeden von uns?"

„Für manche ja. In Dostojewskis *Brüder Karamasow* sagt Vater Sossima, der Zweck des menschlichen Daseins sei Glück. Gott selbst möchte, dass wir glücklich sind. Der

Sinn der Schöpfung ist erfüllt, wenn Gott uns glücklich sieht. Wir sind nur unglücklich, wenn unsere Gedanken eher unrein sind, wenn wir sündigen."

„Klingt wie ein Argument, das der Kirche hübsch in die Hände spielt."

„Stimmt."

„Es wirkt sich nicht so, als hätte Dostojewski große Ahnung vom Leben gehabt. Glück ist wichtig, aber ich würde nicht sagen, dass es den Hauptzweck des menschlichen Lebens darstellt."

Als sie ins Haus zurückkehrten, blieben sie vor Portias Tür stehen. Sie wollte nicht, dass der gemeinsame Abend schon vorbei war. Ihr graute vor der einsamen Wohnung, daher trödelte sie herum, spielte mit dem Schlüsselbund. „Ich würde dich ja auf einen Absacker einladen, aber in meiner Wohnung herrscht Chaos", erklärte er. „Du würdest schon vom vielen Staub Keuchhusten bekommen."

„Dann komm doch zu mir. Es ist sowieso noch Wein übrig." Sie konnte nur hoffen, dass sie nicht zu forsch, zu schamlos klang.

„Gut. Ich hole nur noch mein Handy, das ich vergessen habe, als wir los sind. Zehn Minuten?"

Als er zurückkam, hatte Portia einen Rock und ein neues T-Shirt angezogen. Er ging im Zimmer umher, blieb stehen, um sich die Musiksammlung anzusehen.

„Mahler, Beethoven, Bach. Ganz schön versnobt, was?"

Er betrachtete die Bilder an den Wänden. „Turner. Kandinsky. Alles Drucke."

„Kennst du dich bei Kunst aus?"

„Nur aus zweiter Hand. Meine Frau ist Malerin."

Er setzte sich zu ihr aufs Sofa, sie reichte ihm ein Glas Rotwein.

„Was, wenn deine Freunde jetzt reinkämen? Wie würdest du meine Anwesenheit erklären?"

„Gibt es da denn was zu erklären? Wir zertrümmern ja nicht das Mobiliar. Zumindest noch nicht." Nachdenklich betrachtete Portia ihn.

„Du hast nichts von mir zu befürchten", sagte er.

Ihr gefiel, mit welcher Ernsthaftigkeit er das vorbrachte, dass er ihr Bedürfnis spüren konnte, in dieser Hinsicht beruhigt zu werden.

„Erzähl mir von dir. Irgendwas."

Er erzählte von seinen Freunden Stan, Mark, Uta und Eric, die in einer leerstehenden Kirche gewohnt hatten. Als er von Marks Tod sprach, klang seine Stimme traurig. Er stand auf. „Komm, wir machen Musik an. Ich will dich nicht deprimieren." Er schob eine CD in den Bose-Player.

„Was ist das?"

„David Bowie. Heroes."

Sie schüttelte den Kopf. „Nett, aber ..."

„Aber?"

„Zu weiß für mich. Ich bin Bluesfan. Mein Vater hatte einen ganzen Stapel Platten mit grandioser Cover Art. Billie Holiday. Robert Johnson. Muddy Waters."

Portia ging mit ihrem Glas Wein in die Küche. Er folgte ihr. Die Küche war lang und schmal, vom Fenster sah man in einen Garten, in dessen Mitte eine knorrige, verwachsene Esche stand. Er trat ans Fenster. „Von meiner Küche habe ich genau denselben Ausblick."

„Wie steht es um die Liebe?", fragte sie und stellte sich neben ihn. Sie spürte, wie ihr der Alkohol zu Kopf stieg, egal. Sie beugte sich zu ihm und drückte ihm einen flüchtigen Kuss auf die Lippen. „Was sagt Dostojewski über die Liebe?"

Schweigend legte er ihr den Arm um die Taille. Portia machte sich los und schnitt ein Stück Käse klein, tat die Würfel auf einen großen Teller, machte eine Dose auf und schüttete Cashews und Mandeln dazu. Sie standen sich gegenüber, er immer noch gegen das Fensterbrett, sie gegen die Spüle gelehnt. Portia nahm den Teller und ging zurück ins Wohnzimmer. Er kam ihr nach und setzte sich schweigend neben sie. Erwartungsfroh überlegte sie, ob sie gleich den nächsten Schritt machen, eine bestimmte Grenze überschreiten sollte. Sie stand auf und setzte sich, die Fernbedienung in der Hand, auf den Boden vor dem Fernseher und zappte durch die Programme.

„Du sieht schön aus da vorn – wie eine Fernsehfee."

Sie drehte sich zu ihm um, zappte dabei weiter, hielt bei einem Sender inne, der einen Western zeigte. „Kannst du Deutsch?"

„Ein bisschen", sagte er, „a little bit."

Portia schlief ein, noch ehe der Film zu Ende war. Als sie die Augen aufmachte, saß er immer noch auf dem Sofa, sein Gesicht vom flackernden Bildschirm angestrahlt. Sie lächelte zu ihm hoch.

„Ich bringe dich ins Bett, dann gehe ich." Er hob sie hoch und trug sie ins Gästezimmer, setzte sie sanft auf dem schmalen Bett ab.

„Geh nicht", sagte sie.

„Es ist ein Uhr nachts."

„Wenn du gehst, kann ich nicht einschlafen. In letzter Zeit habe ich Schlafprobleme."

„Was werden die Leute denken, denen die Wohnung gehört?"

„Die kommen erst in ein paar Tagen zurück", sagte sie, fügte dann schläfrig hinzu: „Komm mit nach Basel. Ich möchte nicht allein hin."

3

„Dieses Wort summst du nun schon seit einer ganzen Weile vor dich hin. Lycidas."

Sie lagen in ihren Betten, warteten auf dem Zimmerservice, denn beide hatten keine Lust gehabt, in den Regen hinauszugehen. Er saß mit dem Rücken ans Kopfende gelehnt, den Gedichtband ihres Vaters in der Hand, Portia lag auf dem Bauch, das Gesicht ihm zugewandt. Draußen hingen graue Quellwolken tief am Himmel, über Bäumen und Dächern und aus dem Sumpfland schien die Sintflut aufzusteigen.

„Das ist ein Gedicht von Milton. Eine Elegie für einen seiner Freunde, der bei einem Schiffsunglück ums Leben kam. Es geht mir schon den ganzen Tag nicht aus dem Sinn. Vielleicht liegt es am Regen. Der macht mich traurig." Sie stellte sich ans Fenster und sah in die Nacht hinaus.

„Standet ihr euch nahe, dein Bruder und du?"

Portia zuckte die Schultern, sah weiterhin aus dem Fenster. „Er ist weg, da war ich noch ziemlich klein. Ich war ungefähr acht, als ich ihn das letzte Mal sah."

„Vor siebzehn Jahren also."

Sie nickte. „Zu dieser Zeit lebte mein Vater in Europa und versuchte sich als Exilant."

„Versuchte sich?"

„Er hätte jederzeit heimkehren dürfen, aber er weigerte sich."

„Weshalb ist er weggegangen?"

Portia setzte sich wieder aufs Bett, sah ihn an. Im Zimmer war es schummrig, nur das Licht des Fernsehers flackerte über die blaue Wand, die Strahlen schienen in die Wand zu sickern wie Wasser in einen Schwamm. „Er hatte

Schwierigkeiten mit der Regierung, nicht nur wegen seiner Gedichte, sondern auch aufgrund seiner Zeitungsartikel. Er war wohl so etwas wie ein aufsteigender Stern. Manche sahen in ihm einen möglichen Präsidentschaftskandidaten. Er war jung, intelligent und furchtlos – oder dumm, je nachdem, wie man es betrachtete. Es war die Zeit des nationalen Aufbruchs in der afrikanischen Politik, der jede Menge junge Idealisten hervorbrachte und die dann prompt im Gefängnis landeten oder umgebracht wurden. Manchen, die wie mein Vater Glück hatten, gelang die Flucht ins Exil, wo sie ihr restliches Leben in einer Art Schwebezustand verbrachten."

„Worüber schrieb er?"

„Seine Gedichte hast du ja gelesen. In seinen Artikeln und Essays warf er der Regierung unter anderem Korruption vor. Er gehörte einer Gruppe intellektueller Studenten und Dozenten an, die für eine Mehrparteiendemokratie warben, sie wollten, dass Kaundas Diktatur ein Ende hatte. Und sie hatten viele Anhänger sowie Unterstützung aus Amerika und Europa, was sie für die Regierung noch gefährlicher machte, außerdem gab ihnen die desolate Wirtschaftslage recht – die Leute wollten einen neuen Anfang. Das Meiste hat mir meine Mutter erzählt, den Rest habe ich aus Geschichtsbüchern erfahren.

Meine Eltern lernten sich an der Uni kennen, kurz nach Sambias Unabhängigkeit in den Sechzigerjahren, beide lehrten in den Siebzigern an derselben Uni, sie an der Fakultät für Geschichte, er bei den Anglisten. Er war zwei Jahre lang im Gefängnis, dann wurde er unter Hausarrest gestellt. Im Gefängnis schrieb er seinen Gedichtband, der bei Heinemann in der African Writers Series herauskam und ihm internationale Aufmerksamkeit bescherte. Er wurde weltweit gefeiert – PEN verlieh ihm den Freedom to Write Award, in London gab es eine Veranstaltung mit Wole Soyinka und Harold Pinter, bei der sie aus seinem Gedichtband lasen. Ihm wurden Aufenthaltsstipendien und Gastprofessuren in England und Amerika angeboten, aber er wollte nicht weg. Er wollte in Sambia bleiben. Trotz zahlreicher Appelle und Gesuche durfte er seine Lehrtätigkeit nicht wieder aufnehmen. Meine Mutter überredete ihn, das Land zu verlassen. Mein Bruder war gerade geboren worden und sie wollte einfach ein Leben in Sicherheit. 1980 verließen sie das Land mit Hilfe ausländischer Freunde meines Vaters. Zehn Jahre lang lebten sie im englischen Exil. Meine Mutter meinte, das seien die schönsten Jahre ihrer Ehe gewesen, allerdings empfand sie das erst im Nachhinein so. Es war kein schlechtes Leben, er unterrichtete an der University of Leeds afrikanische Literatur, aber während er im Exil immer heimischer wurde, sehnte sie sich nach zu Hause. Zudem war Kaunda nicht mehr an der Macht. Also beschloss sie, als sie mit mir schwanger wurde, nach Sambia heimzukehren. Mein Vater sagte, sie solle schon mal ohne ihn gehen, er komme in ein paar Monaten nach. Also reiste sie mit meinem Bruder ab. Zu Hause gelang es ihr, sich eine Existenz aufzubauen, sie eröffnete eine Grundschule. Aber mein Vater kam nicht zurück. Mittlerweile hatte er am Exil Gefallen gefunden."

Portias Stimme klang verbittert. Sie lag auf dem Rücken und richtete ihre Worte an die Decke.

„Wie lange blieb er denn, nachdem deine Mutter zurückgegangen war?"

„Siebzehn, achtzehn Jahre. Ich lernte meinen Vater erst mit acht kennen, bis dahin war er immer nur ein Foto an der Wand gewesen, es war ein Hochzeitsfoto, er im Anzug, meine Mutter im Hochzeitskleid mit wallendem, mehrere Meter langem Tüllschleier. Ich sah ihn zum ersten Mal, als wir ihn in Kopenhagen besuchten, er hatte dort ein Aufenthaltsstipendium bekommen. Wir blieben ein Jahr lang dort. Ich erinnere mich gut an dieses Jahr. Es war kalt und meine Mutter hatte keine Freunde, sie saß immer am Kamin und wartete, bis mein Vater von irgendeinem Ausflug mit seinen Freunden zurückkam. Berühmte Schriftsteller kamen vorbei, alles Exilanten, Soyinka, Mahmoud Darwish, Breyten Breytenbach – natürlich wusste ich damals nicht, wer die Männer waren, das erfuhr ich erst später von meiner Mutter – und sie redeten bis tief in die Nacht hinein über Lyrik, über ihre Heimat und das Exil, sie lasen einander Gedichte vor, an denen sie arbeiteten oder die sie gerade veröffentlicht hatten.

Hinten gab es einen kleinen Hof, in dessen Mitte eine Magnolie stand und wenn das Wetter schön war, fuhr ich mit meinem Fahrrad darum herum, pausenlos, bis es dunkel wurde und meine Mutter mich reinrief. Wahrscheinlich hatte meine Mutter gehofft, mein Vater würde nach dem Stipendium mit uns nach Sambia zurückkehren, aber nein. Er war gewissermaßen professioneller Exilant geworden. Er hangelte sich von Stipendium zu Stipendium, von einer Stadt, die ihm Asyl gewährte, zur nächsten. Durch ganz Europa. Und sie liebten ihn, obwohl er seit über zwanzig Jahren kein Buch mehr geschrieben hatte. Er kommentierte jeden Putsch in Afrika, jeden ausbrechenden Bürgerkrieg, jeden Aufstand, jeden Flugzeugabsturz. Er war der Afrikaexperte schlechthin. Er schrieb wütende Zeitungskommentare, in denen er die sambische Regierung angriff, auch wenn die Regierung und beinahe das gesamte Land vergessen hatten, wer er war. Aber in Europa war er ein Held, der den Machthabern die Meinung geigte. Das Gewissen Afrikas nannten sie ihn. Mein Vater konnte nicht genug davon bekommen."

Portia verstummte mit einem Seufzer. Ihr Essen kam, schweigend aßen sie. Sie aß im Sitzen auf dem Bett, den Teller im Schoß, er ließ sich auf dem Stuhl beim Fenster nieder, blätterte nebenbei im Gedichtband. Sie beobachtete ihn und allmählich verdüsterte sich ihr Gesicht. Warum hielt er so großen Abstand? Warum war er mitgekommen? Und warum lagen sie in getrennten Betten? In Berlin hatte sie ihn geküsst, in der Annahme, er würde ihren Kuss erwidern, aber sie hatte sich getäuscht. Vielleicht war er hier, weil er meinte, sie müsste beschützt werden, so wie er gedacht hatte, sie müsste gerettet werden. Ihre mürrische Stimmung hielt an und sie gab keine Antwort, als er fragte, ob alles in Ordnung sei. Sie ging Zähne putzen, kroch ins Bett und zog die Decke über den Kopf. Er kam herüber, zog die Decke weg und legte sich neben sie.

„Ich kann nicht schlafen“, sagte sie. Schweigend nahm er sie in den Arm.

„Du darfst deinem Vater nicht böse sein“, sagte er irgendwann. „Manchmal dürfen Dichter nicht vollkommen sein, damit es ihre Gedichte sind. Als ich vorhin seine Gedichte gelesen habe, hat es mich in meine Schulzeit zurückversetzt.“

Etwas so Tiefgründiges über ihren Vater hatte ihr gegenüber noch niemand geäußert und sie war dankbar. Ihre Stimmung hob sich. Er küsste sie aufs Haar. Wie ein Bruder, ging ihr durch den Kopf. Portia schloss die Augen. „Erzähl mir eine Geschichte.“

„Was für eine Geschichte?“

„Irgendeine.“

Er erzählte von einem reichen jungen Mann, der ein großer Palmweintrinker war. Eines Tages stirbt sein Vater und viele Tage später stirbt sein Palmweinzapfer, der für ihn den Palmwein zapft, nach einem Sturz von der Palme. Dem reichen jungen Mann geht der Palmweinnachschub aus und seine Freunde besuchen ihn nicht mehr. Er ist verzweifelt und begibt sich auf der Suche nach seinem Palmweinzapfer in die Totenstadt. Die Reise ist lang und gefährlich. Sie führt ihn von seiner Stadt in verschiedene Gebiete des Buschlands, Orte jenseits der Zivilisation, bewohnt von allen möglichen übernatürlichen Wesen. Damit beginnen seine vielen Abenteuer. Er kommt bei einem Mann unter, der ihm verspricht, ihm den Weg zur Totenstadt zu verraten, aber zuerst muss der reiche junge Mann seine Tochter retten, die einem gutaussehenden Herrn verfallen und ihm hinaus ins Buschland gefolgt ist. Der Herr, so stellt sich heraus, ist gar kein Mensch, sondern ein wildes Buschwesen. Er ist mit seiner jungen Braut in den Busch zurückgekehrt und als er ihn betrat, gab er jeden Körperteil zurück, den er sich von einem Menschen geliehen hatte, bis nur noch ein Totenkopf übrig blieb. Seine junge Frau hielt er gefangen. Der reiche junge Mann sucht nach der Tochter seines Gastgebers, findet sie und die beiden fliehen in den Busch …“

Sie schlief beim Zuhören ein, den Kopf auf seiner Schulter. Als er verstummte, öffnete sie die Augen.

„Die Geschichte kenne ich. Amos Tutuola. Meine Master-Arbeit befasste sich mit postkolonialer Literatur, du erinnerst dich? Aber erzähl weiter, bekam er, was er wollte? Bekam er seinen Palmweinzapfer zurück?“

„Mehr als das. Er erlangte Weisheit und bekam ein magisches Ei, das für nie enden wollenden Palmweinvorrat sorgte.“

Portia döste ein, halb träumend, halb erinnernd sah sie ihren Vater am Lusaka International Airport aus dem Flugzeug steigen. Endlich war er zurück. Sie spürte die Nervosität ihrer Mutter, als sie zusahen, wie er am Einreiseschalter seinen Pass zum Abstempeln übergab. Ihre Mutter trug ihr schönstes Kleid, ihren schönsten Schmuck. So glücklich hatte Portia sie schon lange nicht mehr erlebt. Ihr Vater hingegen wirkte verblüfft. Er trug einen schwarzen Anzug, ein weißes Hemd und seine besten Oxford-Schuhe.

„Wo ist die Geheimpolizei?“, fragte er leise mit enttäuschtem Gesicht. Er hatte mit einer Verhaftung gerechnet, damit, dass er sofort von Sicherheitsbeamten in einem schwarzen Auto von dannen gefahren würde. Im Auto fragte er wiederholt nach alten Freunden, warum ihn denn niemand am Flughafen empfangen habe, die hätten doch bestimmt aus der Zeitung von seinem Kommen erfahren, er habe in den englischen Zeitungen darüber geschrieben. Ihre Mutter erklärte, die meisten seiner alten Freunde hätten sich zur Ruhe gesetzt, wären in ihre Dörfer zurückgekehrt. Viele seien auch gestorben.

Nach einigen Tagen machten sich alarmierende Zeichen bemerkbar: Ihr Vater schien verwirrt, wusste nicht, wo er war oder welcher Tag war. Er stellte sich ans Fenster und beobachtete die vorbeifahrenden Autos, rechnete jeden Moment damit, dass Sicherheitspersonal auf der Suche nach ihm das Haus stürmte. Er versuchte zu schreiben. Er arbeite an einem Band über Exil, deutete er an, aber er kam nicht voran, alles geriet ihm dröge, uninspiriert. Bald sprach er von Abreise. Nach gerade einmal zwei Monaten in der alten Heimat hatte er das Gefühl, keine Luft mehr zu bekommen. Er könne hier nicht arbeiten, klagte er. Einmal fanden sie ihn im Garten, wie er im strömenden Regen unter dem Cashewbaum saß. Portia verfrachtete ihn nach drinnen, obwohl er sich die ganze Zeit über dagegen sträubte. Und als sie eines Tages nach der

Arbeit von der Schule ihrer Mutter nach Hause kamen, war er weg. Auf dem Tisch lag ein Zettel mit einem einzigen Satz: Ich gehe zurück nach England. Wann hatte er das geplant, wann sich das Flugticket gekauft? Sie rasten zum Flughafen, wo sie ihn demütig auf einer Bank in der Abflughalle sitzen fanden. Er hatte nicht an Bord gedurft, weil er kein Visum hatte.

Er glaubte, er könnte einfach so ohne Papiere ins Flugzeug spazieren.

Einen Monat später versuchte er wieder wegzukommen. Ein Grenzer, zufällig der Cousin ihrer Mutter, rief an – er sei am Flughafen. Dort hatte er einen Grenzer angegriffen, der ihn am Betreten des Flugzeugs hinderte. Sein Pass war abgelaufen und er hatte immer noch kein Visum für Großbritannien. Diesmal begleitete die Mutter sie nicht zum Flughafen. Dort angekommen, konnte Portia ihn durch die Glastür sehen, er trug seinen besten Anzug und ein weißes Hemd, in der Hand hielt er eine Reisetasche, in der anderen seinen Pass, mit dem er herumfuchtelte, ging aufgeregt hin und her und zeterte vor sich hin, und als sie eintrat, hörte sie ihn mit seinem präzisen britischen Professoren-Englisch fragen, ob sie denn wüssten, wer er sei. „Ich bin James Kariku. Sie können mich googlen. Ich bin Dichter. Dieses Land achtet seine Talente nicht. In Europa werden sie den roten Teppich für mich ausrollen. Sie glauben, ich lüge? Los, googlen Sie mich!"

Peinlich berührt blieb Portia an der Tür stehen, obwohl die von ihm beschimpften Grenzer sie genau sehen konnten. Schließlich atmete sie tief durch und ging hinein. „Entschuldigung", sagte sie leise zu den Männern und bugsierte ihren Vater zum Auto. Im Auto brach sie in Tränen aus. „Warum willst du denn nicht bei uns bleiben, Baba?"

Er schwieg beharrlich, drückte sich an die Beifahrertür und starrte auf die feuerrot blühenden Jacarandabäume, die sich geisterhaft vom Nachthimmel abhoben.

Von da ab blieb er meistens in seinem Zimmer und sie konnten hören, wie er hinter der geschlossenen Tür wild auf seine Schreibmaschine eindrosch. Als er zwei Monate später starb, fanden sie einen Stapel Papier voller Kauderwelsch, nur eine Zeile war verständlich, die er wieder und wieder getippt hatte: „Nieder mit der Diktatur." Er war ein Dichter des Widerstands, nur damit kannte er sich aus, so wie er sich auch nur mit dem Exil auskannte. Seit seiner Rückkehr war nicht einmal ein Jahr vergangen. „Ich habe einen Fehler gemacht. Ich hätte ihn nicht zur Heimkehr drängen dürfen. Das Exil war sein Leben. Die Heimkehr war sein Tod."

„Stell ihn dir einfach als glücklichen Menschen vor", sagte er. Ihr Vater war in Dänemark glücklich gewesen, als er mit anderen Dichtern ganze Nächte durchdiskutierte und -soff. Und dann fiel ihr das Wiedersehen in London ein. Seit dem Jahr in Dänemark, als sie acht gewesen sei, habe sie ihn nicht mehr gesehen. „Wir trafen uns in London, er kam aus Den Haag, wo er Stadtschreiber war, ich studierte an der School of Oriental and African Studies, es war mein erstes Jahr im Masterstudiengang und es war kein schönes Jahr. Ich hatte Heimweh. Es war Winter, dunkel, nasskalt, ein typischer Londoner Winter. Ich konnte nicht lesen, ich konnte nicht denken. Ich verschlief ganze Tage, verließ mein Zimmer nur zum Einkaufen. Man diagnostizierte eine wetterbedingte Depression und der Arzt riet mir, um das deprimierende Grau-in-Grau zu vertreiben, solle ich in meinem Zimmer Leuchtröhren installieren. Jedenfalls kam mein Vater in die Stadt. Meine Mutter rief mich aus Sambia an und gab mir seine Hoteladresse und seine Telefonnummer. Ich ging in sein Hotel und musste im Foyer warten. Er schlafe noch, wurde mir mitgeteilt, aber sie würden ihn informieren, dass ich da sei. Ich erzählte ihnen nicht, dass er mein Vater war. Ich sagte nur meinen Namen.

Er kam in Begleitung zweier Männer nach unten. Ich hatte ihn lange nicht gesehen, erkannte ihn aber sofort, er trug immer noch einen Bart, der mittlerweile allerdings ziemlich angegraut war. Ich saß in einer Ecke des Foyers und er wäre beinahe an mir vorbeigegangen. Offenbar hatte er vergessen, dass ich auf ihn wartete. Dann sah er mich doch. „Portia. Du siehst deiner Mutter mehr als ähnlich."

Er umarmte mich und stellte mich seinen Freunden vor. „Meine Tochter." Er schien froh, mich zu sehen. Und trotzdem waren wir verlegen. Ich wusste nicht, wie sich Töchter verhielten, und er hatte eindeutig vergessen, wie sich Väter verhielten. Außerdem wusste ich nicht, wie ich ihn nennen sollte. Dad? Vater? Baba? Ich ging mit zur Lesung. Ich kann mich sogar noch daran erinnern, wie die Veranstaltung hieß: Poetry, Exile, and Resistance. Aber in Wahrheit war er schon lange kein Dichter mehr und den Widerstand hat er sich größtenteils lediglich eingebildet. Aber den Leuten dort gefiel es. Ihnen war das egal, die wussten nicht mal, wo genau in Afrika Sambia lag. Für die war ganz Afrika ein einziger riesiger Archipel Gulag und jeder afrikanische Dichter oder Schriftsteller, der nicht in Afrika lebte, musste vor einer Diktatur geflohen sein. Mein Vater kannte sein Publikum und dessen Erwartungen und gab ihm, was es wollte. Er hatte sich entsprechend angezogen, trug ein schlichtes Daschiki und natürlich den Bart. Er las. Er zeterte. Er erzählte von seinem Jahrzehnte zurückliegenden Gefängnisaufenthalt, als wäre er soeben entlassen worden. Das Publikum fraß ihm aus der Hand. Sie klatschten. Sie weinten. Sie kauften Bücher. Wahrscheinlich war ich sogar etwas stolz. Mein Vater war ein Star, ein kleiner, aber immerhin ein Star.

Ich ging danach mit zum Essen und hörte zwei Stunden zu, wie er über afrikanischen Nationalismus und Panafrikanismus schwadronierte. Was sollte das alles? Ideen, die irgendwann einmal, vor langer Zeit Bedeutung hatten, aber jetzt nur noch leeres politisches Geschwafel sind, Worthülsen, mit denen man die Massen blendet oder die in Lehrbüchern Eingang finden. Ich hasse Politik, hasse, wozu sie die Menschen bringt, was sie ihnen antut. Eine der anwesenden Frauen war seine Übersetzerin, eine nette Frau. Sie war die Einzige, die mit mir ins Gespräch zu kommen versuchte. Sie hieß May und war, wie sich herausstellte, Dozentin an meiner Uni, sie hatte meinen Vater ins Griechische übersetzt, und ich spürte, dass zwischen ihnen etwas war. Sie fragte mich nach meinem Studium, nach meiner Mutter, aber ich wollte bloß mit meinem Vater reden, allein, nur für ein paar Minuten. Ich wollte ihn fragen, wann er heimkam, ob er meine Mutter, meinen Bruder und mich vermisste. Ich wartete, aber er redete ohne Unterlass. Deshalb verließ ich unter dem Vorwand, ich müsse auf die Toilette, das Restaurant und kehrte in mein Zimmer zurück.

Am nächsten Tag reiste ich nach Sambia ab, ließ mein Studium vorläufig ruhen. Wenn ich nur einen Tag länger geblieben wäre, hätte ich den Verstand verloren. Irgendwann beendete ich mein Studium schließlich doch, aber dieses Jahr war das schlimmste meines Lebens. Als ich meiner Mutter von unserer Begegnung erzählte, meinte sie: ‚Irgendetwas stimmt nicht mit uns. Wir werden immer von unseren Männern verlassen.‘ Aber ich erklärte ihr, das liege nicht an uns, sondern an ihnen. Dass sie etwas wollten, das ein kleines Stückchen hinter dem Horizont, außerhalb ihrer Reichweite lag, nach dem sie bis zu ihrem Tod suchen würden. Mein Vater blieb noch ungefähr sieben Monate bei seiner Geliebten, der Übersetzerin, in London, kehrte dann heim und das war’s.“

4

„War sie gestern verstimmt?“

Katharina hatte am frühen Morgen angerufen, das geplante Treffen könne an diesem Tag leider nicht stattfinden. Portia stand am Bettende, ihr Gesichtsausdruck wechselte von verblüfft zu verärgert. Sie war bereits fertig angezogen, als der Anruf kam. Er war ebenfalls schon auf, saß mit seinem Laptop auf dem Schoß am Fenster, trug allerdings noch seinen gestreiften Schlafanzug.

„Eigentlich nicht. Sie verhielt sich etwas ablehnend, was normal ist. Schließlich ist sie gerade eben erst aus dem Gefängnis entlassen worden, da bin ich davon ausgegangen, dass sie zugeknöpft, sogar unberechenbar ist, andererseits dachte ich, sie würde mit mir darüber reden wollen, schließlich bin ich seine Schwester.“

Portia ließ ihre Handtasche fallen und setzte sich niedergeschlagen aufs Bett. Ihr Rückflug nach London ging am nächsten Tag, von dort würde sie nach Lusaka weiterfliegen. Sie malte sich die Enttäuschung ihrer Mutter aus.

„Ruf Katharina später nochmals an, vielleicht hat sie bis dahin ihre Meinung geändert“, schlug er vor.

Sie machten einen Spaziergang. Der Regen hatte aufgehört und die Sonne war herausgekommen. In einem Restaurant aßen sie früh zu Mittag. Als sie ins Hotel zurückkamen, reichte die Rezeptionistin Portia einen Zettel. „Sie hatten einen Anruf.“

Sie las die Nachricht. „Was für eine Zicke. Heute so, morgen so. Sie kommt doch. Will mit uns zu Abend essen. Heute.“

Bis unter die Decke zierten kulinarische Motive die Wände des Restaurants. Schmerbäuchige Herren und korpulente Damen schmausten von Platten, auf denen sich die Fleischgerichte türmten – große Hähnchenschenkel, gewaltige Schinken, gigantische Lammkeulen –, stopften sich die Backen voll, hoben die Gläser, aus denen blutroter Wein tropfte. Bunte Fresken mit Blumen und Vögeln schmückten die anderen Wände, verliehen dem Raum eine fröhlich-warme Atmosphäre. Das Gemälde sah wie ein lukullisches letztes Abendmahl aus, ein Bacchanal, bei dem Jesus fehlte, der sich vielleicht irgendwo, entsetzt über die Völlerei, versteckte. Gierig, dachte Portia. Ihre Rektorin an ihrer Oberschule, Mrs Joyce Bisika, hatte dieses Wort oftmals bei der Morgenversammlung benutzt, beispielsweise „Mädchen, die gierig in der Mensa einen Nachschlag verlangen, sind wenig damenhaft" oder „Mädchen, die sich gierig auf das Leben stürzen, verhalten sich nicht damenhaft."

Katharina bemerkte, dass Portia die Gemälde studierte. „Ich finde sie abscheulich. Offenbar gab es die schon, bevor hier ein Restaurant reinkam. Das war mal eine Schulmensa."

Katharina war genau um vier Uhr nachmittags eingetroffen, allein. Portia hatte erwartet, dass Sven mitkäme, aber Katharina saß allein im Hotelfoyer und wartete auf sie, sah in ihrem schwarzen, knielangen Kleid zurückhaltend, geradezu formell aus. Sie gab keinen Kommentar dazu ab, dass Portia nicht allein war. Sie habe für fünf Uhr einen Tisch reserviert, erklärte sie; das Restaurant lag ganz in der Nähe des Hotels, daher gingen sie zu Fuß. Die drei spazierten durch abschüssige malerische Gässchen mit Kopfsteinpflaster und konnten vom Hügel direkt auf die darunterliegenden Grundstücke sehen, von denen die meisten Gärten hatten, in denen große, belaubte Bäume standen, und dann erreichten sie eine breite Straße.

„Das ist das Einkaufsviertel, hier ist es sehr touristisch“, sagte Katharina. An diesem Tag war sie freundlich, nahezu charmant, einmal ergriff sie beim Spaziergehen sogar Portias Hand und Portia verstand, weshalb sich die Männer leicht in sie verliebten. Die kreuz und quer über die Straßen verlaufenden Tramgleise sorgten für Verwirrung, sie wussten nicht, wohin sie beim Überqueren schauen sollten und mussten sich ganz auf Katharina verlassen, als sie über Straßen flitzten, warteten, über breite, kurvenreiche Straßen schlenderten. Sie befanden sich ganz in der Nähe der Universität und die meisten Passanten sahen wie Studenten aus. Katharina zeigte auf ein imposantes rotes Sandsteingebäude auf der anderen Seite. „Das ist das Rathaus.“ Sie überquerten die Straße.

„Das ist ja hübsch“, sagte Portia bewundernd. In der Mitte des Innenhofs stand die Skulptur zweier gigantischer Männer, deren Oberkörper seltsam miteinander verschlungen waren, ein erstarrter Kampf ebenbürtiger Gegner, die aneinander zogen und zerrten. Sie hatten etwas Urwüchsiges, geradezu Mystisches an sich. Katharina führte sie zum beeindruckenden Münster mit dem hübschen Kopfsteinpflasterplatz davor, dahinter sah man auf den Rhein und die andere Stadtseite. Sie blickten auf das träge dahinfließende Wasser und Katharina, die mittlerweile ihre Rolle als Stadtführerin genoss, erklärte, jetzt sei der Fluss zwar eisig, aber im Sommer würden die jungen Leute reinspringen und sich abwärts treiben lassen, ihre Kleider in einem wasserdichten Sack verstaut, der ihnen auch als Schwimmbrett diente.

Sie warf einen Blick auf ihre Armbanduhr. „Zeit zum Abendessen“, verkündete sie. Das Restaurant lag beim Tinguely-Brunnen, einem Becken, in dem seltsam geformte Gestalten, Räder und Gleitschienen versammelt waren, alles wirkte luftig spielerisch, war jetzt jedoch frostig vom Winter behaucht.

„Ihr reist also morgen ab“, sagte Katharina. Sie waren mit dem Essen fertig, zu dem sie eine Flasche Wein getrunken hatten. Katharina hatte belustigt dreingesehen, als Portia erklärte, sie esse kein Fleisch, und Filet vom Wolfsbarsch bestellte. „Dein Bruder war ganz verrückt nach Fleisch. Wie eigentlich alle Afrikaner, mit denen wir zusammenkamen. Du bist die erste Afrikanerin, die ich kenne, die kein Fleisch mag.“

Portia machte den Mund auf, schloss ihn aber wortlos wieder. Man musste Katharina zugutehalten, dass sie sich sofort entschuldigte. „Verzeih. Das war blöd von mir.“

„Erzähl mir von ihm“, bat Portia. Aber Katharina schüttelte energisch den Kopf. „Lass uns was vereinbaren. Heute seid ihr meine Gäste, ich habe euch Basel gezeigt, wir haben nett gegessen, alles blieb hübsch oberflächlich. Morgen besuchst du mich und wir reden über deinen Bruder. Heute bin ich glücklich und das soll auch so bleiben.“

Am nächsten Morgen checkten sie zeitig aus. Portias Flug nach London ging abends, von dort würde sie über Südafrika nach Lusaka weiterfliegen. Er würde mit dem Zug zurück nach Berlin fahren.

„Warum?“, fragte sie Katharina, als sie sich an den runden Tisch am Fenster setzten. Sie waren allein, die Männer waren mit dem Hund rausgegangen.

Katharina nickte lächelnd. „Vielleicht sollte ich dich das Gleiche fragen: Warum willst du den Menschen treffen, der deinen Bruder umgebracht hat? Und wenn du den Prozess verfolgt hast, weißt du, dass ich immer wieder sagte, ich habe ihn nicht umgebracht.“

„Aber man hat dich trotzdem für schuldig befunden und dich drei Jahre lang weggesperrt. Sehr milde Strafe. In den meisten Ländern wärst du gehängt worden."

Wieder nickte Katharina lächelnd. „Gut. Du bist seine Schwester. Du verdienst die Wahrheit. Ich erzähle dir alles."

„Ich will gar nicht alles wissen. Überspring die Sentimentalitäten, das romantische Kennenlernen, die Liebe auf den ersten Blick."

„Aber wenn es doch wahr ist, die Sentimentalitäten, wie du es nennst, die Romantik, sogar die Liebe?"

„Dann versuch, mich zu überzeugen. Dass alles echt war, dass du ihn geliebt hast, er kein Opfer war."

„Wie, Opfer? Wovon?"

„Ein Opfer deiner Wut, deiner Eifersucht. Des gesamten Systems, Europas."

„Nein, Moussa war nie Opfer. Er wusste, was er wollte und wie er es bekam. An jenem Abend nach dem Tanz wollten meine Freunde mich zum Gehen überreden, aber ich weigerte mich. Ich blieb bei ihm sitzen und wir redeten, bis die Bar um Mitternacht dichtmachte. Ich hatte mich verliebt."

Katharina erzählte von dem Tag, an dem sie sich kennengelernt hatten, zu einer Zeit, als es mit seiner ersten Ehe abwärtsging. Nach dieser Nacht, nach diesem Tanz löste sie die Verlobung mit Sven. „Ich liebte ihn nicht. Er ist ein guter, anständiger Kerl, aber damals wollte ich mehr." Sie zuckte die Schultern. „Ich war nicht mehr ganz jung. Die Zeit verflog so rasch. Ich wollte mehr … Aufregung in meinem Leben."

Sie blickte durchs Fenster auf die entfernten Gestalten im Nebel, auf Hund und Männer, und Portia fragte sich, woran Katharina dachte.

„Genau zwei Wochen, nachdem wir uns begegnet waren, verließ er seine Frau und zog bei mir ein. Ich wohnte damals in einer Winzbude bei der Uni, ein Zimmer mit Küche. Brigitte kam zweimal vorbei, brüllte herum, bettelte, er solle zurückkommen, aber er sagte nein, er wolle die Scheidung. Erst nach einem Jahr willigte sie in die Scheidung ein."

„Und was meinte deine Familie?"

„Schwierige Geschichte. Mein Vater ist Theologe, ich bin das einzige Kind. Er ist ein guter Mann, er erhob keine Einwände gegen meine Beziehung, war aber auch nicht dafür. Wir gingen jedes Jahr einmal in Klausur, meine Familie und die Leute aus der Gemeinde meines Vaters, und ich wollte Moussa mitbringen, aber mein Vater sagte, ich könne entweder allein kommen oder gar nicht. Es tat verdammt weh. Mir wurde da erst klar, wie problematisch die Situation war. Ich redete mit meiner Mutter, ich flehte sie an, sich mit Moussa zu unterhalten, wenigstens zu versuchen, ihn zu verstehen. Wir stritten uns heftig. Ich sagte, es tue mir leid, dass ich ihnen dermaßen peinlich sei. Alles, was sie mir beigebracht hätten, sei eine einzige Lüge. Sie hätten gesagt, wir sollten Fremde lieben wie uns selbst, nie jemanden nach seinem Äußeren beurteilen. Es war die größte Enttäuschung meines Lebens. Ich stand meinem Vater nämlich sehr nahe. Ich sah zu ihm auf. Was, wenn er in deiner Kirche auftaucht, fragte ich, schickst du ihn dann fort?

Wir heirateten. Außer uns beiden war niemand anwesend. Meine Familie hatte ich nicht eingeladen. Meine Mutter wollte kommen, aber ich sagte nein, ich hätte keine Familie mehr. Anschließend flogen wir nach Mali. Ich nahm ein Urlaubssemester und er unbezahlten Urlaub, damals arbeitete er bei der SBB. Er hatte mir viel von seinem Vater in Mali erzählt, von seinen Geschwistern und ich wollte alle kennenlernen. Er erwähnte nie, dass sie gar nicht seine richtige Familie waren. Ich wusste nur, was er mir erzählt hatte, dass er aus Mali stamme."

Portia senkte den Kopf, zuckte mit den Achseln. „Wahrscheinlich schämte er sich seiner richtigen Familie." Sie hätte gern gewusst, was das für eine Familie war, diese andere Familie, die er seiner richtigen vorgezogen hatte, seiner Mutter, seiner Schwester, seinem Vater.

„In Mali übernachteten wir in einem Hotel in Bamako. Ich war zum ersten Mal in Afrika und es war anders, als ich es mir vorgestellt hatte. Es war groß und laut und ging höchst geschäftig zu. Ich war davon ausgegangen, dass es ungefähr wie Indien sein würde, ich war einmal in Indien, in Goa gewesen. Aber es war anders. Das Hotel lag am Stadtrand und am ersten Abend ließ er mich dort hocken und ging allein seine Familie begrüßen. Ich war überrascht, aber er erklärte mir, das sei Tradition. Am nächsten Morgen gingen wir gemeinsam seinen Vater und seine Mütter begrüßen – der Vater hatte vier Frauen. Er war Islamlehrer und es wimmelte vor Schülern. Er empfing uns in einem ans Haupthaus angebauten Zimmerchen, er saß auf einer Matte und wir setzten uns neben ihn, ich musste meinen Kopf bedecken, denn Frauen durften das Zimmer nicht mit unbedecktem Haar betreten. Moussa hatte mich schon darauf vorbereitet, daher war das kein Problem.

Der Vater war alt, hatte einen weißen Bart, war aber sehr rührig. Außerdem sprach er gut Französisch und da ich ebenfalls Französisch spreche, konnten wir uns unterhalten. Er hieß mich willkommen und sagte, Moussa sei ein guter und gehorsamer Sohn und er hoffe, wir würden glücklich miteinander. Dann erzählte er mir, wie das Meer

Moussa zu ihm gebracht habe. Gott habe ihm an diesem Tag gesagt, er solle ans Meer gehen, wo er dann Moussa und zwei andere junge Männer im Hafenviertel getroffen habe, die eben erst angekommen seien und nicht gewusst hätten, wohin. Er habe sie mit nach Hause genommen. Seit dem Tag sei Moussa sein Sohn. Ich war verwirrt. Zum ersten Mal hörte ich, dass dieser Mann nicht Moussas leiblicher Vater war. Aber ich sagte nichts, schwieg und tat so, als wüsste ich das. Nachdem er mir erzählt hatte, wie Moussa sein Adoptivsohn geworden war, betete der Alte für uns. Als Nächstes gingen wir ins Haus zu den Frauen. Hinter einer Lehmmauer befand sich ein Gebäudekomplex mit verschiedenen Wohnbereichen für die Frauen und ihre Kinder. Es waren viele Kinder und alle kamen her und berührten meine Hand, mein Haar, meine Nase. Sie waren wegen unseres Besuchs ganz aufregt. Sie rannten nach draußen und luden ihre Freunde ein, damit die mich auch berühren konnten. Wir saßen im Wohnzimmer der Hauptfrau, Moussas Mutter, seiner Adoptivmutter, wie ich nun weiß, und die anderen Frauen kamen hinzu. Wenn ich etwas sagte, kicherten sie. Alles, was ich tat, fanden sie lustig, denn so jemand wie mich hatten sie noch nie zu Besuch. Wir überreichten ihnen eine kleine Geldsumme und unsere Geschenke, hauptsächlich Kleider für die Kinder und für die Frauen selbst. Schließlich kehrten wir zurück ins Hotel. Für mich hatte das, was ich an diesen Tag erfahren hatte, den Urlaub ruiniert. Warum hast du mir nichts von deiner richtigen Familie erzählt, wollte ich wissen. Was ist das für eine Ehe, wenn ich nicht einmal weiß, woher du stammst, wer deine richtige Familie ist. Er habe mir davon erzählen wollen, sagte er. Wann? fragte ich. Was verheimlicht er mir noch? Dieser Gedanke ging mir nicht aus dem Kopf. Er musste mir versprechen, dass er seiner Mutter schrieb, seiner richtigen Mutter und ihr berichtete, dass er geheiratet hat, und ein Foto von uns dazulegt. Wir blieben nicht lange in Mali. Obwohl wir das Hotelzimmer für eine Woche gebucht hatten, reisten wir nach drei Tagen ab."

„Warum?"

„Warum? Weil ich böse auf ihn war. Ich hatte das Gefühl, dass ich ihn überhaupt nicht mehr kenne. Außerdem kamen ständig Leute vorbei, Freunde von ihm, Verwandte, klopften teilweise bereits um sechs Uhr morgens bei uns. Sie brachten Essen und saßen stundenlang herum, gingen einfach nicht. Es war unmöglich. Jeden Tag. Und dabei sollten das doch unsere Flitterwochen sein. Also verbrachten wir die restlichen drei Tage im Senegal. Dort lief es besser. Wir trafen ein deutsches Ehepaar, Touristen, Ingrid und Hermann, zwei Hobbyornithologen. Sie wollten den Afrika-Waldkauz sehen. Moussa begleitete sie einmal, aber ich hatte kein Interesse. Mittlerweile war ich müde und kaputt und wollte heim."

„Ein äußerst kurzer Besuch also", sagte Portia.

„Tja, das waren unsere Flitterwochen. Voller Pläne kehrten wir heim. Moussa wollte fertigstudieren – wie du weißt, hatte er seinen Abschluss nicht gemacht. Außerdem wollte er, dass wir mit meinen Eltern ins Reine kamen. Er sprach viel über Eltern und wie wichtig sie seien. Ich fand es verwirrend, wenn er so redete, schließlich war er selbst mit seinen richtigen Eltern nicht im Reinen, und er erklärte mir nie, warum. Vielleicht kannst du das ja?"

„Ich … ich wünschte, ich könnte das", Portia sah zum Fenster hinaus.

„Wieso, was ist mit seinem richtigen Vater, deinem Vater, eurem Vater?"

„Mein Vater … er hat uns verlassen. Er war Dichter, politischer Dichter. Er hat sein ganzes Leben im Exil verbracht. Er ist erst vor kurzem gestorben.“

„Das wusste ich nicht. Mein herzliches Beileid.“

Schweigend saßen sie da, dann atmete Katharina tief durch und erzählte weiter. „Ich hatte vor nach unserer Rückkehr meine Dissertation abzuschließen und vielleicht irgendwann Kinder zu bekommen. Es war nicht einfach. Moussa hatte kaum Freunde und einige meiner Freunde fingen an, uns zu meiden. Es war interessant – wenn ich anrief, taten sie beschäftigt oder gingen erst gar nicht ran. Bei meiner Doktorfeier waren nur mein Mann und sein einziger Freund von der Bahn anwesend, bei allen anderen kamen Familie und Freunde, wir waren nur zu dritt.

Nach meiner Promotion beschlossen wir, nach Genf zu ziehen. Hier in Basel waren wir zu einsam geworden. Wir hatten nur zwei Freunde, Obi, eine Nigerianerin, und ihren Mann Alfred, einen Schweizer. Genf war internationaler. Es gab dort mehr Multikultifamilien und bald gehörten wir zu diesem Kreis dazu. Es gab auch viele internationale Kultur-Events … es gab einen Zeitpunkt, da drehte sich unser Leben ausschließlich um internationale Veranstaltungen, in Botschaften, bei Kulturfestivals, Hochzeiten, schließlich ist die Schweiz doch sehr international.

Ich wusste, worauf ich mich einließ, als ich einen Afrikaner heiratete. Aber trotzdem … Am schmerzhaftesten war die Situation mit meinen Eltern. Es dauerte über ein Jahr, bis wir endlich unseren Frieden machten. Moussa war derjenige, der meinte, komm, wir besuchen sie. Er sagte, er habe Schuldgefühle, denn schließlich hätten meine Eltern seinetwegen keinen Kontakt mehr zu mir. Also fuhren wir hin. Wir klingelten und mein Vater machte auf. Ganz überrascht sah er aus, er hatte überhaupt nicht mit uns gerechnet. Mich überfiel Traurigkeit, als wir mit meinen Eltern im Wohnzimmer saßen, als wären wir Fremde, und meine Mutter fragte, ob wir Tee wollten. Am liebsten hätte ich gerufen: Mama, ich bin deine Tochter, ich habe mich nicht verändert. Warum sprichst du so mit mir? Und mein Vater ... ach, es tat besonders weh, weil ich ihm früher so nahegestanden hatte. Aber ironischerweise fingen ausgerechnet die zwei Männer eine Unterhaltung an. Mein Vater sagte, er habe am nächsten Tag eine Beerdigung. Und Moussa erklärte, sein Vater sei in Mali für viele Beerdigungen zuständig. Das Interesse meines Vaters war geweckt, als er erfuhr, dass Moussas Vater Imam war. Und so entwickelte sich ein Gespräch über Religion zwischen den beiden. Meine Mutter und ich gingen in die Küche, um uns zu unterhalten. Sie wollte wissen, ob ich etwas brauchte, ob er mich gut behandele. Ich sagte, ich brauchte nichts, mir gehe es gut. Dass ich aber sie und meinen Vater vermisste. Anschließend normalisierte sich die Situation mit meinen Eltern für eine Weile.

Ich wurde Dozentin an einem der Genfer Universität angeschlossenen Forschungsinstitut, aber ich verdiente nicht besonders gut und das Geld reichte hinten und vorn nicht. Er arbeitete immer noch bei der Bahn, obwohl er eigentlich fertigstudieren sollte, doch er fand immer neue Ausreden. In Wahrheit konnte er nicht zurück an die Uni, weil er seinen gesamten Verdienst heim nach Mali schickte, wie ich später herausfand. Ich musste für alles aufkommen. Hin und wieder sollte er die Rechnungen begleichen, was er aber nicht tat, sondern stattdessen das Geld nach Mali schickte. Ich fand auch heraus, dass er bei der Bank einen Kredit aufgenommen hatte, nur um seinem Vater noch mehr Geld zukommen zu lassen. Mir fiel das Schreiben der Bank in die Hände, in dem er aufgefordert wurde, seine Raten zu begleichen. Ich war entsetzt. Er sagte, er schicke Geld, weil sein Vater im Sterben liege, und ich fragte, warum hast du mir nichts gesagt. Er hatte mir zwar von der Krankheit seines Vaters erzählt, aber ich wusste nicht, dass es so ernst um ihn stand. Er sagte, ich würde ihm sowieso nicht mehr zuhören. Ach, die Gespräche mit ihm waren so frustrierend. Ich habe noch nie mit jemandem darüber geredet, nicht einmal mit meiner Mutter, aber dir als seiner Schwester erzähle ich es.

Er fing an, mich zu beschuldigen, dass ich keine Kinder wolle, und ich sagte, ich könne mich nicht um zwei Kinder kümmern. Und da verlor er die Beherrschung, ich sei ihm gegenüber respektlos und wie alle meine Freunde Rassistin. Er hatte sich verändert. Wir stritten uns, aber wir versöhnten uns jedes Mal. Aber eines Tages wurde es besonders schlimm. Er betete auf seinem Gebetsteppich –"

„War er zu der Zeit sehr religiös?"

„Am Anfang nicht, aber plötzlich wurde er sehr fromm und betete fünfmal täglich. Während der Fastenzeit fastete er. Und er sagte immer öfter, ich müsse die Konfession wechseln, eine Frau müsse der Konfession ihres Mannes angehören. Ich sagte, für mich sei Religion nicht besonders wichtig, und dann stritten wir uns. Aber an diesem Tag wurde es besonders heftig. Ich war gerade von der Arbeit heimgekommen und im Briefkasten war schon wieder eine Rechnung, von der ich dachte, sie wäre eigentlich bezahlt. Er hätte sie bezahlen sollen, entweder Wasser oder Strom, ich weiß es nicht mehr. Ich hatte einen blöden Tag im Büro hinter mir, die Studenten, die machen einen manchmal so wütend, und ich hatte allmählich das Gefühl, dass Unterrichten doch nicht mein Ding war.

Offenbar taugte keine meiner bisher getroffenen Entscheidungen. Und dann obendrein noch die Rechnung. Das war zu viel für mich.

Er war im Wohnzimmer auf seinem Gebetsteppich und ich konnte einfach nicht abwarten, bis er mit seinem Gebet fertig war. Ich wedelte mit der Rechnung vor ihm herum, warf sie ihm hin, aber er ignorierte mich. Ich ging in die Küche und machte mir einen Tee. In der Küchenschublade entdeckte ich weitere Rechnungen sowie eine Quittung der Western Union, er hatte seiner Familie beinahe tausend Franken geschickt und hier saßen wir mit einer unbezahlten Stromrechnung und mit der Miete waren wir ebenfalls im Rückstand. Als er mit seinem Gebet fertig war, gerieten wir uns in die Haare und ich versetzte ihm einen Stoß gegen die Brust und sagte, ich hätte die Ehe mit ihm satt und ich würde ihn verlassen. Da nahm er ein Messer, ein Küchenmesser und drohte mir damit. Er sagte, er werde mich umbringen und dann sich selbst. So hatte ich ihn noch nie erlebt. Er brüllte und schlug auf den Tisch und drückte mir das Messer gegen die Brust, genau hierhin. Es war spätabends und die Nachbarn riefen die Polizei. Aber bis sie kam, hatte er sich beruhigt. Trotzdem flüchtete ich mich zu einer Freundin, um dort zu übernachten. Und das war's, das war das Ende unserer Ehe. Nach zwei Jahren Ehe, drei Jahre, nachdem wir uns in dieser Bar während der Basler Fasnacht kennengelernt hatten, und es war vorbei.

Ich war völlig fertig. Ich rief Sven an und er begleitete mich in die Wohnung, als ich meine Sachen holte. Moussa konnte es nicht fassen, dass ich ihn tatsächlich verließ. Schließlich hatten wir uns schon früher gestritten und dann versöhnt, aber dieses Mal fürchtete ich um mein Leben. Vielleicht habe ich überreagiert, vielleicht bildete ich mir das alles nur ein, aber ständig sah ich ihm mit diesem Messer vor mir. Und er hatte sich verändert. Ich hatte Angst. Er flehte, ich solle bleiben, worauf Sven sagte, wenn er mich am Gehen hindern würde, werde er die Polizei rufen, und so saß er mit Tränen in den Augen einfach nur da, während ich meine Sachen packte. Auch ich weinte. Wahrscheinlich liebte ich ihn immer noch. Zumindest ein wenig, aber ich konnte ihm nicht mehr trauen. Ich gab meine Stelle auf und zog zurück nach Basel.

Damals hatte ich einen kleinen Nervenzusammenbruch. Mein gesamtes Leben hatte sich verändert. Dann nahmen meine früheren Freunde wieder den Kontakt auf. Und ich war entsetzt, was sie für schlimme Sachen sagten, überzeugt, sie würden mir damit helfen. Sie sagten, was für ein Glück, dass ihr keine Kinder habt oder sie fragten, worüber habt ihr denn die ganze Zeit geredet? Kann er überhaupt mit Messer und Gabel umgehen? Ich sagte, so, Freunde, das war's. Lasst mich in Ruhe, ich will euch nie mehr wiedersehen. Wie konnten sie es sich nur herausnehmen, so über ihn zu reden? Keiner von denen hat sich in seinem Leben jemals für etwas richtig engagiert, eingesetzt. Ich sagte ihnen, dass ich mich schämte, ihre Freundin zu sein. Tut mir leid. Er ist dein Bruder, daher muss ich dir die Wahrheit sagen. Etliche Leute hier sind ziemliche Rassisten. Ich wollte dich nicht aufregen."

„Sehe ich so aus, als würde ich mich aufregen?", fragte Portia. Einmal hatte ihr in der Londoner U-Bahn eine Frau „Scheißausländerin" ins Gesicht geschrien. Offenbar war „Ausländerin" die schlimmste Beschimpfung, die der Frau einfiel. Portia hatte in der Zeitung gelesen, dass Menschen von Skinheads aus fahrenden Zügen gestoßen worden waren, weil sie schwarz waren.

„Du brauchst keine Rücksicht auf mich zu nehmen“, sagte sie. „Erzähl einfach weiter.“

Doch sie war gerührt. Sie hatte Katharina falsch eingeschätzt. Ungeachtet dessen, was vorgefallen war, hatte sie sich als richtig mutig entpuppt, sich gegen Familie und Freunde gestellt, ihre Liebe verteidigt.

„Hast du ihn noch mal gesehen, ich meine, vor dem allerletzten Mal?“

„Ja. Ich erzähle dir davon, aber vorher gehe ich raus, eine rauchen.“

Sie gingen gemeinsam vor die Tür.

„Ich habe ihn davor noch einmal gesehen. Er zog ebenfalls wieder nach Basel, daran konnte ich ihn schlecht hindern, das war sein gutes Recht. Aber es gab kein Treffen, wir verkehrten nur über meine Anwältin. Ich hatte mir einen Rechtsbeistand genommen, weil ich mich nicht sicher fühlte. Natürlich sah ich Moussa hin und wieder am Hauptbahnhof, wo er arbeitete. Und dann winkte er mir zu und ich tat so, als würde ich ihn nicht sehen. Und dann eines Tages, ich weiß nicht, was der Auslöser war, komme ich heim und er wartet auf mich. Ich weiß nicht, wie er meine Adresse herausbekommen hat, vielleicht über einen unserer früheren Freunde, vielleicht ist er mir auch gefolgt, ich weiß es nicht. Aber da war er, wartete vor der Tür auf mich und er wartete, bis ich die Tür aufgeschlossen hatte, dann meinte er, ob wir nicht reingehen und reden könnten. Er sagte, er gehe zurück nach Mali. Ich glaubte ihm nicht und sagte, er müsse gehen. Und er ging, einfach so. Sah mich nur traurig an und schüttelte den Kopf. Ich war überrascht.

Als ich dann am nächsten Tag aus dem Zug stieg, stand er da. Es war spätabends, ein Sonntag. Der Bahnsteig war fast leer. Wahrscheinlich hatte er im selben Zug gesessen. Ich hatte das Gefühl, dass er mir folgte. Ich drehte mich um und da war er, kam auf mich zu. Ich stand da, hatte große Angst. Er sah so ernst aus. Du musst dir vor Augen führen, dass ich in dieser Zeit keinen klaren Gedanken fassen konnte. Meine Tante war vor kurzem gestorben und Moussa übte diesen enormen Druck auf mich aus. Wie gelähmt stand ich da. Ich wollte um Hilfe rufen, aber ich stand nur da und sah wie er immer näherkam, und außer ihm und mir kein Mensch weit und breit. Schweigend kam er auf mich zu und umarmte mich. Ich erinnere mich, dass ein Zug einfuhr. Die Lokomotive stieß einen lauten Pfiff aus und das erschreckte mich zusätzlich und in dem Augenblick blendeten mich die Lichter des Zuges und es war, als wäre ich von Ketten befreit worden. Ich … schubste ihn so heftig ich konnte. Ich dachte, er bringt mich um. Es tut mir so leid. Du weißt, was dann passiert ist. Es gab einen Prozess. Anfänglich wollte ich gar keinen Anwalt, ich wollte sterben, wollte bestraft werden. Ich war schuld an seinem Tod. Ständig sah ich vor mir, wie sein Körper in Stücke gerissen wurde. Aber mein Vater sagte: Das bringt doch nichts. Am besten du sagst die Wahrheit und kämpfst um deine Freiheit. Er besorgte mir einen Anwalt und den Rest kennst du. Ich wurde zu drei Jahren verurteilt, nicht wegen Mord, sondern wegen Totschlag.“

Der Gemeindefriedhof lag auf einem mit Kiefern bestandenen Hügel. Er sah friedlich aus, wie ein Park, ein Ort, an dem man gern begraben werden wollte. Außer ihnen war niemand dort unterwegs. Die beiden Männer blieben im Auto.

„Ich bin noch nie hier gewesen“, sagte Katharina, „als er beerdigt wurde, war ich im Gefängnis.“

Der Friedhof gehörte zu den wenigen in Basel, die eine muslimische Abteilung hatten. Sein Grab lag neben einem Baum, in der hintersten Reihe der ordentlich aufgereihten Grabsteine, die traditionell nach Osten ausgerichtet waren. Es regnete wieder. Ernst standen die beiden Frauen unter einem Regenschirm über den Grabstein gebeugt und sprachen leise miteinander, als hätten sie Angst, den Toten zu wecken. Portia spürte, wie ihr Tränen in die Augen stiegen. Schwer zu begreifen, dass unter diesem Stein die Überreste ihres Bruders lagen. Was hatte ihn angetrieben, was hatte er gesucht so weit weg von dort, wo er geboren worden war, warum war er so rastlos gewesen und hatte er endlich hier in der Fremde Frieden gefunden? Wenig verwunderlich, dass Philosophen und Dichter das Leben als Fieber beschreiben, ein brennendes, wahnsinniges Fieber, von dem wir alle Linderung suchen. Ihr Vater hatte Linderung in Aktivismus und Exilwahn gesucht. Ihr Bruder war von zu Hause weg, mit einem Schiff nach Mali, wo er im Haus eines Imams gelandet war, der sein Vater geworden war, aber noch immer hatte das Fieber in ihm gewütet, ihn nach Europa getrieben, und sie fragte sich, ob es das alles wert gewesen war. Er war so jung gestorben, mit dreiunddreißig. Ob seine Seele wohl nach Afrika zurückgeflogen war, dorthin, wo er geboren worden war? Seit ihr Vater gestorben war, hatte sie immer öfter über den Tod nachgedacht. Und darüber, was sie suchte, was für ein Fieber sie hatte und womit sie es zu lindern suchte. Sie wollte ihre Mutter glücklich machen. Sie wollte mehr über ihren Bruder erfahren – aber das ließ sich schwerlich als Fieber bezeichnen. Und was brachte es, wenn sie ihrem Vater die Schuld an allem gab – natürlich war er ein beschissener Vater gewesen, aber letztlich sucht sich jeder selbst seinen Weg, wird von seinen ureigensten Sehnsüchten und Vorlieben getrieben.

Auf dem Weg zum Flughafen kamen sie an Haltestellen vorbei, wo die Leute auf den nächsten Bus warteten, es war nass, windig und ungemütlich, genauso wie sich Portia Europa immer vorgestellt hatte. Katharina saß schweigend auf dem Beifahrersitz neben Sven und blickte auf die vorbeiziehende Landschaft. Vorhin auf dem Friedhof hatte Portia sie nach ihren Plänen gefragt. „Ich weiß nicht genau", hatte Katharina geantwortet. „In Basel kann ich nicht mehr bleiben, auch nicht in der Schweiz. Ich habe keine Freunde mehr. Vielleicht gehe ich ins Ausland, vielleicht nach Deutschland. Mein Studium kann mir niemand nehmen. Natürlich werde ich gelegentlich nach Basel zurückkommen, schließlich habe ich hier mein Haus, aber ich muss irgendwo neu anfangen."

Sie stiegen aus dem Auto aus und Katharina stand mit feuchten Augen vor Portia. „Ich habe dir jetzt alles erzählt, aber du solltest noch wissen, dass es mir leidtut, und dass ich deinen Bruder wirklich geliebt habe. Aber wir hatten so viele Probleme, es hätte nie funktioniert. So ist das Leben." Ohne einen Blick zurückzuwerfen, stieg sie mit bebenden Schultern wieder zu Sven ins Auto.

Nun waren sie beide wieder allein, saßen wortkarg auf einer Bank. Portia war in Gedanken hier und gleichzeitig in Lusaka. Sie ging einen baumbestandenen Weg entlang auf ein bescheidenes Backsteinhaus zu, vor dem ihre Mutter auf sie wartete. Sie war sich immer noch nicht sicher, was sie ihrer Mutter erzählen sollte, sie war sich nicht sicher, ob diese Reise ein Erfolg oder ein Misserfolg war, sie war jedoch froh, dass sie diese gemacht hatte und sagte ihm das auch. „Ich wollte eigentlich gar nicht kommen.

Ich sagte zu meiner Mutter: Was soll das bringen? Außerdem ist er doch sowieso schon tot. Aber die Reise hat sich gelohnt. Ich habe dich kennengelernt."

„Und ich bin froh, dass ich mitgekommen bin."

Sie schrieb ihm ihre Telefonnummer und ihre E-Mail-Adresse auf. „Ruf mich an oder schreib mir – ich bin auch auf Facebook –, machst du das?" Er umarmte sie lange, dann trennten sie sich. Während sie zu ihrem Gate ging, stellte sie sich vor, wie er ihr nachsah, bis sie verschwunden war. Sie untersagte sich ein Umdrehen, denn dann würde sie zusammenbrechen, zu ihm laufen und sagen: „Komm mit nach Lusaka." Er hatte schon einmal ja gesagt, warum kein zweites Mal? Aber sie hatte keinerlei Anrecht auf ihn. Als sie ihn an dem Abend betrunken gefragt hatte, ob er nach Basel mitkomme, hatte sein Ja sie überrascht. Vielleicht hatte ja auch er eine Auszeit gebraucht, eine wichtige Entscheidung durch zielloses Umherwandern hinauszögern wollen. Jetzt musste er zum Zug, musste zurück nach Berlin, in das Haus in Mitte, in die Wohnung, in der sich die Umzugskartons stapelten, die er einlagern musste. Er befand sich in der Schwebe. Zu guter Letzt würde er die richtige Entscheidung treffen, da war sie sich sicher. Vielleicht würde er zu seiner Frau zurückkehren. Hoffentlich nicht, hoffentlich meldete er sich, hoffentlich würden sie sich wiedersehen. Sie verließ die Rolltreppe und sah durch die Glasscheibe ein Flugzeug, das für den Start beschleunigte, war beeindruckt von der Sicherheit, der schieren Kraft, jede Schraube, jeder Bolzen, jeder Kerosintropfen konzentrierte sich auf diesen Start. Kein Zögern, kein Zaudern. Erstaunlich und schön zugleich.

4. Buch

DIE DOLMETSCHER

Es war ein Glück, dass ich eine Fahrkarte für den TGV und nicht für die Deutsche Bahn gekauft hatte, die, wie sich herausstellte, an diesem Tag streikte. Was bedeutete, dass ich über Zürich fahren musste, um dort in einen Zug Richtung Berlin zu steigen. Ich ging an einer Reihe enttäuschter DB-Kunden vorbei, die auf Information für ihre Weiterreise warteten. Als der Zug anfuhr, vorbei an den verdrossenen Gesichtern auf dem Bahnsteig, bemühte ich mich, diese typische Selbstzufriedenheit zu unterdrücken, die einen anfliegt, wenn sich in einer Situation die Dinge für einen selbst gut entwickeln, für andere aber nicht. Bis Zürich waren es aufgrund des Streiks drei Stunden, daher schloss ich die Augen, sobald wir unterwegs waren. Ich wurde aus dem Schlaf gerissen, als der Zug am Zürcher Hauptbahnhof hielt. Ich stand auf und rannte zu meinem Anschlusszug. Ich kam mir langsam vor, noch gelähmt vom Schlaf, aber ich schaffte es, bevor die Türen zugingen. Ich ließ den Kopf sinken und schlief wieder ein. Als ich das nächste Mal aufwachte, stand eine Grenzpolizistin neben mir. Der Zug hatte an der deutschen Grenze angehalten und die Polizei ging durch den Zug und überprüfte Ausweispapiere; in unserem Wagen waren sie zu zweit. Der andere, ein Mann, redete mit einem Fahrgast, der ebenfalls aus Afrika kam und ein paar Sitze entfernt saß. Er hatte die große, schlanke Statur und das lockige Haar, das für manche Ostafrikaner typisch ist. Höchstwahrscheinlich ein Somalier; bei ihm war ein ungefähr zwölfjähriger Junge.

Ich reichte der Grenzpolizistin meinen Pass.

„Aha, Nigerianer“, sagte sie. Sie betrachtete das Passfoto, dann mich, auf diese für Grenzbeamte typische Weise, fragte mich dann, ob ich in der Schweiz Uhren oder Schmuck gekauft hätte. Ich machte mir um meine Papiere keine Sorgen, mein deutsches Visum war noch zwei Monate gültig und ehe es ablief, würde ich Europa schon lange verlassen haben. Der andere afrikanische Fahrgast war offenbar in ein längeres Gespräch mit dem zweiten Beamten verwickelt, der das Ausweisdokument, ein DIN A4-Papier in der Hand hielt und zu seiner Kollegin getreten war, um sich mit ihr zu beraten. Gemeinsam gingen sie zu dem Somalier zurück und stellten ihm noch ein paar Fragen, ehe er sein Dokument wiederbekam. Unsere Blicke trafen sich und der Mann nickte mir zu, ich nickte zurück. Dann schloss ich die Augen, konnte aber nicht einschlafen. Als der Zug am nächsten Bahnhof hielt und ich die Augen öffnete, saß er mir gegenüber. „Der Platz ist doch frei?", fragte er. „Sie haben nichts dagegen, dass wir uns zu Ihnen setzen?" Wir waren die einzigen Schwarzen im ganzen Wagen und für ihn schien diese Solidarität so selbstverständlich wie andere Schwarze in einem Raum voller Weißen das Gespräch mit dem einzigen anderen Schwarzen zu meiden. Offensichtlich suchte er Gesellschaft. Ich nickte. „Bitte."

Er sah aus wie Mitte, Ende fünfzig, aber wenn er lächelte, blitzte der Schalk aus seinen Augen, was ihn fünf Jahre jünger machte. „Ich konnte von meinem Platz aus sehen, dass Sie traurig sind. Deshalb bin ich herübergekommen."

„Ich wirke traurig?"

„Geht es vielleicht um eine Frau?" Er beugte sich mit verschmitztem Blick vor. Ich dachte an Portia, die derzeit im Flugzeug saß. Schweigend lächelte ich. „Diese Frau, sind Sie vielleicht mit ihr verheiratet?"

„Nein, wir sind nicht verheiratet."

„Verstehe, verstehe. Aber Sie lieben sie?"

„Warum fragen Sie das?", wollte ich wissen und schwankte, ob ich ihn aufdringlich finden sollte oder nicht.

„Ich sehe es Ihren Augen an. Ich reise viel und ich sehe viel. Ich erkenne Liebe, wenn ich Liebe sehe. Haben Sie dieser Frau gesagt, dass Sie sie lieben?"

Seine Eindringlichkeit ließ mich lachen.

„Reisen Sie in Europa?", fragte er. Eine seltsame Formulierung. Natürlich reiste ich in Europa, aber ich begriff, dass er damit etwas anderes meinte; er wollte wissen, in welcher Beziehung ich zu Europa stand, ob ich nur durchreiste, oder ob ich dauerhafte, rechtliche Ansprüche hatte. Die Beziehung eines Schwarzen zu Europa bedurfte immer einer Qualifizierung – sie oder er konnte einfach kein Bio-Europäer sein, die Herkunft musste geklärt werden. Ich sei mit einer Freundin in Basel gewesen, erklärte ich, und würde nun über Frankfurt nach Berlin zurückfahren.

„Ich lebe in München. Seit zwei Jahren. Wir sind auf dem Weg nach München, müssen den Umweg über Frankfurt machen, weil die Deutsche Bahn streikt." Er hatte die raue Stimme eines starken Rauchers, samt verschleimten Husten und nikotingelben Zähnen. Ich wendete mich dem Jungen zu, der auf die vorüberziehende Landschaft starrte, wo der Tag langsam in den Abend überging. Sein Gesichtsausdruck war leer.

„Wie heißt du?", fragte ich ihn. Er sah von mir zu seinem Vater, dann starrte er wieder auf die Landschaft.

„Er heißt Mahmoud. Er redet nicht viel. Fremde schüchtern ihn ein", antwortete der Mann. Der Junge sah ihn an, seine Augen blitzten verärgert auf; wie für alle Jugendlichen in diesem Alter waren seine Eltern ein ständiges Ärgernis für ihn. Der Mann sagte etwas zu seinem Sohn und ich fragte: „Ist das Somalisch?"

„Nein, Türkisch."

„Aha, Sie stammen also aus der Türkei!"

„Nein, aus Somalia. Aber wir haben lange in der Türkei gelebt. Er spricht auch bulgarisch und arabisch, sowie etwas deutsch und englisch."

„Wow. Ein wandelnder Stein von Rosette", sagte ich.

„Stein?" Er blickte verwirrt drein.

„Wie hat er so viele Sprachen gelernt? Er ist doch so jung."

„Mein Sohn hat kaum die Schule besucht. Er hat alles auf Reisen gelernt."

„Verstehe."

„Wir sind in vielen Ländern gewesen, aber jetzt leben wir in Deutschland. Dieser Junge reist, seit er vier ist, jetzt ist er fünfzehn."

„Und jetzt sind Sie auf dem Heimweg nach München?", fragte ich. Der Mann war eindeutig in Gesprächslaune, ich weniger, aber dieser Junge, der schweigend auf die vorbeiziehende Landschaft starrte, interessierte mich – für jemanden, der so viele Sprachen sprach, war er ziemlich still. Ich wollte ihn etwas sagen hören, ihn auf die Probe stellen.

„Sag mal was auf Bulgarisch", forderte ich ihn auf. Er wandte nicht einmal den Blick vom Fenster.

„Wir fahren zuerst nach München, dann vielleicht weiter nach Bulgarien", erklärte der Vater.

„Sie wollen heute noch nach Bulgarien?"

„Ja, vielleicht, aber erst fahren wir nach München. Hören Sie, die Reise dauert lange, Stunden bis wir in Frankfurt sind. Wenn Sie wollen, erzähle ich Ihnen meine Geschichte. Es ist eine lange Geschichte, aber interessant und alles ist wahr. Ich schwöre bei Allah, alles ist wahr."

Ein sachliches, durchaus vernünftig klingendes Angebot, wir hatten eine lange Reise vor uns, und Geschichten sind der beste Zeitvertreib. Ich lehnte mich in meinem Sitz zurück. „Na, dann legen Sie mal los." Ich konnte mich immer noch schlafend stellen, wenn es langweilig wurde.

Er hieß Karim al-Baschir und stammte aus Somalia, wo er lange vor den Clankriegen und den internen Massakern auf die Welt kam. Sein Vater war kein Somalier, sondern stammte aus dem Nordsudan und hatte sich als junger Mann in Mogadischu niedergelassen. Vater al-Baschir heiratete in eine gute und einigermaßen wohlhabende Händlerfamilie ein, er war fleißig und das Glück war ihm hold. Sein Schwiegervater lieh ihm Geld und er machte seinen eigenen Laden auf, ein kleines Lebensmittelgeschäft. Ein Jahr nach der Hochzeit kam Karim auf die Welt. al-Baschir senior starb bei einem Autounfall, da war Karim gerade einmal zwölf und musste plötzlich Verantwortung übernehmen wie ein Erwachsener. Mit der Unterstützung seiner Onkel gelang es ihm, das Geschäft seines Vaters weiterzuführen. Mit zwanzig heiratete er, und seine erste Tochter erblickte das Licht der Welt, da war er noch keine zweiundzwanzig. Und dann veränderten sich die Dinge allmählich. 1990 starb Präsident Siad Barre und Somalia stürzte über Nacht ins politische Chaos. Die Zeit verging. Die Clanzugehörigkeiten zersplitterten das Land in von Warlords regierte Bereiche. Und damit begann Karims persönlicher Albtraum.

„Eines Tages kommt ein junger Mann in meinen Laden", erzählte er mit verschleimter Stimme, „und sagt, er will meine Tochter Aischa heiraten. Sie ist erst zehn. Sie ist viel zu jung und ich möchte, dass sie die Schule beendet. Aber ich habe Angst Nein zu sagen. Dieser Mann ist mächtig, der Sohn des hiesigen Warlords, obwohl er noch jung ist, kennt ihn jeder. Er heißt Abdel-Latif. Er zieht mit einer Bande übler Burschen herum, jeder von denen hat ein Gewehr und sie erschießen einen einfach so. Ich erzähle meinen Schwiegereltern davon. Meine Schwiegermutter weiß über diesen Latif Bescheid und sagt zu mir, sei vorsichtig. Sie sagt, ich soll ihm jetzt noch keine Antwort geben, warten wir ab, vielleicht verliert er das Interesse und bleibt weg. Doch der Mann kommt jeden Tag in den Laden. Er setzt sich und seine Freunde nehmen sich was, Kleinigkeiten wie Zigaretten, Kekse, Coca-Cola, ohne zu bezahlen und ich lächle und lächle und er erinnert mich immer wieder daran, dass er meine Tochter heiraten will. Er fängt sogar an, mich Schwiegervater zu nennen. Eines Tages sagt er zu mir: ‚Warum willst du nicht, dass ich deine Tochter heirate, bin ich dir nicht gut genug? Sind die Leute dort, wo du herkommst, bessere Menschen als wir Somalier?'

Und da kapiere ich. Es geht nicht nur um meine Tochter Aischa. Er will mich vernichten, weil mein Vater kein Somalier ist. An diesem Tag halten wir Familienrat, die beiden Brüder meiner Frau, Mustafa und Abu-Bakr, meine Frau und ihre Eltern. Ich kann in ihren Augen sehen, dass sie für mich keine Hoffnung haben. Mein Schwiegervater sagt: ‚Wir gehen zu Abdel-Latifs Vater Muhammad, ich kenne ihn sehr gut, wir sind Namensvettern. Wir sind zusammenaufgewachsen, wenn sein Sohn auf jemanden hört, dann auf seinen Vater.' Das ist unsere einzige Hoffnung. Die einzige andere Möglichkeit ist die Flucht in eine weit entfernte Stadt, aber nicht einmal dort wären wir hundertprozentig sicher, denn diese Leute haben bestimmt Freunde und Familie in dieser Stadt und die kriegen uns. An dem Abend gehen wir zu seinem Vater Muhammad, dem Namensvetter meines Schwiegervaters.

Er ist ein wichtiger Mann, er wohnt in einem großen Haus und dort sind schon viele Menschen anwesend, die mit ihm sprechen wollen. Vor dem Haus stehen viele Autos. Es ist nach dem Maghrib-Gebet. Wir sitzen auf einem Teppich im Außenraum, zu viert, mein Schwiegervater, Mustafa und Abu-Bakr, die Brüder meiner Frau, und ich. Kurz darauf kommt er und die Menschen begrüßen ihn. Obwohl andere vor uns da gewesen sind, zieht er meinen Schwiegervater als er ihn sieht, vor. ‚Muhammad', sagt er, ‚was für eine Überraschung, was für eine Freude, dich in meinem Haus zu sehen.' Sie stellen sich abseits und reden. Als sie zurückkommen, sehe ich wenig Hoffnung im Gesicht meines Schwiegervaters. Aber wir gehen nicht gleich, zwei junge Mädchen, die den Kopf mit einem Hidschab verhüllt haben, bringen Essen. Viel Essen, denn er ist ein wichtiger Mann. Reis mit Huhn. Wir essen gemeinsam mit den Fingern aus derselben Schüssel. Dann gehen wir. ‚Er redet mit seinem Sohn', sagt mein Schwiegervater. ‚Er bringt ihn zur Vernunft.'

An diesem Abend gehe ich voller Hoffnung schlafen. Seit die Sache angefangen hat, schlafe ich schlecht, wir beide, meine Frau und ich. Das Land hat sich verändert. Jeden Tag wird auf der Straße geschossen. Die Leute haben Angst. Frauen werden für Kleinigkeiten bestraft, weil sie ihr Haar nicht bedecken, weil sie nicht den Mann heiraten, den die Mullahs für sie ausgesucht haben. Wir warten ab, was nach Muhammads Versprechen passiert. Die Antwort bekommen wir zwei Tage später. Latif und seine Freunde kommen in meinen Laden. Mein Laden ist nicht groß, bloß ein kleiner Raum vorne im Haus zur Straße raus, in einem ruhigen Stadtteil. Plötzlich hören wir ein Gewehr, ratatat, sie schießen auf meine Ladentür. Ich denke, ich bin tot. Überall Kugeln. Fadel, mein

Ältester, er ist erst sieben, er ist immer mit mir im Laden, er rennt ins Haus, ich liege auf dem Boden und warte, dass sie mich umbringen. Sie kommen rein, zu dritt, Latif als Erster. Sie kommen her, ich liege immer noch auf dem Boden. ‚Steh auf', sagt er. Ich stehe auf und als ich in seine Augen sehe, weiß ich, das ist mein letzter Tag. Das sind nicht die Augen eines normalen Menschen. Sein Verstand hatte sich durch kwat verändert, diese grauenvolle Pflanze, die sie essen. Kennen Sie kwat? Das ist wie eine Droge. Sie kauen die von morgens bis abends und das ist sehr schlimm. Man wird davon verrückt. Er schiebt sich ständig eine Handvoll in den Mund.

Er sieht mich an und sagt: ‚Du glaubst also, mein Vater kann dich vor mir retten?' Meine Hände und Beine fangen an zu zittern und ich kann nur innerlich beten, dass sie mich schnell umbringen und meine Frau und meine Kinder in Ruhe lassen. Er sagt, ich soll meine Tochter und ihre Mutter holen. Er sagt, er will aus ihrem Mund hören, dass sie nichts gegen seinen Heiratsantrag haben.

‚Antrag?', wiederholte ich.

‚Ja, Antrag.' Also gehe ich ins Haus, aber das ist leer. Als meine Frau die Schüsse hört und Fadel reingerannt kommt, nimmt sie die Kinder und rennt mit ihnen zum Haus ihres Vaters. Ich sage ihm, dass sie die Schüsse gehört haben, voller Angst weggerannt sind und ich nicht weiß, wo sie sind. ‚Aha', sagt er, ‚sorg einfach dafür, dass deine Tochter sich für die Hochzeit bereitmacht. Sie ist am Freitag. In fünf Tagen.' Diese Unterhaltung findet an einem Sonntag statt, ich erinnere mich, als wenn es heute wäre. Ich sage ihm, dass ich damit kein Problem habe. Ich habe nur eine Bitte. Mehr Zeit. Einen Monat vielleicht, damit ich meiner Tochter neue Kleider und Töpfe und andere Ausstattung kaufen kann, ich bin ein armer Mann und brauche Zeit, damit ich das Geld zusammenkriege. ‚Zwei Wochen', sagt er und dann gehen die Burschen. Ich sitze da, habe Angst, rauszugehen. Ich kann nicht glauben, dass ich noch am Leben bin. Als ich die Waffe gesehen habe, habe ich gedacht, mein letzter Tag ist gekommen. Sobald meine Beine wieder stark genug sind, gehe ich zu meinen Schwiegereltern und erzähle ihnen, was passiert ist. Wir rufen wieder einen Familienrat ein.

Mein Schwiegervater sagt: ‚Du hast zwei Möglichkeiten. Du kannst bleiben und er heiratet deine Tochter oder du verlässt die Stadt. Deine Entscheidung.' – ‚Nein', sagt meine Frau. Die ganze Zeit hat sie nichts gesagt und mir alle Entscheidungen überlassen, aber jetzt wird sie energisch. ‚Dieser Mann heiratet meine Tochter nicht, niemals. Was für ein Schwiegersohn ist das? Er ist verrückt und eines Tages bringt er meine Tochter noch um. Meine Tochter wird nie im selben Zimmer mit diesem Mann schlafen. Niemals.'

Und deshalb verlassen wir unsere Heimat Somalia. Zuerst gehen meine Frau und die Kinder nach Hargeisa zu ihrer Tante, der Schwester meiner Schwiegermutter. Ich bleibe und habe meinen Laden geöffnet, tue so, als ob alles okay und normal ist. Latif und seine Burschen halten manchmal vor dem Laden und fragen, ob ich Vorbereitungen für die Hochzeit treffe, und ich sage immer, ja, insha Allah. Wenn sie mich fragen, wo Aischa ist, erfinde ich Ausreden, ich sage, sie ist in der Schule oder mit ihrer Mutter auf dem Markt. Sie nehmen ein paar Zigaretten und Kleinigkeiten aus dem Laden und gehen. Ich warte und einen Tag vor der Hochzeit verlasse ich die Stadt. Ich gehe zu meiner Frau nach Hargeisa. Ich lasse alles zurück, was wir besitzen, alles, auch die Waren in meinem Laden. Ich sage zu meinen Schwiegereltern, sie sollen alles verkaufen, was sie verkaufen können, und uns dann das Geld schicken. So fängt unsere Reise an."

„Wann war das?", frage ich.

„2002, es sind jetzt zwölf Jahre. Ich bin traurig, dass ich Mogadischu verlassen musste. Ich spüre tief in mir, dass ich Mogadischu nicht wiedersehen werde. Ich bin auch wegen meiner Familie traurig. Damals habe ich drei Kinder, Aischa, die erst zehn ist, Fadel, der sieben ist, und der hier, Mahmoud, ist erst vier, als wir weggehen, und seine Mutter ist zu der Zeit schwanger. Ich verlasse Mogadischu mit drei Kindern, jetzt habe ich fünf. Zwei wurden unterwegs geboren."

Mahmoud, der die ganze Zeit über geschwiegen hatte, mit ans Fenster gepresstem Gesicht die Städtchen, die Landschaft und die Bauernhöfe betrachtete, drehte sich um und sagte leise etwas zu seinem Vater, der Vater nickte. Der Junge stand auf und ging zur Toilette am Wagenende. Er hinkte, vielleicht sogar heftiger, als es aussah, denn er achtete sorgsam darauf, das Hinken mit elegantem Körperschwung zu kaschieren. Karim sah, wie ich seinem Sohn nachstarrte. „Er ist ein guter Junge. Er spricht vier Sprachen und er hat sie alle allein gelernt. Sein Bruder spricht fünf Sprachen. Ich spreche drei."

„Was ist mit seinem Bein passiert, wurde er so geboren?"

„Nein, nein. Er hat einen Unfall gehabt. Im Jemen. Ich erzähle Ihnen meine Geschichte, ich erzähle Ihnen alles. Es ist eine traurige Geschichte, aber trotzdem danken wir Gott, dass wir leben und zusammen sind und gesund sind. Ich habe Leute gesehen, die mehr ertragen mussten als ich. Ich habe Leute gesehen, die im Wald gestorben sind, als sie über die Grenze wollten. Einmal haben meine Söhne und ich, als wir durch den Wald aus der Türkei sind, eine Frau und ihren Sohn im Unterholz gesehen. Sie sehen sich um und ich frage: ‚Kann ich Ihnen helfen, sind Sie in Schwierigkeiten?‘ Sie sagt, sie sucht das Grab ihres Mannes. Er ist gestorben, als Schlepper sie nach Bulgarien bringen wollten. Er ist einfach umgekippt und gestorben. Die Schlepper helfen, ihn schnell im Sand zu begraben. Das ist mehrere Tage her, aber sie kommt zurück, weil sie ständig an ihn denkt. ‚Sie sind zurückgekommen, weil Sie was machen wollen?‘, frage ich. Sie sagt, sie will das du'a für ihn sprechen, für seine Leiche beten, sie und ihr Sohn, der Sohn ist vielleicht sechs, sie sagt, erst wenn sie für ihren toten Mann betet, kann sie weiterziehen. Jetzt suchen sie nach dem Grab und sie kann es nicht finden, es ist über eine Woche her, dass sie ihn begraben haben, und alles sieht anders aus. Sie geht zu einem Hügel, der wie ein Grab aussieht, und betet, dann geht sie zu einem anderen Sandhaufen, ungefähr viermal sehe ich sie von einem Hügel zum nächsten gehen. Manchmal vergisst sie beim Beten, was sie tut, und schläft ein, weil sie so müde ist und seit vielen Tagen nicht geschlafen hat, dann fängt sie wieder an, dann vergisst sie die Worte und weint. Wir lassen sie dort zurück, sie und ihren Sohn. Ich sage Ihnen, ich habe viele leiden sehen. Meine Geschichte ist auch traurig, aber ich habe auf meiner Reise noch viel traurigere Geschichten gesehen. Mein Sohn hat sein Bein im Jemen gebrochen. Und sein ganzer Traum ist es Fußballspieler zu werden. Wenn er groß ist, will er für Galatasaray Istanbul spielen.“

„Wie ist es passiert?“, fragte ich.

Endlich erreichten wir trotz streikbedingter Umwege Köln. Der Lärm der ein- und aussteigenden Fahrgäste, ihr Lachen und die hin und her fliegen deutschen Worte, bildeten das Hintergrundrauschen unseres Gesprächs. Der

Junge war zurück von der Toilette. Er sah mürrisch aus, zu ernst für sein Alter. Sein Vater sagte etwas auf Türkisch zu ihm und der Junge sah mich an, dann blickte er wieder zum Fenster hinaus. Nach einer Weile stand er wieder auf, sein Vater gab ihm Geld und er ging in den Speisewagen. Am Tisch zu unserer Linken saß eine deutsche Familie, die uns demonstrativ, aber teilnahmslos anstarrte und sich keinerlei Mühe gab, ihre Neugier zu verbergen.

„Am Anfang ist es im Jemen nicht einfach gewesen. Aber das Gute ist, dass wir in Sicherheit sind und die ganze Familie zusammen ist, das ist der größte Segen. Wir lassen uns bei den Vereinten Nationen als Flüchtlinge registrieren und wir bekommen jeden Monat Geld, nicht viel, jeder ungefähr fünfzig Dollar. Das reicht nicht für Lebensmittel und Miete, aber der Jemen ist billig. Und bald kann uns mein Schwiegervater eine kleine Summe schicken, er hat unseren Besitz in Somalia verkauft. Wir mieten eine kleine Wohnung, nur zwei Zimmer mit Küche. Die Kinder im einen, meine Frau und ich im anderen. Sanaa ist eine kleine Stadt. Die Häuser sind nicht viel anders als in Mogadischu. Große Familien wohnen auf großen Grundstücken, haben viele Kinder und die Frauen tragen Schleier und die Leute gehen durch die schmalen Straßen genau wie in Mogadischu. Es gibt nicht viel Arbeit, aber bald lerne ich einige Somalier kennen und einer von ihnen, Othman, bietet an, ich soll mit ihnen arbeiten. Wir kaufen Zigaretten und Kleinigkeiten, die wir billig im Jemen kaufen, und gehen damit nach Somalia und verdienen daran, nicht viel, aber genug fürs Überleben."

„War es gefährlich?"

Lachend zuckte Karim die Schultern. „Na ja, es ist Schmuggel. Ich stelle nicht viele Fragen. Mein Partner ist der junge Othman. Es gibt viele Somalier wie ihn im

Jemen, sie leben im Flüchtlingslager, haben keine Frauen, keine Kinder, wahrscheinlich sind sie nicht einmal richtige Flüchtlinge, nur Geschäftsleute. Er erzählt manchmal, dass seine Brüder somalische Piraten sind und auf dem Meer große Schiffe entführen und viel Geld damit machen, aber dann passiert etwas und sein Bruder stirbt und sie hören mit der Piraterie auf. Mehr sagt er nicht. Jetzt schmuggeln sie Menschen von Somalia in den Jemen und in andere Länder. Und sie nehmen Zigaretten und andere Kleinigkeiten mit nach Somalia und verkaufen sie dort. Ich, ich habe beim Menschenschmuggel nicht mitgemacht, aber beim Kauf und Verkauf von Zigaretten. Meine Frau findet das nicht gut. Sie sagt, ich soll das nicht machen. Aber ich sage zu ihr: ‚Was soll ich sonst machen? Wir können nicht von fünfzig Dollar im Monat leben. Da sterben wir.'

Eine Zeitlang geht alles gut. Alles läuft bestens. Wir sind glücklich. Meine Kinder gehen in die Schule und wir haben genug zu essen. Meine Frau bringt unser viertes Kind auf die Welt und wir ziehen in eine größere Wohnung, nicht viel größer, aber sie hat drei Zimmer. Das passiert in unserem ersten Jahr im Jemen. Damals gibt es nur wenige Somalier, aber das ändert sich. Immer mehr Somalier kommen, dann schmuggelt Othman immer mehr Menschen und ich soll ihm helfen. Ich will nicht lügen, eine Zeitlang habe ich mitgemacht und gutes Geld bekommen. Meine Frau findet das immer noch nicht gut und sagt: ‚Warum machst du das? Wir kommen doch zurecht, was, wenn du verhaftet wirst, was, wenn du stirbst? Was passiert dann mit uns? Du darfst in einem fremden Land nicht das Gesetz brechen.' Ich sage, ich denke darüber nach. Und an diesem Tag gehe ich zu Othman, weil ich ihm sagen will, dass ich keine Menschen mehr schmuggeln kann, da sagen sie mir, Othman ist tot. Er ist auf dem Meer mit einem Schiff ertrunken. Seine Familie sitzt da und weint und ich gehe leise. Am selben Tag fällt mein Sohn vom Balkon. Wir wohnen im neuen Haus im fünften Stock. Die Miete im Erdgeschoss ist teurer, weil man keinen Aufzug braucht, und alle wollen ins Erdgeschoss und es gibt einen kleinen Garten. Mein Sohn spielt mit seinem Bruder Fadel und lehnt sich an das Geländer, das bricht, er stürzt und Gott sei Dank hat er sich keine wichtigen Knochen gebrochen, aber in seiner Kniescheibe ist was gebrochen und seit dem Tag hinkt er. Zuerst haben wir nicht gewusst, dass seine Kniescheibe kaputt ist. Aber nach einer Weile stellten wir fest, er wächst, aber sein linkes Bein wächst nicht so wie das rechte."

„Sind Sie mit ihm ins Krankenhaus?"

„Ja, aber im Jemen können sie nicht helfen. Jemen ist ein kleines Land, ein armes Land. Sie sagen, helfen kann man ihm nur in Europa, in Deutschland oder Frankreich. Ich sehe meinen Sohn an, der sein ganzes Leben lang Fußball spielen wollte, und ich schwöre, dass ich ihn nach Deutschland oder Frankreich bringe, ehe ich sterbe."

Drei Jahre lang lebten sie im Jemen, von dort zogen sie nach Syrien. Die Familie wuchs. Mittlerweile waren es fünf Kinder, drei Mädchen und zwei Jungen. 2005 zogen sie nach Syrien. In Damaskus ging es fast sofort aufwärts. Dort verbrachten sie die sieben schönsten Jahre ihres Lebens seit sie die Heimat verlassen hatten. Der dortigen Wirtschaft ging es gut. Karim bekam ohne Schwierigkeiten Arbeit, als Küchengehilfe in einem Hotel, das er als bestes Hotel Syriens bezeichnete. Bei der Erinnerung strahlte er. „Essen ist kein Problem. Ich habe jede Menge Essen vom Hotel bekommen. Essen, das sie wegwerfen wollen, gutes Essen, das beste, weil das Hotel sehr groß ist. Ich sage zu ihnen, nein, nein, ich nehme das Essen. Daher brauchen wir kein Geld für Essen. Ich streite nicht mehr mit meiner Frau und die Kinder gehen alle wieder zur Schule. Mein Ältester, Fadel, ist jetzt zehn, und meine Tochter Aischa ist beinahe vierzehn, sie war erst zehn, als wir aus Mogadischu weg sind. Meine Frau hat ihre Eltern seit über drei Jahren nicht gesehen.

In Damaskus halten wir uns von den anderen Somaliern fern, beschließen wir. Die Erfahrung mit Othman war nicht gut. Aber wir können den Kontakt zu unserer Familie in der Heimat aufrechterhalten. Sie erzählen uns, dass es in Somalia jeden Tag schlimmer wird. Jeden Tag bekommt die al-Schabaab mehr Anhänger, in den Straßen fallen Bomben. Einige aus der Familie meiner Frau und meine Onkel leben jetzt in Flüchtlingslagern in Kenia. Wir erfahren, dass Abdel-Latif, der böse junge Mann, wegen dem wir unsere Heimat verlassen mussten, jetzt einer der mächtigsten Männer im ganzen Land ist. Sieben Jahre in Syrien und wir wären noch länger geblieben, doch es gab zwei Gründe, nach Europa zu gehen, erstens das Bein von meinem Sohn und zweitens wird Syrien jeden Tag mehr wie Somalia. Überall Krieg und sogar die Syrier flüchten aus den Städten aufs Land, manche verlassen das Land sogar ganz. Und daher sagt meine Frau: ‚Wir müssen weg, hier sind wir und unsere Kinder nicht sicher.' Wir sind 2012 aus Syrien weg, wir schließen uns einer Gruppe an, die nach Istanbul geht."

Karim verstummte und bevor er sich zum Fenster drehte, konnte ich die Tränen in seinen Augen sehen. Der Junge schlief, den Kopf an die väterliche Schulter gelehnt. Draußen hatte die Nacht die Landschaft überwältigt und wir könnten uns überall befinden – Türkei, Syrien, Jemen, Deutschland. Unwichtig. Aber zu hören, wie es weitergegangen war, war wichtig. Ich wollte wissen, was in der Türkei passiert war, warum nur er und der Junge mit dem Zug fuhren, wo war die restliche Familie, Fadel, die Mädchen, die Mutter?

„In der Türkei ist es schwierig. Meine Frau verlässt mich fast. Wir haben nur ein Schlaf- und ein Wohnzimmer für meine Frau, die Kinder und mich. Wir streiten immer und die Kinder können nicht einmal zur Schule. Als wir in Syrien gelebt haben, konnten meine Frau und die Älteste arbeiten, manchmal putzen, manchmal kochen und im Hotel gab es immer Essensreste, Huhn, Reis, Fisch und wir haben nie Hunger gehabt, wir aßen Reiche-Leute-Essen. Aber in der Türkei werden alle Ausländer schlecht behandelt. Ich bekomme nur einen ganz schlechten Job, in einem Möbelladen, wir bringen die Möbel zu den Leuten, manchmal reparieren wir Möbel und wenn man mit einer Arbeit fertig ist, kommt die nächste. Ich arbeite viele Stunden für sehr wenig Geld, sie zwingen einen zu unbezahlten Überstunden, ob man will oder nicht. Wenn man sich beschwert, sagen sie, gut, dann geh, es gibt viele, die diesen Job wollen. Ich arbeite wie ein Sklave. Meine Frau sagt: ‚So können wir nicht weitermachen. Wenn wir so weitermachen, sterben wir. Wir müssen uns entscheiden. Wir müssen sofort nach Europa.‘

Jeden Tag mache ich mir Sorgen: wie bekommen wir das Geld für die Reise zusammen, wo sollen wir in Europa unterkommen? Ich habe Angst, ich bin müde, mir fehlt meine Heimat und mir fehlt Mogadischu und mein Laden und mein einfaches Leben, wo ich gemeinsam mit meiner Familie Kleinigkeiten verkaufe. Ich weiß, wenn ich Europa betrete, sehe ich vielleicht mein Land nie wieder. Meine Frau und ich beraten uns, ich sage: ‚Ich nehme die drei ältesten Kinder mit, du bleibst mit den beiden jüngeren in der Türkei. Ich gehe zuerst, wenn alles gut läuft, kommst du nach.' Aber meine Frau sagt: ,Nein, nimm die beiden Jungen mit, ich bleibe mit den beiden Mädchen. Aischa ist neunzehn und Fatima ist acht und die Kleinste, Kadischa, ist erst drei. Sie sagt, Mädchen müssen bei ihrer Mutter bleiben, weil sie Frauen sind und ihre Mutter brauchen. Ich bin einverstanden.

Das nächste Problem ist, wie kommen wir nach Europa? Mein Sohn, dieser hier, sagt: ,Baba, können wir nicht unsere hundert Euro nehmen, die wir von den Leuten vom Flüchtlingshilfsdienst bekommen, und nach Europa fliegen?' Wir lachen. So einfach ist das nicht. Wir haben zwei Möglichkeiten, wir reisen durch Griechenland direkt nach Westeuropa, aber wenn wir über Griechenland reisen, müssen wir fliegen und dazu brauchen wir Papiere und müssen registriert sein und uns Fingerabdrücke nehmen lassen und so weiter, die andere Möglichkeit ist, wir gehen von Istanbul, das in der Nähe der Grenze liegt, zu Fuß über die Grenze nach Bulgarien, das liegt in Osteuropa, gehört aber schon zu Europa, weil Bulgarien gerade in die EU aufgenommen worden ist. Schließlich beschließen wir, wir gehen zu Fuß nach Bulgarien.

Also verabschieden wir uns von meiner Frau und meinen Töchtern. In dieser Nacht schlafen wir nicht. Wir alle weinen die ganze Nacht. Ich weiß nicht, ob ich meine kleinen Mädchen je wiedersehe, meine Frau je wiedersehe. Aber wir müssen gehen, wir haben keine andere Wahl. In Istanbul treffen wir Leute, die helfen uns über die Grenze nach Bulgarien. Zehn Stunden gehen wir zu Fuß mit meinen beiden Söhnen, von neun Uhr abends bis sieben Uhr morgens, immer im Schutz der Dunkelheit. Zehn Stunden lang und wir müssen uns die ganze Zeit beeilen, weil es gefährlich ist, und wir müssen mit den anderen aus der

Gruppe zusammenbleiben und mit den Schleppern, die uns hinbringen. Mein Sohn, der hier, mit dem Bein, wird müde und er kann nicht mehr laufen und er fängt an zu weinen. Ich erkläre ihm, wir machen das, damit sein Bein wieder heil wird. Er sagt, nein, er will nicht mehr, er will nach Hause. Er ist müde. Ich und sein älterer Bruder, wir tragen ihn, fassen ihn unter den Achseln. Bald darauf treffen wir die Frau und ihren Sohn, die nach dem Grab ihres Mannes suchen, damit sie das du'a für seine Seele sagen können. Es ist lange her, aber jedes Mal, wenn ich daran denke, bin ich traurig und habe Angst. Diese Frau allein mit ihrem Sohn im Wald, die nicht weiß, ob sie vorwärts soll nach Europa oder zurück, weil dort ihr Mann gestorben ist. Was soll sie machen, wo soll sie hin?

Als wir zur bulgarischen Grenze kommen, verhaftet uns die Polizei. Wir sind froh, dass wir verhaftet werden, das kann ich Ihnen sagen. Wir müssen uns in einer Reihe aufstellen und eine Frau kommt, sie ist nicht aus Bulgarien, ich meine, sie ist aus Frankreich oder Belgien, sie fragt mich: ‚Sind Sie zusammen mit diesen Jungen unterwegs?' Ich sage: ‚Ja, das sind meine Söhne.' Sie sagt: ‚Da haben Sie Glück, Familien werden anders behandelt. Sie dürfen zusammenbleiben und Sie bekommen ein besseres Zimmer und Essen und alles wird gut. Aber denken Sie immer daran: Stellen Sie sich in die Reihe für Familien.' Wir sind sehr glücklich, meine Kinder und ich. Wir glauben, das ist das Ende unserer Reise, unser Leidensweg ist vorbei. Aber wir wissen nicht, dass unser Unglück jetzt erst anfängt."

„Wie meinen Sie das?", fragte ich. „Sie haben es endlich nach Europa geschafft, Ihre Söhne sind bei Ihnen und eine nette Frau verspricht zu helfen."

Karim schüttelte den Kopf. „Ja, sie ist nett, aber die Bulgaren sind anders. Sie sind nicht wie richtige Europäer, das kann ich Ihnen sagen, sie sind eher wie Asiaten und sie sind eben erst in die EU eingetreten, sie sind nicht sehr nett."

„Wie meinen Sie das?"

„Das erzähle ich Ihnen. Es kommt ein Lastwagen, der soll uns in die Stadt fahren, und weil die Frau das gesagt hat, stelle ich mich mit meinen Söhnen in die Reihe für Familien, aber da kommt ein Mann und sagt: ‚He, Sie, Sie dürfen sich nicht hier anstellen, diese Reihe ist nur für Frauen und Mädchen, sind Sie eine Frau?' Ich sage: ‚Nein, aber ich bin mit meinen Kindern unterwegs. Die Frau sagt, ich soll mich bei Familien anstellen, weil ich mit meinen kleinen Kindern unterwegs bin.' Der Mann sagt: ‚Wo ist Ihre Frau?' Ich sage: ‚Meine Frau ist nicht mitgekommen, nur ich und die Jungen.' Der Mann sagt: ‚Dann stellen Sie sich bei den Männern an.'

Ich will weiter widersprechen, aber ich sehe, dass sie wütend werden. Sie sagen: ‚Ist uns doch egal, wer du bist.' Das ist, nachdem ich ihnen meine Flüchtlingsschutzpapiere von der UNHCR im Jemen zeige. Sie sagen: ‚Was uns betrifft, haben Sie hier keine Rechte. Sie haben dieses Land illegal betreten, Sie sind ein Krimineller. Halten Sie einfach die Klappe.' Jetzt fangen meine Jungen an zu weinen und die Leute starren uns an. Alle sind müde und ich will keine Probleme, also stelle ich mich in die Männerreihe und wir steigen in einen großen Lastwagen, wie ein Militärlaster. Wir fahren lange und wir können nicht raussehen, weil wir auf dem Boden sitzen, und um uns viele Männer, aus Marokko, Algerien, Eritrea, Nigeria, Ghana, Mali, Afghanistan, Syrien … jeder spricht eine andere

Sprache. Als wir dann zum Flüchtlingsheim kommen, das eigentlich ein Gefängnis ist –"

„Wie, Gefängnis?", unterbreche ich ihn.

„Das Gebäude war früher ein Gefängnis, aber jetzt ist es leer, deshalb nutzen sie es für Flüchtlinge, aber eigentlich ist es ein Gefängnis. Ein großes Steingebäude mit Eisengittern und vielen Stockwerken, auf der einen Seite Frauen und Familien und der Rest für die Männer, alle in kleinen, winzigen Räumen. Als wir vom Lastwagen steigen und registriert werden, sehen wir die Frau wieder und ich renne zu ihr rüber. ‚Sie', sagt sie, ‚wo sind Sie denn hin? Warum sind Sie nicht bei den Familien?' Ich erzähle ihr, was passiert ist. Sie redet wütend auf den Mann ein, der sagt, ich darf nicht zu den Familien. Sie streiten, dann sagt sie zu mir: ‚Keine Sorge, ich rede direkt mit seinem Vorgesetzten. Alles wird gut. Lassen Sie sich registrieren und wir sehen uns dann drinnen.' Sie ist wütend. Wir lassen uns registrieren und wir gehen rein und die ganze Zeit sehe ich mich nach ihr um, aber ich finde sie nicht. Wir werden auf die Zimmer verteilt und ich sage Ihnen, das ist ein ganz übles Gefängnis. Als wir zu unseren Zimmern gehen, stehen die Flüchtlinge, die schon länger da sind, an den Türen und schreien und spucken uns an. Meine Kinder weinen. ‚Wo sind wir, Baba?', fragen sie. So etwas haben sie noch nie erlebt, noch nie gesehen. Ich sage zu dem Mann: ‚Aber das können Sie nicht machen, Sie können meine kleinen Kinder doch nicht mit all diesen Männern zusammenstecken. Das ist falsch. Sehen Sie sich meinen Jüngsten an, er ist erst sieben, er kann nicht im selben Raum mit diesen vielen Männern wohnen.' Beim Reden berühre ich seine Hand und jetzt ist er wütend. Er schubst mich und sagt, ich bin illegal in diesem Land. Er sagt: ‚Wenn Ihnen die Unterkunft nicht gefällt, gehen

Sie wieder in Ihr Land zurück.‘ Ich versuche es weiter. Ich sage: ‚Aber ich bin ein von den Vereinigten Nationen geschützter Flüchtling, hier sind meine Dokumente. Das können Sie uns nicht antun.‘ Er sagt, ihm sind Rechte und Schutz egal, das kann warten, bis ich nach Westeuropa komme. Hier ist Osteuropa, hier ist das allen egal. Trotzdem haben wir ein klein wenig Glück, wir werden nicht in den langen großen Raum mit Dutzenden von Männern gesteckt, sondern in einen kleineren mit vier weiteren Personen, mit meinen Kindern sind wir zu siebt. Es gibt Stockbetten und meine Söhne ergattern obere Betten, eins über meinem Bett, das andere daneben. Wir bleiben ein Jahr dort. Ein schlimmer Ort, ein Gefängnis. Überall sind Wachmänner, diese Männer waren schon da, als es hier Gefangene gab, also behandeln sie auch uns wie Gefangene. Das Essen ist auch schlecht. Wir müssen alle in einem Saal essen und wenn man keinen Hunger hat, darf man das Essen nicht aufs Zimmer nehmen, nicht einmal das Brot. Für den Kleinen ist das schwer, wir essen um fünf Uhr und um neun, bevor wir schlafen gehen, hat er wieder Hunger und weint.“

Schweigend sah er eine Weile zum Fenster hinaus. Der Junge schlief immer noch. Sanft strich ihm der Vater über den Kopf, sein Blick war leer. Die Erinnerung an diesen Ort, das Gefängnis, wie er es verbittert nannte, hatte sein Gesicht verdüstert, und doch wurde sein Blick zärtlich, wenn er das Kind ansah. Dann seufzte er und wandte sich wieder mir zu.

„Nicht alles ist schlecht. Wir haben Glück, dass wir in dem kleinen Raum sind, weit weg von den anderen. In unserem Zimmer sind es nur sieben, in den anderen zwanzig, dreißig Personen. Und in den meisten verlaufen unsichtbare Grenzen, die Leute bleiben untereinander, getrennt nach Land oder Hautfarbe oder Religion. Die Algerier und die Pakistaner und die Syrer, sie bleiben zusammen. In unserem Zimmer sind Schwarze, Afrikaner. Aber nach ein paar Tagen kommen die Algerier und Marokkaner, die Leute, die nicht mit uns zusammenbleiben wollten, in unser Zimmer gerannt, und sagen He, wir sind auch Afrikaner. Sie sagen, in den anderen Zimmern gibt es zu viele Fanatiker. Zu viel Streit und Auseinandersetzungen über Religion und den arabischen Frühling und Kleinigkeiten. Unser Zimmer heißt Fernsehzimmer, weil alle gern kommen und in unserem Zimmer fernsehen, obwohl sie in ihren Zimmern auch einen Fernseher haben. So wie sie nur können, kommen sie in unser Zimmer. Das Fernsehzimmer ist lustiger. Wenn Sie einen Flüchtling treffen, der in Bulgarien gewesen ist, fragen Sie ihn nach dem Fernsehzimmer und er wird das bestätigen. Unser Zimmer ist beliebt, überall Leute, manche spielen Karten, manche essen, manche hören Musik, manche streiten."

Klang da Wehmut in seiner Stimme mit? Hatte er vielleicht in einer Ecke dieses heraufbeschworenen Zimmers seinen Namen in die Wand geritzt: Karim was here? Warum tun Leute das ausschließlich an Orten der Verbitterung, des Leids und des Schweißes: Gefängnissen, Umkleidekabinen, verdreckten Toiletten, aber nie in Nobelhotels, Restaurants oder Kirchen? Wollen sie sich dort, wo ihnen die Menschlichkeit abgesprochen wird, ihres Lebens versichern, ein Aufschrei gegen die Auslöschung? Mit einem Seufzer erzählte Karim weiter. „Und manchmal holen sie meine Kinder zum Übersetzen. Wenn es Streit gibt und zwei Leute sich nicht verständigen können, weil der eine englisch spricht und der andere nur arabisch und vielleicht der eine türkisch oder sogar bulgarisch, sind es meine Kinder, die ihnen bei der Verständigung helfen. Das ist gut, denn jetzt kennt jeder im Gefängnis Fadel und Mahmoud. Eines Tages kommt der große Oberaufseher ins Fernsehzimmer, Bogdan heißt er, alle sagen Boss Bogdan. Er steht an der Tür, ungefähr so, und sagt: ‚Wer ist Fadel?' Zuerst denke ich, was hat mein Sohn jetzt angestellt? Hat er sich in Schwierigkeiten gebracht? Doch mein Sohn steht auf und sagt: ‚Ich.' Der Mann kommt ins Zimmer und spricht auf Bulgarisch mit Fadel, aber Fadels Bulgarisch ist noch nicht sehr gut. Boss Bogdan spricht englisch mit ihm, sie unterhalten sich und lachen. Dann spricht Bogdan türkisch. Mahmoud mischt sich ein, obwohl er jünger ist, ist sein Türkisch besser, und der Beamte dreht sich zu mir um und sagt: ‚Interessante Familie.' Boss Bogdan sagt: ‚Okay, schnell, schnell in mein Büro.' Ein Anwalt hat eine Besprechung mit einem Flüchtling in seinem Büro und der Anwalt spricht nur bulgarisch und englisch, der Flüchtling spricht nur arabisch. Viele von den Flüchtlingen sprechen nur arabisch sonst nichts. Fadel geht und übersetzt für die Männer. Boss Bogdan ist sehr beeindruckt. Und plötzlich ist er freundlich zu meinen Söhnen. Manchmal müssen sie in sein Büro und ihm einen Brief vorlesen oder einfach nur mit ihm reden und fernsehen wie seine eigenen Kinder. Wenn er das Gefängnis inspiziert, gehen sie mit. Sie gehen mit ihm von Tür zu Tür, wenn er mit den Gefangenen redet, übersetzen meine Söhne ihm, was die Gefangenen sagen. Er steckt ihnen Essen und Kleinigkeiten zu. Von da an kommen viele Flüchtlinge, die mit ihrem Anwalt reden wollen, zu Fadel und Mahmoud. Viele wollen Bulgarien sofort verlassen und sie brauchen dazu einen Anwalt und meine Kinder müssen die ganze Zeit für sie übersetzen. Wenn Fadel schon beschäftigt ist, muss Mahmoud übersetzen. Das verschafft uns Respekt und sie sagen oft zu mir: ‚Diese Kinder sind sehr klug, die müssen in die Schule.‘ Und obwohl das als Lob für mich gemeint ist, macht mich dieses Leben traurig. Ich denke immer, was, wenn wir in Somalia wären und alles ist gut und wir leben in unserem kleinen Haus mit dem Laden. Meine Tochter Aischa ist jetzt fast zweiundzwanzig und sie wäre verheiratet und vielleicht wäre ich Großvater. Fadel würde jetzt schon kräftig im Laden mithelfen und vielleicht hätten wir mittlerweile einen zweiten Laden. Aber wir sind hier in diesem Flüchtlingsheim und wir wissen nicht, was heute ist, was morgen ist.

Einmal muss ich zu Boss Bogdan und er sagt: ‚Diese Jungen sind sehr intelligent, sie sollten zur Schule gehen, nicht hier in so einem Gefängnis hocken. Mal sehen, was wir für euch tun können.‘ Ich erzählte das meinen Jungen und sie hüpfen und tanzen. Ich sehe sie an und ich muss weinen. Fadel, der in Syrien so groß und stark war, ist jetzt ganz dünn und in seinem Kopf sind die Augen riesig. Und Mahmoud mag das Essen im Gefängnis nicht und seit wir hier sind, hat er Magenprobleme und Ausschlag auf dem ganzen Rücken und es gibt hier keinen Arzt und keine Krankenschwester. Leute sterben an ihren Krankheiten und niemand kann etwas dagegen tun. Jeden Tag bringen sie die Leichen weg. Mahmoud wächst und je größer er ist, umso mehr hinkt er. Jedes Mal, wenn wir mit seiner Mutter sprechen, fragt sie: ‚Seid ihr wirklich in Europa, wann können wir zu euch kommen? Die Mädchen werden jeden Tag größer und sie vermissen ihre Brüder. Die Kleinste fragt immer nach dir, weil du mit ihr immer gespielt und sie herumgetragen hast, jetzt weint sie und fragt nach Baba.‘

Eines Tages kommt eine Frau, Sonia heißt sie, und sagt, Boss Bogdan schickt sie und sie wird uns helfen. Sie arbeitet für eine Organisation, die Flüchtlingen hilft.

Sie sagt, sie hat für uns eine Wohnung gefunden, die liegt außerhalb der Stadt, aber nicht zu weit weg und sie ist billig. Es ist eine kleine Wohnung in einem großen Wohnblock, sie sehen alle gleich aus, zwei Zimmer und eine Küche, aber für uns ist es ein Palast. Wir können kochen und duschen und niemand stört uns. Sonia zahlt die erste Miete und sie sagt, ich muss jetzt Arbeit finden und meine Miete selber zahlen.

Und so verlassen wir endlich dieses Gefängnis. Wir verlassen das Fernsehzimmer und alle sind traurig. Aber Arbeit finden ist nicht einfach. Ich habe keine Ausbildung, ich bin Ladenbesitzer und außerdem ist Bulgarien kein reiches Land. Sogar die Menschen in Bulgarien finden keine Arbeit, sie wollen raus aus Bulgarien und nach Frankreich oder Deutschland, so wie ich. Aber ich versuche es und nehme jeden Tag den Bus und suche in der Stadt Arbeit, ich gehe von Hotel zu Hotel, von Laden zu Laden, suche nach irgendeiner Arbeit und manchmal komme ich erst nachts heim. Sonia kommt jeden Tag. Sie versucht zu helfen. Aber ich finde nichts. Bald haben wir aber ein größeres Problem. Jeden Tag kommen die Jehovahs zu uns in die Wohnung und predigen."

„Die Zeugen Jehovas?", frage ich.

Die hinter uns sitzende fünfköpfige Familie, Mutter, Vater, zwei Mädchen und ein Junge, unterhielt sich lautstark, eines der Mädchen fing immer wieder an ein Lied zu schrillen. Karim musste lauter sprechen, damit ich ihn verstand. „Ja, diese Menschen sind keine guten Menschen. Sie sind wie al-Qaida." In seiner Stimme lag enorme Wut.

„Wie kommen Sie denn darauf?"

„Ich erkläre es Ihnen. Als sie zum ersten Mal kommen, sage ich: ‚Ich bin kein Christ, ich bin nicht einmal ein guter Muslim und ich will nur, dass meinen Kindern nichts passiert und dass es meiner Familie gut geht, bitte lassen Sie uns in Ruhe. Bitte, bitte, kommen Sie nie wieder. Lassen Sie uns in Ruhe.‘ Dann komme ich eines Tages von der Arbeitssuche zurück und Fadel ist nicht da. Ich frage seinen Bruder: ‚Wo ist Fadel?‘ Er sagt: ‚Fadel ist mit den Jehovas weg.‘ Ich frage: ‚Seit wann geht das so?‘ Er sagt: ‚Schon lange. Eines Tages sind die Jehovas gekommen, als du weg warst, und haben sich mit Fadel angefreundet. Sie kommen jeden Tag und reden mit ihm und dann ist er immer öfter mit ihnen weggegangen.‘

Als Fadel zurückkommt, sehe ich ihn bloß an, sprechen kann ich nicht. Dann frage ich: ‚Warum machst du das, Fadel? Was willst du von diesen Leuten?‘ Er steht da und sagt nichts und sieht mich nur an. Ich schaue ihn an und sehe, dass mein Sohn erwachsen geworden ist. Er ist schon fast ein Mann. Er hat schon einen kleinen Schnurrbart. Am Kinn hat er auch ein paar Barthaare. Ich sage: ‚Hör zu, mir ist es egal, welcher Religion du anhängst, du darfst katholischer oder protestantischer Christ sein, aber geh nicht zu diesen Leuten. Die zerstören unsere Familie. Die sind wie eine Sekte.‘ Er sagt nichts und ich weiß, dass es schon zu spät ist. Ich durchsuche sein Zimmer und ich finde eine Bibel, die ihm die Jehovas gegeben haben. Am nächsten Tag gehe ich nicht auf Arbeitssuche. Ich bleibe zu Hause und behalte ihn im Auge. An dem Tag kommen sie nicht, aber in dieser Nacht ist Fadel von zu Hause weggerannt und zu diesen Leuten. Sie haben das seit langem geplant. Ich weiß nicht, was ich tun soll. Ich gehe zu Sonia und will sie um Hilfe bitten, aber als ich zu ihr komme, sagt sie, dass Leute vom Sozialamt mit mir sprechen wollen. Fadel hat ihnen gesagt, dass sein Vater, ich, Karim al-Baschir, ein religiöser Fanatiker ist und ich ihn vom Christentum abhalte. Ich fahre mit ihr in ihrem kleinen Auto zum Amt. Fadel wartet dort mit den Jehovas auf mich, zwei Männer und eine Frau. An diesem Tag weine ich. Ich stehe da im Amt und sehe meinen Sohn an, der dort mit diesen Leuten sitzt, diesen Jehovas, und ich sitze auf der anderen Seite und ich weiß nicht, was ich sagen soll. Ich will weg und ihn machen lassen, was er machen will. Aber dann denke ich an seine Mutter, ich denke an die Zeit, als er klein war, wie er mit Mahmoud spielt und Mahmoud vom Balkon fällt und er weint und sagt, es tut ihm leid, es ist seine Schuld, und wie er drei Tage lang nichts isst, weil ihm sein Bruder so leidtut. Ich sage: ‚Nein, ich gebe meinen Erstgeborenen nicht so schnell auf.' Ich will gegen diese Leute kämpfen.

Sonia sagt, das Einzige, was ich tun kann, ist mit dem bulgarischen Rat der Muslime reden. Ich habe nicht gewusst, dass es einen Rat der Muslime gibt. Sie sagt: ‚Ja, es gibt einen bulgarischen Rat der Muslime, die meisten stammen ursprünglich aus der Türkei, aber sie leben seit hunderten von Jahren in Bulgarien und sind im Parlament gut vertreten. Vielleicht können sie mir helfen und mit der Regierung reden und die Regierung kann mir helfen, meinen Sohn zurückzubekommen. Also gehe ich zu diesen Leuten. Ich treffe mich mit einem von ihnen in der Moschee zum Abendgebet und danach nimmt er mich mit zu sich nach Hause. Ich erzähle ihm alles, die ganze Geschichte mit meinem Sohn. Er ist wütend, als er alles gehört hat, und er sagt, dass es nicht richtig ist, wenn eine Familie wegen der Religion zerbricht, und er sagt, dass er mir hilft. Wir wollen uns mit Fadel treffen, aber Fadel will sich nicht mit uns treffen. Wir treffen uns nur mit den Jehovas und sie sagen, Fadel will uns nicht sehen. Immer, wenn wir einen Termin vereinbaren, kommt er nicht. Sein Bruder sagt, er sieht ihn manchmal mit den Jehovas, er trägt wie sie eine schwarze Jacke und sie gehen von Haus zu Haus und predigen. Der Rat der Muslime nimmt einen Anwalt und der Anwalt sagt, ich muss sagen, dass mein Sohn noch zu jung ist und er bei mir bleiben muss. Wir haben wieder ein Treffen im Sozialamt und sie sagen, ich bin ein religiöser Fanatiker und er hat Angst, bei mir zu bleiben. Aber ich sage, er ist mein Sohn und er ist zu jung ... er ist noch nicht ...“

„Volljährig?“

„Ja, er ist noch nicht volljährig, deshalb können Sie ihn mir nicht wegnehmen. Aber die Sozialamtsleute sagen: ‚Okay, er bleibt bei Ihnen und wenn er achtzehn ist, kann er entscheiden, was er will.‘ In ein paar Monaten ist er achtzehn. Ich weiß jetzt nicht, was ich tun soll. Schließlich gebe ich auf. Was kann ich machen? Ich bin arm, das ist ein fremdes Land. Ich sage zu den Muslimleuten, ich gebe auf. Ich muss hier weg, ich kann hier nicht mehr bleiben, wir müssen nach Deutschland. Denn ich denke an alles, was wir mitgemacht haben, von Somalia in den Jemen und nach Syrien und in die Türkei und nach Bulgarien und ich sage: ‚Wir haben Glück, dass wir überhaupt noch am Leben sind.‘ Ich denke an die Frau mit ihrem Sohn im Wald, die am Grab ihres Mannes beten will. Und ich sage mir, dass ich nicht auch noch meinen anderen Sohn verlieren will. Sie sagen: ‚Nein, Sie müssen bleiben, Mahmoud kommt in eine Islamschule und er wird ein guter Muslim und wir kämpfen auch um Ihren anderen Sohn.‘ Aber ich will nicht Gefangener der Religion sein und mich über Religion streiten. Ich bin müde und ich habe immer noch keine Arbeit und das Leben in Bulgarien ist zu schwer. Wenn Fadel mich irgendwann sehen will, weiß er, dass wir in Deutschland sind. Und so nehmen wir unser ganzes

Geld und wir bekommen Hilfe vom Rat der Muslime und wir gehen nach München."

„Wie geht es Ihnen dort?", frage ich.

Im funzligen Licht des Zugwagens sieht er abgespannt aus. Die fünfköpfige Familie war endlich leise und wir mussten nicht mehr schreien. Er zuckte die Achseln. „Sonia vermittelt uns an eine andere Hilfsorganisation in München, eine Kirche. Sie besorgen uns eine Wohnung, Mahmoud und mir. Ich habe einen Anwalt, der hilft mir, Asyl zu beantragen, und ich habe Papiere, die sagen, dass ich fünf Jahre in Deutschland bleiben darf. Er sagt, er übernimmt meinen Fall und wir werden gewinnen. Wir werden auch Papiere für meine Frau und meine Töchter bekommen, damit sie herkommen können. Er sagt, für die deutsche Regierung ist Familie und Bildung sehr wichtig und sie werden uns nicht nach Somalia abschieben, weil die Kinder da nicht zur Schule können und vielleicht kann mein Sohn operiert werden. Das macht mich glücklich."

„Was ist mit Ihrer Frau, haben Sie mit ihr geredet?", frage ich.

Er senkt den Kopf. „Ich rede mit meiner Frau. Ich sage, vielleicht kann sie bald zu uns kommen, weil der Anwalt sagt, es ist jetzt möglich, sie herzuholen. Ich habe meine Töchter beinahe drei Jahre lang nicht gesehen und ich weiß nicht, wie sie jetzt aussehen. Sie wissen, Mädchen sind schnell erwachsen und ihr Gesicht verändert sich. Meine Frau sagt, Aischa hat jetzt einen Freund und er möchte sie heiraten, aber Aischa sagt nein. Sie sagt, sie lässt ihre Mutter nicht allein." Er sah mich an, sein Gesichtsausdruck eine Mischung aus Traurigkeit, Stolz und Verzweiflung. „Warum hat mir Gott eine so gute Tochter und einen so schlechten Sohn gegeben?", sagt er. „Warum? Ich erzähle meiner Frau von Fadel, sie wird wütend. Sie weint am Telefon, die ganze Zeit. Sie sagt, ich habe ihren Sohn im Stich gelassen. Sie sagt, sie kommt nicht zu mir nach Deutschland, wenn ich Fadel nicht finde. Und so rufe ich jeden Tag in Bulgarien an und ich frage Sonia, ob sie von Fadel gehört hat, und sie sagt, sie hat gehört, dass er in die Schweiz zu anderen Jehovas gezogen ist. Schweiz, wie ist das möglich? Also gehe ich vor zwei Tagen nach Basel. Wir übernachten bei Freunden, Sonia hat uns bekanntgemacht, und wir fragen überall, alle Jehovas, aber kein Fadel. Wir finden ihn nicht. Ich weiß nicht, was ich tun soll. Vielleicht gehe ich zurück nach Bulgarien. Vielleicht warte ich. Vielleicht ändert meine Frau ihre Meinung."

Im dämmrigen Zug suchte er meinen Blick und ich sah den Hunger in seinen Augen. Hunger nach Hoffnung, Hunger nach Ruhe. Es gebe keinen Grund sich niedergeschlagen zu fühlen, sagte ich zu ihm. Er habe es den ganzen weiten Weg von Somalia hierhergeschafft. Seinem Sohn werde schon nichts passieren. Sanft strich ich dem schlafenden Jungen über den Kopf, bevor ich die beiden verließ. Wir hatten Frankfurt erreicht und ich musste in meinen Zug nach Berlin umsteigen. Ich winkte zum Abschied, war in Gedanken jedoch bereits woanders. Ich hatte eine Stunde Aufenthalt und erst als ich mich in der leeren Markthalle mit einem Kaffee hinsetzte, stellte ich fest, dass ich meine Tasche im Zug gelassen hatte. Die Tasche in meiner Hand gehörte Karim – die meiner sehr ähnlichsah, eine schwarze Reisetasche, etwas älter, etwas mitgenommener. Ich sprang auf und rannte zum Bahnsteig, in der törichten Hoffnung, dass der Zug noch dastünde, aber das Gleis war leer und war das überhaupt das richtige Gleis, es war ein großer Bahnhof und die Bahnsteige sahen alle gleich aus und die deutschen

Ausschilderungen waren für meine müden Augen unleserlich. Ich hielt den ersten Menschen in Uniform an, der mir über den Weg lief. Der Mann zuckte die Schultern. Er könne mir nicht helfen. Er warf einen Blick auf meine Fahrkarte, telefonierte und deutete nach oben, ich müsse zum Infoschalter rauf, vielleicht könnte man mir dort helfen. Als ich mich erschöpft zur Rolltreppe schleppte, überkam mich ein dumpfes Gefühl; mir war, als hätte ich diese Situation schon einmal geträumt, und ich wusste, wie sie ablaufen würde. Alles war in dieser Tasche, einschließlich Pass und Aufenthaltsgenehmigung.

Gedankenverloren stellte ich mich in die Warteschlange.

„Der Nächste“, schnauzte mich die Frau hinter dem Schalter an. Als ich mich nicht rührte, störte das ihren deutschen Ordnungssinn und sie bellte lauter: „Der Nächste, bitte!“ Der Mann hinter mir versetzte mir unter verärgertem Gemurmel ungeduldig einen kleinen Schubs und trotzdem zögerte ich immer noch. Was sollte ich der Frau sagen, während meine Tasche durch die Nacht flog? Würde Karim am nächsten Bahnhof aussteigen und den Verlust seiner Tasche melden? Er hatte weder meine Adresse noch meine Telefonnummer und würde ihm überhaupt, bevor er sein Ziel erreicht hatte, auffallen, dass er die falsche Tasche hatte? Ich könnte ihm nach München nachreisen und versuchen, ihn dort ausfindig zu machen, aber hatte er nicht gesagt, dass er vielleicht schon gleich nach Bulgarien weiterreisen würde? Ich musste ruhig bleiben, ich war müde, hatte zu wenig geschlafen, und beschloss, nach Berlin weiterzufahren, alles im Zug zu durchdenken. Zumindest hatte ich meine Fahrkarte. Ich verließ das Büro und ging zum Gleis.

Dort sah ich den Uniformierten von vorhin. Er beäugte mich misstrauisch, als ich mich nach dem Zug nach Berlin erkundigte. „Haben Sie Ihre Tasche gefunden?“, fragte er. In diesem Moment fuhr ein Zug ein und ich sah ein Gesicht am Fenster, es war Karim – er war zurückgekommen, suchte mich. Ich rannte zum Zug. Der Mann rief mir etwas nach, wollte mir etwas sagen, aber ich war schon im Zug. Durchs Fenster sah ich, wie mir der Uniformierte heftig winkte, aber ich hastete den Gang entlang zum Gesicht am Fenster. Warum war der Zug so dunkel, es kam mir vor wie eine Fortsetzung des Dunkels, das sich über mich gelegt hatte, seit ich festgestellt hatte, dass mir meine Tasche abhandengekommen war. Der Zug ruckte an und ließ mich beinahe auf die Person stürzen, die auf dem vor mir befindlichen Gangplatz schlief. Ich tastete mich zu einem leeren Sitz am Wagenende in der Reihe neben Karim, der, wie ich noch beim Hinsetzen feststellte, gar nicht Karim war, und rutschte zum Fenster, sah die über den Bahnsteig verteilten müden Reisenden, in der einen Hand ihre Fahrkarte, in der anderen ihre Tasche. Verkrampft und hellwach saß ich da – ich würde bei nächster Gelegenheit aussteigen und irgendeinen Zug nach Berlin nehmen. Aber wir hielten am nächsten Bahnhof nicht und beim übernächsten fuhren wir ebenfalls durch, der Zug wurde einfach nicht langsamer. Ich hatte Mühe, meine Augen offen zu halten, und nicht die Kraft, Nicht-Karim zu fragen, welcher Zug das war. Das Gefühl des drohenden Unheils legte sich wie eine erstickende Decke auf mich. Bald verschwanden Lichter und Gebäude, stattdessen eintönige Landschaft. Ich sprang auf und lief durch den Gang auf der Suche nach einem Schaffner, den ich fragen konnte, wann der nächste Halt war. Ich eilte durch die Wagen, Augen funkelten mir entgegen, das Licht draußen warf Blitze auf dunkle Gesichter; ich sah weit und breit keinen Schaffner. Erschöpft ließ ich mich auf einen Sitz plumpsen und verfiel umgehend in tiefe Benommenheit. Ein Baby weinte in meinem Schlaf und als ich aufwachte, weinte es immer noch. Vielleicht hatte das Weinen mich aufgeweckt. Wir fuhren in einen Bahnhof ein und ich stand auf, versuchte, den Namen des Bahnhofs zu erkennen, es war definitiv nicht Berlin Hauptbahnhof.

Viele Fahrgäste stiegen ein, es gab ein Gedränge an der Tür, Geschrei und Gefluche, ein Mann stürzte, stand wieder auf. Ich sah bewaffnete Wachmänner, die noch mehr Menschen in den Zug scheuchten. Es waren größtenteils Frauen und Kinder. Die meisten stammten aus Asien und Afrika.

„Was ist das für ein Zug? Wo sind wir?", fragte ich den Mann neben mir.

Er zuckte die Achseln. „Wir sind an der Grenze."

„Was für eine Grenze?"

„Zu Italien. Der Wachmann hat italienisch gesprochen. Ich kann Italienisch." Der letzte Satz wurde mit Stolz vorgebracht.

Der Zug setzte sich wieder in Bewegung.

„Italien?", wiederholte ich verdattert. Bestimmt hatte ich mich verhört. „Ich muss nach Berlin."

„Sie sitzen im falschen Zug, mein Lieber", lachte er. Ein anderer Mann fiel in das Gelächter mit ein. Ich sah mich im dunklen Zug um. „Was ist das denn für ein Zug?"

„Ein Abschiebezug, haben Sie das nicht mitbekommen?" Er sagte es mit leisem Tadel, als spräche er mit einem begriffsstutzigen Kind. Die Erschöpfung lag doppelt schwer auf meinen Schultern. Im Zug wurde es noch dunkler, ähnlich wie das Tageslicht im Winter unvermittelt erlischt. Ich stand auf. Wenn doch bloß das Baby aufhören würde zu weinen. Am liebsten hätte ich zu seiner Mutter gesagt, sie solle es füttern, irgendwas tun, damit es endlich still war, aber meine Energie verließ mich abrupt und ich setzte mich wieder, mein Kopf machte einfach dicht und ich konnte die Augen nicht mehr offenhalten. Als ich aufwachte, wurden wir aus dem Zug zu Bussen gescheucht, die direkt an der Bordsteinkante vor dem Bahnhof standen. Der Bahnhof war klein, nur ein einziges Gleis führte hindurch. Ich hastete zu einem der Soldaten.

„Das ist ein schrecklicher Irrtum. Ich bin in den falschen Zug eingestiegen."

Ich zeigte ihm meine Fahrkarte nach Berlin. Er rief einen anderen Soldaten her und die beiden unterhielten sich kurz, der zweite Soldat zuckte die Achseln und ging weg. Mir rutschte das Herz in die Hose.

„Ich kann Ihnen hier nicht helfen. Beschweren Sie sich, wenn Sie im Lager sind", sagte der Soldat und richtete langsam den Gewehrlauf auf mich. Die schwache Morgensonne fiel auf Bäume und Betonbauten, während wir in die Busse einstiegen. Ich verstand nicht, was auf den Schildern stand, denn alles war wohl auf Italienisch. Wir folgten der Sonne, schlängelten uns durch verschlafene Dörflein und Weiler hoch, durch endlose Olivenplantagen.

Im Bus war es schlimmer als im Zug. Im Zug gab es mehr Platz und mehr Luft. Im Bus herrschte Enge, die Babys schrien schriller, die Leute fluchten lauter. Eines der weinenden Babys war das aus meinem Zugabteil und die Mutter versuchte es weiterhin mit Gurrlauten zu beruhigen, bis es auf einmal verstummte. Ich begriff, dass es den Willen zu weinen verloren hatte, genau wie mich vorhin sämtliche Energie verlassen hatte. Ich wartete darauf, dass das Kleine wieder anfing, aber es schwieg beharrlich.

Wir fuhren über Land und plötzlich konnten wir das Meer riechen. Der Geruch war unverkennbar, mineralisch, salzig und dann konnten wir in der Ferne hören, wie die Wellen ans Ufer schlugen. Ich hätte gern das Baby wieder schreien gehört, verwirrt, inbrünstig, damit das Gefühl in mir ein Sprachrohr hätte.

5. Buch

DAS MEER

Als sie über die abschüssige Straße zum Lager fuhren, erhaschte er einen Blick aufs Meer. Die süditalienische Sonne glitzerte auf den Wellen und für einen Augenblick war alles wieder da, die Frau, die halbentblößt in den schäumenden Wellen am Strand lag, und wie er auf sie zulief. Zuerst hielt er sie für tot. Das Lager befand sich an einem Abhang am Meer. An dem Tag war das Meer aufgewühlt, schnappte und biss nach dem Fuß des Berges, spuckte Schaum wie ein erzürnter Leviathan. Diese hügelige Landschaft, die mit ihrem Ausblick auf das sich unten endlos erstreckende Mittelmeer und in seiner Kindheit wie eine Postkartenidylle ausgesehen hatte, war jetzt durch viele, hastig hochgezogene, rote Backsteingebäude und weiße Zelte entstellt. Und dann der Gestank, dieser unerträgliche Gestank. Sein verstorbener Onkel, der als Kriegsgefangener im Zweiten Weltkrieg in einem Lager inhaftiert gewesen war, hatte gemeint, der Gestank sei unverwechselbar, es stank nicht einmal so sehr nach menschlichen Ausscheidungen, sondern nach Elend und Verzweiflung. Die Zelte waren vor nicht allzu langer Zeit aufgebaut worden, die Backsteinhäuser gab es seit den Zwanzigern, Verwaltungsgebäude und Unterkünfte aus der Zeit, als im Berg Kupfer gefördert wurde. Als in den Vierzigern die Minen erschöpft waren, wurde das Bergwerk als Militärlager genutzt, nach Kriegsende das Gelände Wildziegen und Nagetieren überlassen und jahrzehntelang waren die Ziegelkonstruktionen der feuchten, salzigen Meeresluft ausgesetzt und die Eisendächer rosteten vor sich hin. Als vor zehn Jahren die ersten Flüchtlinge kamen und der kleinen Insel bald die Unterbringungsmöglichkeiten ausgingen, beschloss der Gemeinderat die heruntergekommenen Gebäude zu sanieren und das Gelände als Flüchtlingslager zu nutzen. Gleich, nachdem sie mit ihren Booten und

Schiffen angelandet waren, wurden die Migranten dorthin gebracht, von Ärzten untersucht, entlaust, registriert und offiziell in Europa willkommen geheißen. Als Matteo an dem Schild *Welcome Centre* vorbeifuhr, musste er unwillkürlich über das Fehlen jeglicher Ironie bei demjenigen, der den Namen vorgeschlagen hatte, grinsen. Ein gelangweilt aussehender Wachmann nickte ihm zu und er parkte sein Motorrad unter einem Baum und stieg die vier Betonstufen hoch, die zum Büro des Leiters des Flüchtlingslagers führten. Warum er ihn wohl hatte rufen lassen? Sie hatten sich erst letzte Woche gesehen – eine Leiche war am Strand vor seinem Haus angespült worden und er hatte den Leiter angerufen, damit man sie abholte. Es war nicht das erste Mal. Zweimal war ein leckendes Boot mit zitternden, verängstigten Familien, die erstaunt waren, dass sie noch am Leben waren, auf sein Grundstück aufgelaufen und er hatte sie mit seinem Lastwagen ins Flüchtlingslager gebracht. Alle bis auf die Frau und das Kind.

„Norden, die wollen alle in den Norden“, brüllte der Leiter gerade ins Telefon, als Matteo das winzige Büro betrat. Der Mann fing seinen Blick auf und nickte.

„Ja, Deutschland, Frankreich, England. Das hier ist kein Gefängnis, wohlgemerkt, sie können jederzeit gehen, wenn sie wollen.“ Er legte das Telefon beiseite, stand auf und gab Matteo die Hand. „Ein amerikanischer Journalist. Will wissen, ob das hier ein Gefangenenlager ist. Ideen haben die Leute.“

Vielleicht möchte er meinen Lastwagen ausleihen, überlegte Matteo. Das Flüchtlingszentrum war notorisch unterfinanziert und der Leiter bat oft um Hilfe, die Matteo gern gewährte. Die meisten der Einwohner der Stadt, Männer, Frauen, Kinder, hatten das eine oder andere Mal im Lager mit Hand angelegt.

„Komm“, sagte der Leiter, „ich muss dir was zeigen.“

Sie gingen die Stufen hinunter und folgten dem Pfad, der zu einem Tor führte, hinter dem sich das eigentliche Lager befand. Der Boden war hart und steinig; das Meer, dessen Schaum sich in weiches Aquamarinblau verwandelte, machte die hässliche, karge Landschaft wieder wett. Das Lager befand sich zwischen Berg und Meer. Ein Gebäude dominierte das Lager – ein durch und durch funktionaler Betonklotz mit gewölbten Aluminiumdach und quadratischen Fenstern, die alle den gleichen Abstand zueinander hatten. Es handelte sich um das Medical Centre, wo jeder Neuankömmling von Ärzten, Krankenschwestern und anderen Freiwilligen untersucht wurde. Matteo hatte hier bereits mehr als einmal mitgeholfen. An ausgelasteten Tagen ging es hier wie auf einem Marktplatz zu, Männer, Frauen und Kinder, die von ihrem langem Martyrium auf dem Meer dehydriert waren, lagen auf Feldbetten und hingen am Tropf – stets ein unschöner Anblick: Manchen verfaulten die Füße in den nassen Schuhen, manche waren vor Angst irre, weil sie tagelang auf hoher See zwischen Leichen eingequetscht gewesen waren. Bei Schwangeren wurde geprüft, ob das Baby noch am Leben war, wenn nicht, wurden gleich hier Notkaiserschnitte durchgeführt, schwerere Notfälle wurden mit dem Hubschrauber in größere und besser ausgestattete Einrichtungen nach Palermo und anderen nahegelegenen Städten geflogen.

Matteo war seit mehr als einem Monat nicht mehr im Lager gewesen, aber hier hatte sich nichts verändert, wie immer war es überfüllt; eigentlich war es für fünfhundert Personen gedacht, es hielten sich aber immer mehr als zweitausend Migranten dort auf, manche kamen gerade eben an und warteten auf Aufnahme, andere gingen gerade. Toiletten waren in Schlafzellen umfunktioniert worden, sonst hätten Frauen und Kinder unter freiem Himmel schlafen müssen. Matteo und der Leiter des Flüchtlingslagers gingen weiter und aus allen Richtungen strömten Männer, Frauen und Kinder, in der Hand eine Schüssel, die sie den beiden Männern hinstreckten, die hinter einem Tisch aus drei riesigen Aluminiumbehältern Essen austeilten, welches die Flüchtlinge sofort hinunterschlangen, ohne sich Zeit zum Hinsetzen zu nehmen.

„In den Zelten dort sind noch mehr Menschen. Manche sind zu krank, um aufzustehen", sagte der Leiter, ohne Matteo zu erklären, wohin sie gingen.

Sie kamen zu einem hohen Zaun direkt am Meer. Gerade wollte Matteo fragen, wonach sie suchten, als ihm die vielen Menschen auffielen, Männer, Frauen und Kinder, die entweder standen oder saßen, das Gesicht an den Zaun drückten und aufs Meer blickten. Sie hatten der Lagerküche und den Essenden den Rücken zugedreht, schweigend sahen sie immer nur aufs Meer hinaus. Ganz in der Nähe saß eine Frau auf dem steinigen Boden und schlug unter leisem Wehklagen den Kopf immer wieder gegen den Zaun. Keiner drehte sich um, als die beiden Männer näherkamen.

„Was machen die Leute da?", fragte Matteo.

Der Leiter des Flüchtlingslagers deutete auf die Frau und flüsterte: „Offenbar sitzt sie jeden Tag hier und lauscht den Stimmen ihrer Kinder, die ertrunken sind."

Matteo stellte sich vor, wie die Stimmen leise aus der gleichgültigen Tiefe aufstiegen, sich mit Wind und Wellen vermischten, und dann erstarben, von der feuchten Luft erstickt, doch da Töne angeblich nie ganz verstummen, existieren die Stimmen bestimmt weiterhin, winzigleise zwar, für normale Ohren nicht vernehmbar, aber mit dem Ohr einer Mutter immer noch zu erlauschen. Unvermittelt blieb der Leiter stehen. „Vor einer Woche hat sich ein Mann in den Duschräumen erhängt", sagte er. „Eine Frau drehte durch und rannte kreischend ohne ersichtlichen Grund durchs Lager, man beruhigte sie, aber noch in derselben Nacht hat sie sich erstochen. Ein anderer Mann brachte es fertig, über den Zaun zu klettern, er warf sich in die Wellen und ertrank sofort."

In der Ferne tanzte ein Fischerboot auf den Wellen, zog einen Streifen aufgewühltes Meer hinter sich her. Wahrscheinlich die Küstenwache, die Patrouille fuhr. Am Himmel zog ein Frontex-Hubschrauber immer weitere Kreise, während er das unergründliche Wasser absuchte.

„Ich verstehe nicht …" Matteo versuchte, seine Ungeduld zu verbergen. Der Leiter hob die Hand, zeigte nachdrücklich auf einen Mann, der allein am Zaun stand, ebenfalls reglos auf das Wasser hinaussah. Der Tag ging seinem Ende zu und bald würde die sanfte Mittelmeersonne in die See tauchen, ihre letzten Strahlen über Wasser und Küste ergießen, den Horizont, den weißen Strand und die Dächer rosig und das aquamarinblaue Wasser schwarz färben.

„Wer ist das?", sagte Matteo leise und wusste selbst nicht, warum er flüsterte.

„Er ist jetzt seit einem Monat hier. Man hat ihn von Lager zu Lager weitergereicht. Er ist sehr krank und ich fürchte, er macht es nicht mehr lange."

Jetzt bemerkte Matteo, wie zerbrechlich der Mann mit dem Kinnbart aussah; der Wind zerrte an seinem weiten Hemd, an der Hose, drohte ihn, über den Zaun ins Meer zu wehen. Er war durchschnittlich groß, die Kleidung schlotterte um seine ausgemergelte Gestalt. Der Leiter betrachtete den Mann mit bedauerndem Gesichtsausdruck. Matteo fragte sich, warum dieser Mann so wichtig war, worin sich sein Fall von den Hunderten ringsum unterschied.

„Er wurde mit einigen anderen aus dem Norden abgeschoben“, erklärte der Leiter. „Das passiert immer öfter, Migranten werden zusammengetrieben, in Züge gesteckt und in das europäische Land zurückverfrachtet, das sie als erstes betreten haben, normalerweise Italien oder Griechenland. Sie sollen zurück in ihre Heimatländer gebracht werden oder zumindest nach Libyen oder Ägypten, aber die Regierung vergisst sie oft ganz einfach. Nach einer Weile verlassen die meisten unser Lager und gehen wieder nach Norden. Der hier kam vor zwei Wochen in mein Büro. Er sei kein Flüchtling, behauptete er. Seine Papiere seien ihm abhandengekommen und er sei aus Versehen in diesem Zug gelandet. Natürlich habe ich ihm nicht geglaubt. Solche Geschichten bekommt man jeden Tag zu hören. Einmal erzählte mir eine Frau aus Togo, in ihrer Heimatstadt sei sie Königin und von Rivalinnen davongejagt worden, daher sollte sie automatisch die italienische Staatsbürgerschaft erhalten, nein, kein Asyl, sondern die Staatsbürgerschaft. Sie verlangte, man solle sie zum italienischen König bringen.“

„Was hast du darauf geantwortet?“

„Ich erklärte ihr, dass wir keinen König haben. Ich kriege hier alle möglichen Geschichten aufgetischt. Aber dieser Bursche da blieb hartnäckig und ich erklärte mich bereit, ihn zum amerikanischen Konsulat nach Palermo zu bringen. Wir fuhren hin und er brachte sein Anliegen vor, aber dort sagten sie, sie könnten hinsichtlich der verschwundenen Aufenthaltsgenehmigung nichts unternehmen. Sie sagten, sie würden sich einen Vermerk machen, falls das Dokument jemals auftauchen werde, würden sie ihn benachrichtigen. Er könne nur in Amerika oder seinem Heimatland Nigeria einen Ersatz anfordern, in der Zwischenzeit aber ein Touristenvisum für Italien beantragen, jedoch sei selbst dazu sein nigerianischer Pass nötig. Er bekam ein paar Formulare zum Ausfüllen."

„Wenn er kein Flüchtling ist, muss er doch nicht hier leben", sagte Matteo.

„Genau das habe ich ihm auch gesagt. Aber offenbar kann er oder will er nicht weg. Außerdem habe ich den Verdacht, dass ihm das nötige Geld fehlt ... aber hauptsächlich scheint er nicht weg zu wollen."

„Hat er denn keine Frau, keine Familie?"

„Er erwähnte eine Frau, aber ich habe den Eindruck, er möchte sie nicht anrufen." Seufzend warf der Leiter des Flüchtlingslagers einen letzten Blick auf den Mann und machte sich auf den Weg zurück zu seinem Büro.

„Glaubst du ihm?", rief Matteo ihm nach. Der Mann hatte sie keines einzigen Blickes gewürdigt.

„Ich gehe nächste Woche in Rente. Das ist meine letzte Arbeitswoche. Ich kann nachts nicht schlafen. Ich sehe tote Babys und Mütter, die ertrinken." Das Gesicht des Mannes wirkte ausgezehrt, seine Augen lagen durch die Schlaflosigkeit tief in ihren Höhlen. „Ich möchte keinen unaufgeräumten Schreibtisch zurücklassen, verstehst du?"

„Wie komme ich da ins Spiel?", wollte Matteo wissen, auch wenn ihm das soeben vage dämmerte. Giuseppe, der Leiter des Flüchtlingslagers, und er waren seit ihrer Kindheit befreundet. Giuseppe hatte im Nachbarhäuschen gewohnt, ihre Väter waren Fischer, wie schon deren Väter und Großväter, und besaßen ein gemeinsames Boot, dann starb vor fünf Jahren Giuseppes Vater, ertrank bei einem Fischzug vor der tunesischen Küste. Anders als Matteo, der die Insel nie verlassen hatte, war sein Freund zum Studium nach Palermo gegangen, ehe er auf die Insel zurückkehrte. Seit drei Jahren war er Leiter des Flüchtlingslagers.

„Wenn ich ihm nicht helfe, stirbt dieser Mann."

„Selbstmord meinst du?"

„Nein, suizidgefährdet wirkt er auf mich nicht. Aber er scheint sämtlichen Lebenswillen verloren zu haben. So etwas habe ich schon mehrmals erlebt. Als ich ihm erklärte, er könne jederzeit gehen, dies sei kein Gefängnis, weißt du, was er da gesagt hat? Er sagte, er denkt nach. Über seinen nächsten Schritt. ‚Gehen Sie nach Deutschland zurück', riet ich ihm, ‚nehmen Sie Kontakt zu Ihren Freunden auf.' Aber er sagte, nein, er wolle nicht wieder nach Deutschland."

„Vielleicht will er zurück in seine Heimat, nach Nigeria", mutmaßte Matteo.

„Vielleicht, aber mittlerweile ist er seit über einem Monat hier. Du siehst ja selbst, wie er ausschaut. Ich habe schon andere gesehen, die so ausschauten. Sie werden apathisch, ziehen sich in sich zurück, achten nicht mehr auf ihre Gesundheit und sterben."

„Und warum glaubst du, kann ich ihm helfen, wenn er sich nicht einmal selbst helfen will? Denn deswegen hast du mich doch angerufen."

„Weil er aus Berlin kommt. Dort hat er über ein Jahr lang gelebt. Ich dachte, das könnte dich interessieren."

Ich bleibe am Zaun stehen, bis die Sonne verschwindet. Von hier sieht man am besten, wie das Wasser während des Sonnenuntergangs die Farbe wechselt. Ich möchte nicht reingehen. Gestern Nacht hat der Mann, eigentlich noch ein Junge, im Bett neben mir, im Schlaf geschrien und heute Morgen hat er sich geweigert aufzustehen, lag da und starrte an die Decke. Er ist nicht älter als zwanzig und normalerweise sehr gesprächig, erzählt immer von seiner Reise durch die Wüste und was er in Europa für Aussichten hat. England ist sein Sehnsuchtsort, für ihn und alle anderen. Wenn nicht, sei auch Deutschland in Ordnung. Und falls wir zusammen weiterreisten, ob ich Geld hätte und seit wann ich in diesem Lager sei. Dann gestern diese Apathie. Ich habe schon viele so erlebt, erst Euphorie, dann depressives Schweigen. Das ist mein drittes Lager. Zuerst Lampedusa, dann Griechenland, jetzt diese Insel. Jedes Flüchtlingslager ist anders und trotzdem gleich.

Ich verbringe meine Zeit, indem ich aufs Meer hinausstarre. Wenn man lange genug hinsieht, bemerkt man die Farbabstufungen, die winzigen, sich verändernden Nuancen zwischen Grün und Blau und Türkis. Einmal kam der Leiter und stellte sich neben mich, das war am Tag, nachdem wir beim amerikanischen Konsulat in Palermo gewesen waren, fragte, was ich im Wasser suchte. Nichts, lautete meine Antwort. Wasser hat mich immer fasziniert. Ich bin im Binnenland geboren, in meiner Heimatstadt gibt es weder Seen noch Flüsse, Wasser strömte nur während der Regenzeit in Form von Springfluten. Als Kinder standen wir, wenn es geregnet hatte, am Rand und beobachteten die dahinfließende Mischung aus Wasser und Schlamm, Ästen und toten Vögeln, der einen oder anderen Ziege, dem einen oder anderen Hund und staunten über die Kraft des Wassers. Regenfälle waren Großereignisse, magisch, alles schien möglich, Riesen hätten vom Himmel fallen, Bäume entwurzelt und wie Zweige durch die Luft gewirbelt werden können, Menschen wurden am Straßenrand angespült, manchmal fielen Eisbrocken, schlugen durch Dächer, zertrümmerten Windschutzscheiben und Fenster. Hagel. Nachdem der Regen aufgehört hatte, saßen die Geier stundenlang auf den Baobab-Bäumen, ihre aschenen, durchweichten Flügel nutzlos, und warteten darauf, dass die Sonne herauskam. Ein zutiefst mitleiderregender Anblick, wie diese riesigen unansehnlichen Geschöpfe, Vögel zwar und fürs Fliegen geschaffen, eine Zeitlang, bis sie trocken waren, flügellahm auf den Ästen festsaßen.

„Versuchen Sie doch, hier wegzukommen", drängte mich der Leiter, „wenn Sie bleiben, sterben Sie. Ich habe schon viel zu viele hier sterben sehen. Gesunde, normale Menschen. An einem Tag werden sie krank und am übernächsten Tag sind sie tot." Ich hörte zu. Ich nickte. Ich dachte, wer sagt denn, dass ich nicht bereits tot bin, die Menschen um mich herum könnten Schatten, Geister sein, genau wie ich. Sollte ich noch am Leben sein, dann bin ich kaum noch lebendig. Bewege mich kaum noch, stehe fast nur da und sehe hinaus aufs Wasser.

Ich spüre seinen Blick, er steht mit einem anderen Mann da, ein unbekanntes Gesicht, möglicherweise ein Journalist, aber er hat kein Notizbuch, keine Tasche fürs Aufnahmegerät und auch nicht diesen hungrigen, gerissenen Journalistenblick. Einer der Inselbewohner, gehört vielleicht der Kirche an, noch ein Versuch mich zu retten, mich aus dem Lager rauszukriegen. Er höre auf, erzählte der Leiter. Offenbar will er mich unbedingt retten. Und doch vermag kein Bruder den anderen zu erlösen oder die Schuld seines Nächsten begleichen – so oder so ähnlich hat es mal ein Dichter formuliert. Ich tue so, als sähe ich sie nicht, und zu guter Letzt gehen sie. Ich denke nach, hätte ich ihm gern gesagt, ich habe alle Zeit der Welt. Ich habe nichts zu tun, kann einfach aufs Wasser starren und nachdenken. Ich überlege, ob ich da rausgehen soll und leben, oder ob ich hier warten und das Schicksal annehmen soll, egal, wie es aussieht. Nein, ich bin kein Fatalist, ich bin nicht unbesonnen, aber ich habe das Gefühl, wenn ich hier lange genug warte, erfahre ich etwas Erhellendes, jemand wird auf mich zukommen, ein bekanntes Gesicht oder jemand völlig Fremdes, ein Kind, ein Mann, eine Frau und sagen: „Hör zu.“ Und derjenige wird mir eine Geschichte erzählen, eine Fabel, ein Geheimnis, so zutreffend, so tiefschürfend, dass es das Warten wert war. „Hör zu“, wird derjenige sagen, „hör gut zu.“

Am nächsten Tag kommt der Mann wieder, diesmal allein, und bietet mir an, mich in die Stadt zu fahren, wenn ich Zeit dazu habe. Zeit. Macht er sich etwa lustig über mich? Schließlich ist Zeit, das Einzige, was ich habe. Er stellt sich vor, Matteo. Ein Freund des Mannes, der das Flüchtlingslager leitet, und vielleicht hat er wie dieser ein Helfersyndrom. Doch ich erfülle ihm den Wunsch, Zeit ist schließlich das Einzige, was ich habe. Ich bin seit einem Monat hier und war noch nie im Ort. Wir steigen in sein kleines Auto, fahren den Berg hoch, an einer Baumreihe vorbei und sind in der Stadt. Es ist vielmehr ein Städtchen, schmale Kopfsteinpflasterstraßen schlängeln sich um weiße Häuser und um eine Kirche, die an einem Platz mit einem Trinkbrunnen liegt, auf dessen Säule ein drohend aufgerichteter Löwe thront.

Wir parken beim Brunnen und schlendern durch die stille Stadt. Alte Männer und Frauen sitzen träge vor den Cafés unter Sonnenschirmen und Markisen, trinken in der heißen Nachmittagssonne Kaffee. Wir kommen auf eine geschäftige Straße abseits des zentralen Platzes, wo ein Markt aufgebaut ist; wir gehen an einem Metzgerstand vorbei, wo Lammkeulen und Hammelhälften an Haken hängen.

„Ich bin hier aufgewachsen", sagt Matteo, während er einem Bekannten zuwinkt. „Ich kenne buchstäblich jeden hier in der Stadt."

Nach dem Markt kommen etliche Geschäfte, die Bekleidung oder Damentaschen und -schuhe verkaufen. Die Waren im Schaufenster machen mir bewusst, wie abgerissen ich aussehe; mittlerweile trage ich seit Wochen dasselbe und sehe bestimmt wie eine Vogelscheuche aus. Nach und nach nehme ich vor den Hotels und Pensionen immer mehr afrikanische und asiatische Männer wahr, die grüppchenweise auf Treppen und Bänken sitzen und sich leise unterhalten. Sie haben einen grüblerischen, gequälten Gesichtsausdruck, als wägten sie ab, wie lange sie noch in diesem Städtchen bleiben können, wann sie hier nicht mehr willkommen sind.

„Kommen Sie, wir trinken einen Kaffee", sagt Matteo.

Wir nehmen vor einem Café Platz und bestellen. In der Ferne kann man das Meer sehen. An den Nachbartischen sitzen einige Männer und Frauen, die meisten starren uns neugierig an. Eine Gruppe junger Männer im Café nebenan glotzt mich ostentativ an und tuschelt. Die Bedienung weigert sich, mir ins Gesicht zu sehen, wendet sich ausschließlich an Matteo. Ich bestelle einen Tee. Sie kommt mit der Bestellung, knallt mir die Teetasse hin und wartet auf Bezahlung. Matteo raunzt sie an und drückt ihr Geld in die Hand. Sie gibt ihm den Differenzbetrag heraus und geht.

„Tut mir leid", sagt er. „Die Stadt ist aufgebracht. Die Hälfte der Einwohner ist weggezogen."

„Warum?"

„Die wirtschaftliche Lage ist schlecht. Die Leute geben den Flüchtlingen die Schuld daran. In den letzten fünf Jahren ist die Zahl der Flüchtlinge gewachsen, es gibt mittlerweile fast mehr Flüchtlinge als Einheimische und immer mehr Einheimische ziehen weg." Während er spricht, taucht eine Afrikanerin auf, an der Hand ein Kind; sie trägt ein buntbedrucktes Kleid und schlendert gelassen dahin, sie könnte genauso gut in ihrer Heimatstadt unterwegs zu einer Nachbarin sein. Weitere braune Gesichter ziehen an unserem Café vorbei, Inder, Araber, Afrikaner. Ich trinke meinen Tee. Die Kirchturmuhr schlägt die volle Stunde. Von unserem Sitzplatz aus können wir den Kirchturm sehen, der einsam in den mattblauen Himmel spitzt. Matteo sagt, wer im Mittelalter das Gesetz gebrochen habe, sei in einem Käfig vor der Kirche aufgehängt und den Elementen ausgesetzt worden, bis er starb. Ein wirksames Abschreckungsmittel.

„Der Leiter des Flüchtlingslagers hat mir erzählt, dass Sie in Berlin gelebt haben."

„Ja", bestätige ich. „Ich möchte mich bei Ihnen für den Kaffee und das hier bedanken." Ich mache eine weitausholende Handbewegung.

„Wenn Sie mögen, können wir das morgen wiederholen", sagt er.

Er will etwas sagen oder mich etwas fragen, das spüre ich, aber er wartet, schätzt mich ein. Bei Sonnenuntergang kehren wir ins Lager zurück. Am nächsten Tag kommt er um die gleiche Zeit wieder und wir gehen ins selbe Café. Dieselbe Bedienung bringt mir meinen Tee, diesmal mit Croissant, meidet wieder meinen Blick, als sie das Tablett absetzt. Ich sehe die Afrikaner vorbeischlendern und das stürmische Meer in der Ferne ist heute von noch intensiverem Blau.

„Ich will Ihnen eine Geschichte erzählen", sagt Matteo. Er nippt an seinem Espresso und zündet sich eine Zigarette an. Sein Gesicht ist kantig, die Haut sonnenverbrannt. Er ist Maler, spezialisiert auf Fassaden, teilt er mir mit, früher war er wie die meisten im Städtchen Fischer. Seine Hände tragen grüne Farbspuren. „Sie handelt von einer Frau", sagt er. „Nehmen Sie sie als Märchen."

Es war einmal ein Mann, der fand eine Frau am Meeresstrand, umspült vom Schaum der Wellen. Eine Meerjungfrau, dachte er. Der untere Teil ihres Körpers befand sich im Wasser, nasse Haarsträhnen zogen sich über ihr Gesicht, ihre Kleidung wurde von den Wellen bewegt. Er beugte sich über sie, die Wellen schlugen ans Ufer, zogen sich zurück und schlugen wieder ans Ufer, sie schien tot. Dann sah er etwas entfernt das Kind; es war mit einem roten Stoffstück an einen Rettungsring gebunden und versuchte sich aufzurichten. Er rannte hin und hob das Kleine hoch. Es war ein ungefähr einjähriger Junge mit Seegras im Haar, aus Mund und Nase lief ihm Wasser. Die Frau bewegte sich, hob eine Hand und versuchte mit leiser Stimme zu sprechen. Er rannte zu ihr zurück, legte sein Ohr dicht an ihren Mund. „Hilfe", krächzte sie und deutete auf den Jungen. „Bitte." Er bemühte sich, seine Panik zu unterdrücken, sah sich nach Hilfe um, aber der Strand war leer. Nur die Wellen schlugen in der engen Bucht gegen Sand und Felsen. Er zerrte die Frau vom Wasser weg. Er zog sein Hemd aus und bedeckte damit ihre nackte Brust.

„Können Sie stehen?"

Sie versuchte, sich aufzurichten, aber ihre Beine gaben immer wieder unter ihr nach. Er legte sich ihren Arm über die Schulter, auf der anderen Seite trug er das Kind und brachte die beiden in sein Haus, das nicht allzu weit entfernt vom Strand lag. Er lebte gemeinsam mit seinem alten Vater Pietro in diesem Haus, das einst voller Stimmengewirr gewesen war, aber seine Brüder waren alle in die Stadt gezogen und vor drei Jahren war seine Mutter gestorben. Nur er und sein siebzigjähriger Vater wohnten in diesem Haus, das allmählich zerfiel, wie das Gemäuer an der See zu tun pflegt.

Zwei Tage lang schliefen Mutter und Kind nebeneinander in einem der großen Betten. Der Mann saß auf einem Stuhl und beobachtete die beiden, voller Angst, sie könnten an einer inneren Verletzung sterben, einer inneren Blutung oder einer Infektion, die sie sich im Wasser zugezogen hatten. Er betrachtete die Frau, die im Schlaf hin und her schaukelte und schwankte, die Bewegungen des Meers imitierend, das sie erst kürzlich ausgespuckt hatte. Das Kind wimmerte und klammerte sich an den Arm der Frau. Die ganze Nacht saß der Mann schlaflos und ängstlich da, betrachtete die beiden, hob gelegentlich die Hände, als wollte er die Bewegungen des schlafenden Paars zum Stillstand bringen. Wenn es ihm vorkam, die beiden seien zu reglos, legte er der Frau eine Hand auf die Brust, damit er spüren konnte, wie sie sich unter ihrem Atem hob und senkte, hob und senkte, dann hielt er einen angefeuchteten Finger unter die Nase des Kindes, um den Atemzug darauf zu spüren.

„Leg dich hin und ruh dich aus“, sagte sein Vater Pietro. „Du kannst ohnehin nichts tun. Ich wache über die beiden und ich rufe dich, sobald sie aufwacht.“

In dieser Nacht wachte die Frau auf. Sie starrte den Alten an, der in einem Sessel am Fenster döste und sie wirkte weder überrascht noch beunruhigt. Als Erstes nahm sie den schlafenden Jungen in die Arme. Der Alte brachte ihr eine Tasse Suppe und sah ihr beim Trinken zu.

Angeblich bin ich zusammengebrochen, als ich am Zaun stand und wie üblich aufs Wasser hinaussah. Ich selbst erinnere mich nicht daran. Ich wache auf und über mich beugt sich ein Arzt in Weiß, leuchtet mir mit einer Taschenlampe in die Augen. Ich liege im Medical Centre.

„Können Sie mich hören?“, fragt der Arzt.

Ich schließe die Augen und drehe mich vom Licht weg.

„Wie geht es Ihnen? Haben Sie Kopfschmerzen?“, fragt er.

„Nein“, sage ich. „Doch, schon etwas.“

Ich will mich aufrichten, aber der Arzt drückt mich auf das Feldbett zurück. Ich habe den Arzt schon zuvor gesehen, es gibt zwei, ihn und eine Frau, sie wechseln sich ab, jeder schaut ungefähr zweimal die Woche vorbei. Er ist noch keine vierzig, ungefähr in meinem Alter, mit Geheimratsecken und ständig besorgt gerunzelter Stirn. Er sitzt auf einem Stuhl an meinem Bett und seine Sorgenfalten sind tiefer als sonst.

„Sie sind dehydriert und unterernährt. Wir werden Sie einige Tage hierbehalten und Ihnen einen Tropf mit Kochsalzlösung legen.“

Morgens kommt der Leiter des Flüchtlingslagers und setzt sich auf denselben Stuhl, auf dem der Arzt gesessen hatte, schüttelt mir die Hand, als würde er mir zu einem Erfolg gratulieren. „Sie kommen hier raus“, sagt er. „Ist alles geregelt. Ihr Freund Matteo nimmt Sie zu sich. Sie können bei ihm bleiben, bis es Ihnen bessergeht.“

Ich möchte widersprechen, dass Matteo gar nicht mein Freund ist. Ich kenne ihn kaum, weiß nicht, wann und wie das alles geregelt worden sein soll, aber ich möchte nicht undankbar klingen. Matteo wirkt harmlos, höflich, bereit zuzuhören, bestimmt kommen wir miteinander aus. Trotzdem möchte ich nicht bei jemandem einziehen, ich will niemandem verpflichtet sein. Aber die Müdigkeit macht mich wehrlos. Als ich wieder in meine Ecke darf, packe ich meine Sachen zusammen. Viel ist es nicht. Eine Zahnbürste – jeder von uns im Lager hat eine bekommen –, ein Kamm, einmal Ersatzunterwäsche, eine Socke, Hausschuhe – ich stopfe alles in eine Plastiktüte, setze mich und warte auf Matteo.

Der Raum ist leer. Das untere Stockbett neben mir ist neu belegt. Der junge Mann ist vor einigen Tagen gegangen. Er wollte, dass ich ihn begleite, wir wären ein gutes Team, erklärte er mir. Er sei aus einer Kleinstadt in Nigeria, erzählte er, ohne ihren Namen oder den des Bundesstaates zu erwähnen. Er war arm und hatte das Gefühl, in seiner Heimatstadt würde er nie auf einen grünen Zweig kommen, daher verkaufte seine Mutter ihr Stück Land und gab ihm das Geld für die Fahrt übers Mittelmeer. Ich stelle ihn mir im Zug vor, hinten auf einem Lastwagen oder wie er auf einem Pfad durch den Busch Richtung Norden geht. Sein bewundernswerter Optimismus wird unweigerlich erschüttert werden, aber bewundernswert ist er trotzdem. In einer Zeltecke läuft ein Radio, die Stimme des BBC-Sprechers durch Störgeräusche unterbrochen. Als Kind habe ich viel BBC gehört. Eine andere Stimme spricht ins Handy, immer telefoniert jemand, das Mobiltelefon ist allgegenwärtig, die einzige Verbindung zur Welt, die wir zurückgelassen haben.

„Ich bin in Italien. Alles in Ordnung. Alles läuft gut. Bald gehe ich nach Deutschland. Ja, insha Allah."

Ich denke an Karim und seinen Sohn Mahmoud und dass er die Exilwildnis seiner Heimat vorzog. Mir fällt der Schmerz in seiner Stimme ein, als er sagte, ihm sei bewusst, wahrscheinlich werde er Somalia nie wiedersehen. Früher einmal bedeutete, außerhalb der vertrauten Welt zu leben,

Exil und Exil bedeutete Tod. Durch den Zelteingang sehe ich eine Gruppe von vier jungen Männern, die sich immer am selben Platz am Hügel versammelt; sie sondern sich ab, unterhalten sich ernsthaft, manchmal sieht es aus, als stritten sie. Sie telefonieren. Sie planen ihre Route, ihren weiteren Weg. Ihre Rede ist unerschrocken; mutig wenden sie allem Bekannten den Rücken zu, werfen sich Veränderung und Chaos an die Brust und trotzdem entgeht mir der gelegentlich nervöse Unterton ihres Lachens nicht, ich stelle mir vor, wie sie auf ihren Feldbetten in den Zelten liegen, sich nach Zuhause sehnen, ich höre ihre Stimmen auf dem Weg zum Tor, sie gehen ins Städtchen, versuchen Geld zu verdienen oder Kontakte zu knüpfen, sie legen sich ins Zeug. Immer legen sie sich ins Zeug.

Am ersten Tag, als sie wieder aufstehen konnte, ging sie durch eine Tür, die in ein größeres Zimmer führte und dann in ein nächstes. Einige Fensterscheiben waren zerbrochen, die Wände hatten Risse. Verfall und Vernachlässigung lagen über dem ganzen Haus und selbst in ihrem halb schlafwandlerischen Zustand fiel ihr auf, dass nirgendwo der Einfluss einer weiblichen Hand zu sehen war, und das machte sie seltsamerweise traurig. Sie stand in einem Zimmer, das zwischen der Küche und einem anderen Raum lag, vielleicht das Esszimmer, und sah sich verloren um. Es war eine Art Vorratsraum; auf Holzregalen standen Kisten, aufeinandergetürmte Farbdosen, auf einem Tisch fanden sich Pinsel, getrocknete Farbe an den Borsten, Farbe war auch auf den Tisch gelaufen und hatte bunte Streifen hinterlassen, die mittlerweile angetrocknet waren. Dann kam der Alte herein.

„Mein Sohn ist nicht hier, er ist bei der Arbeit. Möchten Sie etwas?“

„Ich möchte nach draußen. Bitte.“

Er sah sie aufmerksam an, dann nickte er und führte sie an der Hand durch eine Tür, sechs flechtenbewachsene Steinstufen hinunter über einen Pfad, zu dessen beiden Seiten Weinstöcke wuchsen, und dann befanden sie sich in einem Garten. Früher sei das ein schöner Park gewesen und die Dorfbewohner seien hergekommen und hätten sich hingesetzt und die Rosen bewundert. Sie kamen zu einem Brunnen und der Geruch nach totem, nassem Laub stieg auf. Eine Nymphe hielt eine gesprungene Vase, ihr Unterleib und ihre Schulter sahen aus, als wären sie von Kugeln getroffen worden. Er brachte sie zu einer Bank, von der aus sie aufs Meer sehen konnte.

„Dort hat mein Sohn Sie gefunden“, Pietro zeigte auf die Stelle am Strand. Und plötzlich war sie wieder aufgewühlt. Er nahm ihre Hand, sie sah ihn an, offenbar ohne ihn wiederzuerkennen. „Die Kinder!“, rief sie und rang die Hände. „Wo sind die Kinder?“ Er brachte sie ins Haus zurück und sie gingen durch viele Türen, bis sie zum Schlafzimmer kamen. Dort lag der Junge und schlief. Angst und Panik verschwanden aus ihrem Gesicht, sie setzte sich aufs Bett und nahm den Kleinen in die Arme, vergrub ihr Gesicht an seiner Brust und sprach fortwährend leise vor sich hin.

Sie sah auf, der Alte war verschwunden, statt seiner stand der jüngere Mann da. Wie viel Zeit war vergangen? Sie hatte das Gefühl dafür verloren.

„Wie heißt er?“, fragte er.

„Omar.“

„Wie heißen Sie?“

Sie schüttelte den Kopf. Nachts träumte sie von Feuer, von lauten Explosionen am Himmel. Ein Mann war da und ein Mädchen. Und Wasser, so viel Wasser, sie schwamm und schwamm, vom orangefarbenen Rettungsring getragen, sie und das Kind. Wieder und wieder hatte sie diesen Traum und immer endete er damit, dass der Mann sich über sie beugte und sagte, alles sei gut, sie sei in Sicherheit.

Erneut fragte er leise: „Wie heißen Sie?"

Sie schüttelte den Kopf, diesmal verzweifelt.

„Kommen Sie."

Er ging mit ihr ins Badezimmer und bugsierte sie vor den Spiegel. Oberhalb des Waschbeckens standen Zahnbürsten in einem Becher, die Borsten platt und zerkaut. Der Spiegel hatte Seifenspritzer, Schmutzflecken und Sprünge, einer verlief quer von unten nach oben, zerteilte ihr Gesicht. Rasch hob sie die Hand zum Gesicht wie eine unwillkürliche Reaktion auf den Sprung im Spiegel. Sie fuhr sich durchs Haar, berührte ihre Wangen, ihre Lippen, ihre Lider, als wäre es das Gesicht einer anderen.

„Tut mir leid. Ich weiß es nicht."

Er lächelte über ihre Schulter aufmunternd in den Spiegel. „Es wird Ihnen alles wieder einfallen. Nehmen Sie ein Bad, legen Sie sich dann wieder hin." Er ging. Allein im Badezimmer betrachtete die Frau ihr Gesicht im Spiegel, sie sah den Dreck, den Sand im salzstarren Haar und wie sehr sie sich auch bemühte, sie konnte sich nicht daran erinnern, wer sie war, wo sie herkam. Nur ans Meer konnte sie sich erinnern. Sie entkleidete sich und strich sich langsam über die Kaiserschnittnarbe.

„Mein Haus ist nichts Besonderes, aber hier sind Sie sicher", sagte der Mann leise.

Sie sah zu ihm hoch, das Wort „sicher" blieb in ihrem meerverwirrten Kopf hängen. Zuerst sahen ihre Augen ihn fragend, dann vertrauensvoll an und dies mag der Moment gewesen sein, in dem er sich in sie verliebte, in ihre Augen, riesengroß und schön.

Sie habe Angst vorm Dunkeln, vertraute sie ihm an. Sie schlief bei Licht und manchmal hörte er sie im Schlaf schreien. Dann setzte er sich in den Sessel, bis sie einschlief, manchmal tat sie auch nur, als schliefe sie, das wusste er wohl, wie ein Kind, lag da mit geschlossenen Augen und lauschte seinem Atem, seinen Bewegungen im Sessel, seine Anwesenheit beruhigte sie. Einmal wachte sie auf und das Licht war aus. Sie hob eine Hand und zeigte zum Fenster. „Licht", sagte sie. „Bitte." Sie erinnerte sich an das dunkle Schiff; als die Wellen sie hoben und fallenließen, hatte sie nur den einzigen Wunsch gehabt, ein Lichtstrahl möge ihre Haut berühren. „Bitte", wiederholte sie.

Allmählich wachte sie ohne Angst an diesem merkwürdigen Ort auf, machte morgens, während der Junge noch schlief, gern einen Spaziergang durch den Park, setzte sich auf die Bank und sah hinaus auf das ferne Wasser. Der Mann beobachte sie vom Küchenfenster aus. Vor einer Woche war sie nicht hier gewesen, vor einer Woche hatte er sie nicht gekannt, nun war sie hier und das Einzige, woran er denken konnte. Sie war Mutter, Ehefrau, vielleicht innig geliebt von einem Mann, der wahrscheinlich im Wasser umgekommen war, dessen Leiche an eine europäische Küste angespült worden war und dort halb verdeckt herumlag. Natürlich war er möglicherweise noch am Leben und wartete irgendwo, das Mobiltelefon in der Hand, auf ein Wort von ihr. Der Mann war erstaunt, dass ihn beim Gedanken, ein Ehemann könnte auf sie warten, sofort die Eifersucht erfasste.

„Sie könnte hierbleiben", sagte er zu seinem Vater.

„Warum nicht." Sie konnte sich nicht an ihre Vergangenheit erinnern, auch nicht an ihr Ziel; sie in ein Flüchtlingslager zu schicken, wäre grausam. Mit einem Kind obendrein. Hier gäbe es einen neuen Anfang für sie, für die beiden. Diesen neuen Anfang konnte er ihr schenken, würde er ihr schenken. Aber er musste es langsam angehen. Er wollte sie nicht erschrecken.

„Früher waren wir Fischer", erzählte Matteo, „jetzt allerdings nicht mehr."

„Warum haben Sie aufgehört?", fragte der Mann.

„Das Fischen wurde zu mühsam", antwortete Matteo ohne weitere Erklärung. „Ich brachte mir das Malerhandwerk bei", fuhr er fort. „Der frühere Maler hat die Insel verlassen, daher bin ich im Moment ziemlich gefragt."

Mittlerweile wohnte er seit einer Woche bei Matteo und bereits jetzt verschwamm die Erinnerung an das Lager. Er erinnerte sich an die Frau, die am Zaun saß und sagte, sie könne die Stimmen ihrer Kinder in der Meerestiefe hören. Und an den ehemaligen Leiter des Flüchtlingslagers, Giuseppe. Jeden Morgen ging er ungefähr eine halbe Stunde lang am Strand spazieren. Das hatte der Arzt angeordnet.

„Es liegt bei Ihnen, ob Sie sich erholen oder nicht. Sie sind jung, haben im Prinzip keine gesundheitlichen Probleme. Ihre Krankheit ist psychisch. Natürlich ist Ihr Körper geschwächt, das liegt an der schlechten Ernährung, an einigen kleineren Infekten. Es liegt in Ihrer Macht, ob Sie wieder richtig auf die Beine kommen. Ernähren Sie sich gesund, betätigen Sie sich körperlich. Eine bessere Medizin gibt es für Sie nicht", hatte der Arzt gesagt.

Der Arzt war alt, seit Kindertagen mit Pietro befreundet. Er hatte im Sessel neben dem Bett gesessen, genau jenem Bett, in dem die Meerjungfrau gelegen haben musste, und er überlegte, ob der Arzt sie ebenfalls behandelt hatte, als sie krank vor Angst und verloren hier gelegen hatte.

Er trug einen weißen Arztkittel, als machte er im Krankenhaus seine Visite, neben ihm stand auf dem Boden seine Arzttasche.

„Sagen Sie, sind Sie verheiratet?", wollte der Arzt wissen.

Er nickte.

„Vermissen Sie denn Ihre Frau nicht, wollen Sie nicht bei ihr sein?"

Fehlte ihm Gina? Bevor er Gina kennengelernt hatte, hatte er häufiger an Zuhause gedacht. Seine beiden Schwestern hatte er seit zehn Jahren nicht gesehen. Sie waren viel älter als er, verheiratet und hatten bereits erwachsene Kinder; als er selbst Kind gewesen war, hatten sie so gut wie nie Zeit für ihn gehabt und bis auf ein gelegentliches Telefonat gab es kaum Kontakt. Sein Vater, der für die Regierung gearbeitet hatte, war mittlerweile im Ruhestand; als er auf die Welt gekommen war, war sein Vater bereits Anfang fünfzig gewesen, zu alt und zu müde, um groß Interesse an ihm zu zeigen, nachdem sich die Freude über den langersehnten Sohn gelegt hatte. Während der ersten Monate in Amerika hatte ihm seine Mutter dermaßen gefehlt, dass es ihm peinlich war, aber nach einer Weile war er darüber hinweg. Gina hatte ihm die Familie ersetzt und er war nicht mehr einsam. Gina fehlte ihm, sie fehlte ihm so sehr, dass es sich anfühlte, als hätte er ein Loch in der Brust, aber er wusste, mit der Zeit würde die Erinnerung an sie verschwimmen und zu einem Traum werden, der gelegentlich und ohne Vorwarnung auftauchte. Der Gedanke machte ihm Angst. Er wollte sie nicht vergessen. Er wollte sie tausendmal am Tag anrufen, aber wozu? Bisher hatte er einen Anruf vermieden, er schämte sich dafür, wie ihre Trennung abgelaufen war. Die Zeit würde die Leere im Herz füllen, die der andere hinterlassen hatte, so wie sich ein leerer Brunnen allmählich mit Unrat füllt, bis die Menschen vergessen haben, dass dies früher einmal ein Brunnen war. Diejenigen, die ihn gegraben hatten, würden sterben, diejenigen, die wussten, dass es ein Brunnen war und sogar daraus getrunken hatten, würden wegziehen und seine Zeit als Brunnen würde in Vergessenheit geraten.

Der Arzt sah noch zweimal nach ihm und blieb jeweils zum Abendessen. Fleisch, Gemüse und Pasta, Fisch jedoch nie. Sie saßen zu dritt da, aßen und beobachteten das Meer durchs Fenster, in der Ferne zog ein Boot seine Runden. In einer Ecke lag mit geschlossenen Augen Pietros Hund. „Küstenwache“, sagte Matteo. „Nein, das sind Carabinieri“, widersprach der Arzt. „Irrtum“, sagte der alte Pietro mit zusammengekniffenen Augen, „das ist ein Privatboot, Flüchtlingsretter.“

Matteo hatte ihm die Lebensgeschichte des Arztes erzählt: der Mann hatte das Dorf verlassen und in Rom Medizin studiert, dort geheiratet und gut verdient, aber ihm fehlte die Heimat, ihm fehlte das Meer und als er 2013 die Nachrichten einschaltete und gemeinsam mit dem Rest der Welt sah, wie die Leichen von mehr als dreihundert Flüchtlingen vor Lampedusa aus dem Mittelmeer gefischt wurden, war er als freiwilliger Helfer zurückgekommen und seitdem nicht wieder nach Rom gefahren.

Er hatte sich auf der Insel niedergelassen und eine Praxis aufgemacht. Er engagierte sich im Flüchtlingslager und alt wie er war, fuhr er täglich mit den Rettungsbooten auf der Suche nach gekenterten Flüchtlingsbooten hinaus.

Ehe der Arzt ging, verordnete er ihm Ruhe, er halte sich für kräftiger als er im Moment sei, es brauche Zeit, bis sich sein Körper erhole. Nach den Spaziergängen versuchte er zu lesen. Im Haus gab es Bücher, im Wohnzimmer standen einige Regale, alles war auf Italienisch, bis auf einen Roman, der ins Englische übersetzt war – „The Leopard" von Tomasi di Lampedusa. Matteo fragte, ob er mitkommen wolle, sie würden um die Insel fahren, Pietro und er – die Insel war so klein, dass man sie an einem Tag mehrfach umrunden konnte – und zuerst lehnte er ab, aber als sie dann auf dem Wasser waren, gefiel es ihm doch, bis er seekrank wurde und sich übergab. Anschließend musste man ihm aus dem Boot und in sein Zimmer helfen.

„Sie sind jetzt seit sechs Monaten hier", sagte er. „Erzählen Sie mir, an was erinnern Sie sich?"

„Omar ist mein Sohn, das sagt mir mein Mutterinstinkt", sagte sie, „aber ich kann mich weder an sein Geburtsdatum noch an seine Lieblingsfarbe erinnern. Ich weiß, dass ich eine gute Mutter bin, ich würde alles für ihn tun, ich würde mit Freuden mein Leben für ihn geben."

Aber sie verschwieg manches; seit kurzem träumte sie von anderen Gesichtern, von einem Mann, einem Mädchen, und wenn sie aufwachte, hatte sie Kopfschmerzen, weil sie diesen Bildern zu folgen versuchte. Sie hielten den ganzen Tag an, dumpf pochte es in ihren Schläfen. Unerwartet tauchten andere Bilder auf, Stra-

ßennamen, Gesichter, sie erinnerte sich an eine Autonummer. 1980. Sie sah sich eine Straße entlanggehen und ein weißes Haus betreten, vor dem eine Dattelpalme stand, dabei führte sie zwei Kinder an der Hand. Einen Jungen und ein Mädchen. Es war ein glückliches Haus, doch sie stand immer nur vor der Tür, kam nicht über die Schwelle und wenn sie die Tür öffnete, war dahinter das Nichts.

„Da ist ein Mann", sagte sie. „Da ist ein Haus, weiß. Wir wohnen dort, da bin ich mir sicher. Es brennt. Schüsse fallen und um uns herum stürzen die Gebäude ein. Das ist alles, was ich sehen kann, den Mann, das Haus."

„Denk nicht an die Vergangenheit", flüsterte er traurig. „Du bist hier sicher. Ich passe auf euch beide auf."

Wir sind in der Küche. Ich stehe in der Ecke und sehe Matteo beim Kochen zu. Er wirft ein blutiges Stück Fleisch in eine Pfanne. Daneben dampfen Spargelstangen in einem offenen Topf. Er ist ein guter Koch, der bestens allein zurechtkommt und mich jedes Mal, wenn ich meine Hilfe anbiete, mit einer Serviette verscheucht. Ich stehe am offenen Fenster und komme mir nutzlos vor. Irgendwo im Haus spielt ein Radio, eine Frauenstimme singt eine traurige Arie. Ich reiche ihm das Salz und räume die Zwiebelschalen weg und wenn es nichts mehr für mich zu tun gibt, verstricke ich ihn in ein Gespräch: Warum lebt er allein mit seinem Vater in diesem Riesenhaus, wo ist die restliche Familie? Sein Alter lässt sich schwer schätzen, sein Gesicht ist unbestimmbar, manchmal wenn er mir gegenübersitzt, sich auf seinem Stuhl nach vorn beugt, sieht er alt, weise und müde aus. Er hat bestimmt schon vieles vor seiner Haustür angespült gesehen. So wie auch ich schon einiges bei meinen Strandspaziergängen entdeckt habe, Kinderspielzeug, einen Schuh, eine Handyhülle.

Es hat sich bei uns eine Routine eingespielt, ich wache auf, mache meinen Strandspaziergang und wenn ich zurückkomme, spüle ich ab, wenn es etwas abzuspülen gibt, dann sitze ich den restlichen Tag im Park und sehe hinaus aufs Wasser. Manchmal taucht am Strand in der Ferne der Alte mit seinem Hund auf, dann geselle ich mich zu ihm und schweigend schlendern wir gemeinsam dahin, die Wellen schwappen über unsere Füße, beruhigend schwillt das Brausen der Brandung an und ab und in solchen Augenblicken vergesse ich fast, wie heimtückisch und raubtierhaft das Meer sein kann. Bisher war ich wie gelähmt und nun überlege ich zum ersten Mal seit langem, was ich tun, wohin ich gehen soll. Aber wenn ich das beim Abendessen zur Sprache bringe, schüttelt Matteo den Kopf. „Du bist noch nicht fit, auch wenn du das meinst. Der Arzt hat gesagt, du brauchst noch mindestens einen Monat, ehe du überhaupt ans Reisen denken kannst."

Und damit ich dem Gedankenkreislauf entkomme, nimmt er mich auf einen Spaziergang mit in die Stadt. Wir gehen am Brunnen vorbei, an der Kirche, am Café. „Dort ist der Telefonladen. Die machen mehr Umsatz als jedes andere Geschäft hier."

Vor dem Laden steht eine Warteschlange dunkelhäutiger Männer, sie kaufen SIM-Karten und Guthaben, rufen zu Hause an und geben ihrer Familie Bescheid, dass sie leben und es nach Europa geschafft haben. Als wir vorbeischlendern, drehen sich Einige um und starren uns neugierig an, ich suche die Reihe nach einem bekannten Gesicht aus dem Lager ab. Ob sie wohl bereits enttäuscht sind, es sich so vorgestellt hatten, diese leeren, nasskalten Kopfsteinpflasterstraßen, die leerstehenden Hotels, die zerfallenen alten Häuser? Hinter dem Platz befindet sich das Museum – Matteo sagt, früher, also zu Zeiten Garibaldis, sei es einmal eine Festung gewesen; davor steht eine Statue, ein schwertschwingender Soldat hoch zu Ross. Aus felsigem Boden ragt die Festung übers Wasser, trotzig der fernen afrikanischen Küste zugewandt. Eine mit Kanonentürmen bewehrte Mauer umgibt sie; sämtliche vor sich hin rostenden Kanonen sind nach außen gerichtet, bereit für den sich geisterhaft aus dem Meeresnebel lösenden Feind.

Wir gehen Raum für Raum durchs Museum, beginnen mit dem Erdgeschoss – das gesamte Museum ist der Militärgeschichte gewidmet. Die Exponate fangen bei den frühesten primitiven Waffen an, Speere, Lanzen, Bajonette samt Zeichnungen von kettenhemdtragenden Rittern zu Fuß und zu Pferd, die sich in die Schlacht stürzen. In den weiteren Räumen werden ausgefuchstere moderne Waffen gezeigt, Vorderlader, Pistolen, Musketen, Büchsen, Kanonen und Maschinengewehre sowie Pulvertaschen, Granaten, Raketen. Hier ist die Geschichte des bewaffneten Europas ausgebreitet, eine Geschichte von Krieg, Eroberung, Zerstörung.

Wieder in meinem Zimmer starre ich hinaus auf den Park, das abnehmende Licht wirft Schattenflecken auf Laub und Blumen. Matteo hat mir gezeigt, wo die Meerjungfrau aus seiner Geschichte, ehe sie fortging, im vergangenen Frühling hinter dem Haus einen Garten anlegen wollte. Das gepflügte Stück Boden hat genau die Größe, die sich gut bearbeiten lässt; sie versuchte, dem Boden Leben zu entlocken, jätete Unkraut, zerkleinerte den harten klumpigen Lehm mit der Schaufel, kippte eimerweise Wasser darauf, grub mehrere Rosenstöcke aus dem Park aus und pflanzte sie hier in einer Reihe an. Die Pflanzen gediehen in der schweren, sauren Meeresluft nur schlecht, trotzdem machte sie sich täglich verbissen ans Werk. Irgendwann ging ihm auf, dass sie keineswegs daran glaubte, etwas zum Wachsen bringen zu können, sondern nur die Zeit totschlug. Sie säte ihre Ängste, ihre Zweifel aus – wer war sie, wo war dieser Ort, wer waren diese Menschen, bei denen sie lebte? – und hoffte, die eine oder andere Antwort würde wie durch Zauber aus dem Erdreich grünen. Matteo beobachtete sie vom Fenster aus und sah, dass sie manchmal vergaß, wo sie war, sie hockte da, starrte minutenlang abwesend den Boden an und murmelte vor sich hin. Dann fing sie sich, sah sich schuldbewusst um und setzte sich auf eine der Eisenbänke und Matteo wusste, dass ihr die Tränen übers Gesicht strömten, während sie hinaus aufs Meer starrte. Er schlenderte nach draußen, als käme er zufällig vorbei, auf dem Weg zu einem Strandspaziergang, setzte sich neben sie und tat, als bemerkte er nicht, dass sie sich verstohlen die Augen wischte, und redete von diesem und jenem, wollte sie von ihren Sorgen ablenken. Als sie erschöpft wirkte, ihre Aufmerksamkeit abschweifte, ihr Blick wieder zum Wasser wanderte, verstummte er und brachte sie ins Haus zurück. Er setzte sich und sah zu, wie sie ihrem Kind in fremder Sprache ein Wiegenlied sang.

Sie spürte, dass er sie vom Fenster aus anstarrte. Bald würde er herkommen und sie ängstlich fragen, ob sie sich an überhaupt etwas erinnere. Stundenlang würden sie nebeneinandersitzen, fast kein Wort wechseln. Einmal deutete er auf das große Steingebäude oberhalb des Meeres und sagte, bevor man es in ein Museum umgewandelt habe, sei es eine Festung gewesen. Eine Festung mit Wassergraben und Zugbrücke – der Wassergraben sei mittlerweile ausgetrocknet, die Zugbrücke kaputt. Dann drehte er sich ihr zu und sagte unvermittelt leise: „Sophia."

„Sophia?", fragte sie.

„Erinnerst du dich nicht?"

Innerlich wiederholte sie den Namen mehrmals, versuchte herauszufinden, ob er Erinnerungen in ihr weckte. „Sollte mir der Name etwas sagen?", fragte sie und Verwirrung machte sich auf ihrem Gesicht breit.

„Es ist dein Name", sagte er.

Die Worte waren ihm einfach so herausgerutscht. Er hatte es nicht geplant, aber als er den Satz sagte, ergab alles Sinn. Anfangs hatte er geglaubt, mit der Zeit würde sie vergessen, nach wem oder was sie Ausschau hielt, wohin sie unterwegs war und sich einleben. Dies würde ihr Zuhause werden. Sie würde sich an das Meer gewöhnen, an das Haus und ihn, ihm Liebe entgegenbringen. Aber mittlerweile war sie seit Monaten hier und er konnte nicht mehr warten. Und nachdem der Damm erst einmal gebrochen war, konnte er nicht mehr aufhören zu reden. Und er glaubte jedes Wort, das er sagte. Jedes Wort klang wahr. Weil er wollte, dass es wahr war.

„Wir haben uns geliebt, das ist viele Jahre her. Ich reiste durch dein Land. Wir lernten uns kennen. Wir verliebten uns ineinander."

Sie drehte sich ihm zu, fuhr sich nervös durchs Haar. „Was ist dann passiert, haben wir uns getrennt?"

„Nein. Wir konnten nicht heiraten, weil deine Eltern … sie wollten, dass du einen anderen heiratest. Und da bin ich gegangen. Ich musste nach Hause zurück. Ich war am Boden zerstört."

„Und was ist dann passiert?"

„Du hast versprochen, mich nie zu vergessen. Du hast versprochen, egal wie lange es dauert, du kommst eines Tages zu mir.“

„Und du hast auf mich gewartet?“

„Ja, ich habe versprochen, dass ich meine Insel nie verlasse, auf dich warte. Die Zeit verging, ich hatte beinahe aufgegeben. Dann warst du da, im Wasser. Du bist gekommen, wie du es versprochen hast.“

Sie wollte ihm glauben, wollte, dass ihr Leben einen Sinn hatte, dass ihre Kopfschmerzen aufhörten. Sie glaubte ihm. „Es tut mir leid“, sagte sie. „Du musst sehr gelitten haben, während du auf mich gewartet hast.“ Sie nahm seine Hand. Er beugte sich vor und küsste ihren Mund.

„Du bist gekommen. Alles andere spielt keine Rolle.“

In dieser Nacht versuchte sie ihn für den Schmerz, den sie ihm zugefügt hatte, zu entschädigen, sie lag unter ihm, hatte Arme und Beine um ihn geschlungen. Im Nebenzimmer schlief das Kind zum ersten Mal allein.

Sorgsam zogen sie die neue Kleidung an, die er gekauft hatte. Sie trug weiß und darüber eine rote Frühlingsjacke. Das Kind trug einen blauen, der Mann einen schwarzen Anzug dazu ein weißes Hemd mit blauer Krawatte. Sie fuhren im winzigen Auto in die Stadt, der Junge saß mit ans Fenster gedrücktem Gesicht da, sah dem Wirbel der entschwindenden Straßenlaternen nach, den schmalen Straßen, die aus dem Blickfeld glitten, sich zusammendrängten, nach oben und unten führten. Sie erreichten die Piazza. Der Junge beobachtete eine Familie, Vater, Mutter und Tochter, die den graubraunen Tauben Brotkrümel zuwarf. Die Tauben flogen auf, ließen sich nie-

der, flatterten erneut auf. Der Mann und die Frau setzten sich auf eine Bank vor dem Brunnen. Sie sahen zu, wie der Junge sich unter die Kinder mischte, die ihre Hände in den Brunnen tauchten. Hinter dem Brunnen lag das Rathaus, wo der Standesbeamte auf sie wartete. Der Standesbeamte fragte die Frau, ob sie sich vor der Zeremonie frisch machen wolle, sie verneinte.

„Na dann“, sagte er, „hier entlang.“

Danach aß die dreiköpfige Familie in einem griechischen Restaurant zu Mittag, setzte sich anschließend ins Auto und fuhr nach Hause.

Abends machte er mit ihr eine Spritztour durch die Stadt, was sich zum festen Bestandteil ihres Tagesablaufs entwickeln sollte. Weit weg vom Stadtzentrum auf der Straße, die um die halbe Ortschaft an der Küste entlangführte und von wo aus man freien Blick aufs Wasser hatte. Er fuhr schnell, versuchte einer Erinnerung, einer Vergangenheit zu entkommen, die sich ihnen hartnäckig an die Fersen heftete. Er hatte die Augen auf die leere Fahrbahn vor ihnen gerichtet, sie auf das eindrückliche Bild von Meer und Sand. Sie kamen an einer Geistersiedlung vorbei, Villen und Wohnungen, prachtvoll und unbewohnt. Sie fuhren über vernachlässigte, wettererodierte Straßen, vorbei an Gärten und Innenhöfen, die allmählich verwahrlosten. Das Brausen der Brandung glich der einsamen Elegie eines Liebenden. Sie fuhren kreuz und quer durch den gescheiterten Traum am Meer eines Bauunternehmers, der mit der harten wirtschaftlichen Realität kollidiert war, kein einziger Mensch weit und breit. Die Straßen zwischen den Villen und Wohnblocks trugen berühmte Städtenamen – Neapel, Paris,

Mailand, Barcelona, Berlin, Frankfurt, Athen, Florenz, Wien. Jede einzelne war öd und leer.

Und dann, eines Tages, wachte sie plötzlich auf, es war Mitternacht, doch der Mond schien ins Zimmer und sie konnte alles so klar und deutlich sehen, als wäre es taghell. Er spürte ihre Bewegung und fragte: „Ist alles in Ordnung?"

Sie drehte sich zu ihm um und er sah ihren Augen an, dass sich etwas verändert hatte. „Ich heiße nicht Sophia", sagte sie.

„Was sagst du da?" Er setzte sich auf, zog sich auf die andere Bettseite zurück. Sie sah hinaus in den Garten, hatte ihm den Rücken zugewandt, das Mondlicht fiel auf ihr Gesicht.

„Ich heiße nicht Sophia." Sie wandte sich zu ihm um. Ruhig.

„Wie heißt du denn?" Von den Erinnerungen überwältigt, die auf sie einströmten, eine Springflut, in der ach so Vieles mitschwamm, schüttelte sie den Kopf. Er wartete, bekam nur mühsam Luft. Er hatte so etwas schon früher erlebt. Bald würde die Panik einsetzen, die Tränenflut. Er wartete.

„Ich bin verheiratet."

„Du bist mit mir verheiratet."

Sie hob eine Hand und in dieser Bewegung lag herzzerbrechende Traurigkeit. „Bitte sag das nicht. Ich erinnere mich an alles." Sie sah ihn an, Verbitterung im Blick.

„Wie heißt du denn?"

„Basma", antwortete sie und wiederholte den Namen langsam, ließ ihn sich auf der Zunge zergehen, wie den

Namen eines Neugeborenen, der zum ersten Mal ausgesprochen wird. „Basma. Ich habe zwei Kinder, Omar und Rachida."

Der Mann stand auf. Er war nackt. Rasch zog er sich an und saß den Kopf in die Hände gestützt schweigend da, sah sie nicht an. An diesem Tag zog sie aus dem Schlafzimmer aus und mit ihrem Sohn ins Gästezimmer. Den ganzen Tag verließ sie es nicht und den ganzen Tag blieb der Mann im Schlafzimmer und sie konnte durch die Wand hören, wie er auf und ab ging, sie konnte hören, wie sein Vater an die Tür klopfte, doch er machte nicht auf. Nachts lag sie wach und ihr Kopf war wie das aufgewühlte Meer, spülte diese oder jene dahintreibende Erinnerung ans Ufer.

Während er im Schlafzimmer auf und ab ging, überlegte er, warum er so erstaunt war, hatte er doch gewusst, dass dieser Tag kommen würde, sein Vater hatte ihn gewarnt. Er liebte sie, er liebte sie, wie er noch niemanden geliebt hatte. Es kam ihm vor, als stürbe er.

„Nur Mut", sagte sein Vater durch die Tür hindurch, „vielleicht liebt sie dich auch. Aber sie hat ein Kind und einen Mann. Sie ist diejenige, die die Entscheidung treffen muss."

Als sie schließlich aus dem Zimmer kam, war sie zum Fortgehen bereit. Sie trug eine kleine Plastiktüte mit einmal Wechselwäsche, der Junge hatte seinen blauen Anzug an. Vater und Sohn saßen am Esstisch, sie setzte sich dazu, sie hätten eine Familie beim Abendbrot sein können, nur dass keine Speisen auf dem Tisch standen. Schließlich sagte er: „Bitte geh nicht."

Wie sie sich verändert hatte. Bereits jetzt sah er die energische, selbstbewusste Frau, die sie gewesen sein musste. Wo war Sophia, die Frau, die um sich geschla-

gen, im Garten Unkraut gezupft, dem Jungen leise Wiegenlieder vorgesungen hatte?

„Wir waren die Letzten, die noch rauskamen", sagte sie und sah weder ihn noch den Alten an. „Wir schlugen uns zur Küste durch und bezahlten für jeden fünftausend US-Dollar, damit wir einen Platz auf dem Schiff bekamen. Ich hatte Angst, ich wollte nicht, dass wir alle vier im selben Schiff saßen. Was, wenn etwas schiefging? ‚Geh du voraus', sagte ich zu ihm, ‚finde eine Wohnung und hol uns später nach.' Aber davon wollte er nichts hören. ‚Ohne dich und die Kinder sterbe ich', sagte er. Also gingen wir gemeinsam. Als unser Schiff ablegte, wurden wir beschossen. Ich weiß nicht, was passierte, wieso es passierte. Es gab ein Durcheinander, die Leute fingen an zu schreien und hörten nicht mehr auf. Bist du jemals auf einem Flüchtlingsschiff gewesen? Bete, dass das nie der Fall sein wird. Bete, dass in deinem Land nie ein Bürgerkrieg ausbricht, dass du nie aus deinem Haus gejagt wirst. Das Schiff war eine einzige Todesfalle, ein alter, morscher Trawler, der schon seit langem aus dem Verkehr gezogen gehört hätte. Weil wir pro Person fünftausend gezahlt hatten, durften wir oben an Deck sitzen, wo wir frische Luft hatten. Manche unter Deck, wo sie eng aufeinandersaßen, starben nur wenige Stunden nachdem wir abgelegt hatten – Kinder und Schwangere als Erste. Wir sahen, wie sie die Leichen hochbrachten und ins Wasser warfen. Unser Motor war in Brand geraten, der Kapitän wollte umdrehen, aber wir flehten ihn an, weiterzufahren. Lieber wollten wir im Meer sterben als zurückgehen. Es gab nichts, wohin wir hätten zurückkehren können. Als der Trawler unterging, versuchte mein Mann uns zu retten. Er ist ein guter Schwimmer. Er hielt mich und den Jungen fest

und ich hielt das Mädchen fest und so klammerten wir uns an einen Balken, trieben eine Stunde lang dahin. Ein Hubschrauber tauchte auf und wir glaubten, wir wären gerettet, aber nachdem er einige Minuten über uns gekreist war, verschwand er wieder. Ich sagte zu meinem Mann, er solle mich loslassen und die Kinder retten, aber er weigerte sich. Wir beschlossen, er würde unsere Tochter festhalten und ich unseren Sohn, weil er kleiner und leichter war. Er überließ uns den Rettungsring. Wir trieben dahin. Ich band mir den Jungen auf den Rücken. Irgendwas tauchte unvermittelt aus dem Wasser auf, ein Baumstamm vielleicht, und traf mich am Kopf und ich muss ohnmächtig geworden sein. Als ich aufwachte, hattest du dich über mich gebeugt und ich konnte mich an gar nichts mehr erinnern. Wahrscheinlich verweigerte sich mein Gedächtnis der Erinnerung. Nach einer Weile gab ich auf, mich erinnern zu wollen, versuchte erst gar nicht mehr, mich zu erinnern, es war einfacher, deinen Geschichten zuzuhören. Sophia. Wie sehr muss ich mir gewünscht haben, dass ich Sophia bin und dies hier mein Zuhause ist, dass ich weder meinen Mann noch mein Kind verloren habe.“

Er stand auf und ging zu ihr. „Kann ich dich nicht überreden hierzubleiben? Du machst einen Fehler.“

„Gab es tatsächlich eine Sophia?“

Er setzte sich neben seinen Vater und starrte zum Fenster hinaus. Der Himmel hing tief, es wurde dunkel und begann zu regnen. Möwen kreisten über dem Wasser, tauchten zaghaft kurz hinein. Er senkte den Kopf, stützte die Ellbogen auf den Tisch.

„Ja, es gab eine Sophia, aber das ist lange her. Jemand, den ich kannte, als ich klein war.“

Sie stand auf und nahm den Jungen bei der Hand. Er stand ebenfalls auf und folgte ihr zur Tür. „Du musst nicht heute gehen."

Sie drehte sich um und sah ihn an. „Doch. Ich danke dir, dass du mir das Leben gerettet hast. Aber ich bin wütend auf dich, weil du mich belogen hast. Ich habe einen Mann und ein zweites Kind, zu denen gehöre ich."

„Du weißt doch gar nicht, ob sie noch am Leben sind. Du weißt doch gar nicht, wo du nach ihnen suchen sollst. Bleib. Ich kann dir bei der Suche nach ihm helfen."

„Ich weiß, wo er ist. In Berlin. Wir haben vereinbart, sollten wir je getrennt werden, treffen wir uns dort. In Berlin. Ein Freund von ihm lebt dort. Jeden Sonntag gehen wir zu einem bestimmten Ort und warten dort, Checkpoint Charlie."

Der Mann folgte ihr die flechtenbewachsenen Steinstufen hinunter. Sie blieb kurz im Garten stehen und betrachtete die Rosen, die geknospt hatten und jetzt in der Herbstkälte verwelkten. Mit dem kleinen Auto fuhr er sie zur Fährstation, damit sie zum Festland übersetzen konnte, ihr erster Schritt auf einer Reise ins Ungewisse. Als sie ausstieg, reichte er ihr einen Umschlag.

„Nimm", sagte er. „Unsere Heiratsurkunde, du wirst sie brauchen. Du kannst nicht ganz ohne Papiere reisen. Du brauchst auch Geld. Hier, bitte nimm."

Sie schüttelte den Kopf, wollte nein sagen, aber er drückte ihr alles in die Hand. „Sobald du dein Ziel erreicht hast, kannst du die Urkunde zerreißen." Er blieb neben dem Wagen stehen, während sie sich mit dem Jungen in die Schlange derjenigen einreihte, die auf die Fähre wollten.

Die Geschichte ist erzählt. Wir sitzen im Park auf der Bank, auf der er und die Frau so oft gesessen haben mussten, neben dem Stückchen Land, wo sie einen Garten angelegt hatte.

„Basma“, sage ich. „Hast du mir deshalb geholfen, mich deshalb bei dir aufgenommen, weil du hoffst, dass ich irgendetwas über sie wissen könnte?“

Er zuckt die Achseln. Seine Augen sind verschattet, liegen in den Höhlen und zum ersten Mal fällt mir auf, wie müde und gealtert er aussieht.

„Ich bin wie ein Ertrinkender, der nach jedem Strohhalm greift. Hast du jemals geliebt? Bestimmt doch deine Ehefrau oder eine andere Frau?“

Ich denke an Gina, wo sie jetzt wohl ist? Wahrscheinlich in Amerika, in diesem Moment müsste sie in ihrem Overall im Atelier stehen und malen, im Bemühen, etwas auf die Leinwand zu bannen, für das nicht einmal sie einen Namen hat. Unsere Geschichte ist vorbei, die Tinte getrocknet, jeder von uns geht seiner Wege und es ist, als hätten wir uns nie kennengelernt, nie geliebt, nie zusammen geträumt.

„Vielleicht nicht deine Frau“, liest Matteo verschmitzt von meinem Gesicht ab. „Vielleicht eine andere.“

Ich denke an Portia und fühle mich leicht und atemlos vor Verlangen. Wie gern ich sie wiedersehen würde. „Du hast recht“, gestehe ich Matteo, „es gibt eine andere, aber ich bezweifle, dass ich sie je wiedersehe.“

„Warum hast du sie gehen lassen?“

„Ich habe sie nicht gehen lassen. Das Leben kam dazwischen.“

In der Ferne sehen wir den alten Pietro aufs Wasser schauen, daneben jagt der Hund die Möwen, die über den Wellen flattern und hüpfen. Matteos Vater sieht aus, als gehörte er hierher, ein Megalith, eins mit Felsen, Sand und den Wellen, die sich wie Bittsteller zu seinen Füßen werfen. Jaulend springt der Hund vom Wasser weg, dann wieder hinein, ein spielerischer Tanz mit Wellen und Möwen.

„Bist du Basma nachgereist? Hast du versucht, sie aufzustöbern, sie zu überzeugen, dass sie zu dir zurückkommt?"

„Ich bin zweimal in Berlin gewesen", sagt er, „aber ich habe nur in meinem Hotelzimmer gesessen und den ganzen Tag über von meinem Fenster auf die Straße gestarrt, dann bin ich wieder abgereist. Ich hatte nicht die Kraft, sie in den Straßen zu suchen. Ich dachte, was ist, wenn ich sie mit ihrem Mann, ihren Kindern sehe und sie glücklich sind? Das hätte ich nicht ertragen. Also bin ich in den Zug gestiegen und zurückgefahren. Ich habe mir geschworen, sie zu vergessen, aber als mir dann Giuseppe erzählte, du seist aus Deutschland, aus Berlin, da dachte ich, vielleicht weiß er etwas. Irgendwas."

„Was ist mit ihrem Mann, was mit ihren Kindern?"

„Was ist mit mir? Was ist mit der Liebe?", entgegnet er, flehend und aggressiv zugleich. „Ich kann nicht schlafen. Ich muss ständig an sie denken. Ich möchte wissen, ob es ihr und dem Jungen gut geht."

Deshalb erzähle ich ihm von Manu, dem Arzt, der Türsteher geworden ist und für Gina Modell gesessen hat, der jeden Sonntag zum Checkpoint Charlie geht, in der Hoffnung, dort seine Frau und seinen Sohn zu treffen. Während ich ihm die Geschichte erzähle, beobachte ich, wie seine Gesichtszüge entgleisen, seine Augen noch verschatteter werden. Er ist ein guter, wenngleich ungewöhnlicher Mensch und ich verdanke ihm mein Leben. Wir sitzen da, bis die Sonne untergeht, Wasser und Sand lila und rosa färbt. Die Luft riecht nach Jod. In der Ferne taucht der

Alte auf, der Richtung Haus geht, neben ihm der Hund, draußen schaukelt ein Rettungsboot auf der Suche nach in Not geratenen Flüchtlingsbooten durch die Wellen.

An diesem Abend fahren wir mit dem Boot hinaus, als würden wir fischen gehen, drehen dann nach Süden, fahren weiter, immer weiter. Die Küste wird kleiner und kleiner, irgendwo dort draußen liegt in den Hügeln das Welcome Centre für Flüchtlinge, und ich sehe die Bewohner vor mir, die beim Zaun sitzen und aufs Wasser und die ferne, im Dunst verborgene afrikanische Küste starren. Ich sehe die Syrerin vor mir, die ihren Kopf gegen den Zaun schlägt und wehklagend ständig die Namen ihrer verschwundenen Kinder, ihrer Heimatstadt Aleppo wiederholt.

„Es wird ein paar Stunden dauern", sagt Matteo, „du solltest dich unten eine Weile hinlegen."

Vorhin, bevor wir ablegten, fragte er mich, ob ich das auch tatsächlich wolle, ob ich nicht besser in Europa bliebe, nach Berlin zurückginge oder gar mit ihm und dem Alten auf der Insel bliebe. Ich lege mich drunten in die Koje, benutze den kleinen Rucksack, den Matteo mir geschenkt hat, als Kopfkissen. Darin sind meine sämtlichen Habseligkeiten, eine Hose, Unterwäsche, „The Leopard" von di Lampedusa. Ich schließe die Augen, kann aber nicht schlafen, inmitten des Motorengeräuschs höre ich das Flüstern des Windes auf den Wellen und bald darauf bin ich oben an Deck, stehe an der Reling und betrachte das Wasser, über dem dick der Nebel liegt. Es ist dunkel und man sieht nichts, nur tintige Schwärze. Ich habe das Gefühl, es ist gar kein Deck unter mir – ich stehe über dem Wasser und wenn ich mich vorbeuge, sehe ich mein Spiegelbild, das zu mir hochstarrt, Schweiß glitzert auf meiner Stirn. Ich bin ... ich sehe verängstigt aus. Im

Wasser brodelt es. Fische. Ein ganzer Schwarm stürzt sich wie wild auf Futter, aber als ich mich weiter vorbeuge, beinahe berührt mein Gesicht das Wasser, sehe ich, es sind keine Fische, sondern Menschen. Menschen, die um sich schlagen, das Gesicht nach oben gewandt, winzige Hände, die sich mir entgegenstrecken. Hunderte winziger Hände, tausende Gesichter, bis die Wasseroberfläche aus Geisteraugen besteht, die mir wie Lampen entgegenleuchten, und Armen, die sich hilfesuchend hochrecken; sie treiben inmitten verlorener Habseligkeiten – Spielzeug, Schuhe, Hemden und Familienfotos sinken alle langsam hinab ins bodenlose Mittelmeer. Ich treibe vorbei und sie treiben vorbei und Gott treibt, sich die Nägel schneidend, vorbei. Mit Tränen im Gesicht richte ich mich auf. *Dass ich kaum geglaubt, dass der Tod so vieles Volk verschlungen.* Ich wiederhole das Zitat immer wieder, lasse es über meine Zunge rollen wie ein Gebet, bis mein Flüstern zum Schrei wird.

Eine Hand rüttelt an meiner Schulter.

„Wach auf", sagt Matteo. „Wir sind da."

Noch ganz benebelt von meinem so real wirkenden Traum setze ich mich auf, schnappe meinen Rucksack und gehe hinter ihm hoch aufs Deck. Zuerst erkenne ich gar nichts, dann taucht langsam vor dem Bug ein Lichtfinger auf. Dann weitere Lichter. Schwache, flackernde Lichtpünktchen.

„Tunesien", sagt er, „näher können wir leider nicht ran."

Wir lassen das winzige, aufblasbare Dinghi ins Wasser und über eine schmale Strickleiter klettere ich hinein. Ich sehe hoch zu dem Gesicht, das ängstlich zu mir hinuntersieht. Das Dinghi wackelt, bewegt sich mit den Wellen, dann paddle ich los. Es kommt mir vor, als würde ich Wasser treten, doch irgendwann bewege ich mich allmählich, von der Flut getragen, und bald rast mir die Küste entgegen. Mit einem riesigen Aufbäumen spuckt mich das Wasser ans Land und ich bin auf allen vieren, Augen, Nase, Mund voller Salzwasser, unter mir aber fester afrikanischer Boden. Ich nehme eine Handvoll und die Gefühle überwältigen mich. Ich taumele auf die Beine und sehe zurück aufs Meer, doch da ist nichts als Nebel und schwarzes, brausendes Wasser.

6. Buch

HUNGER

Als ich ihre Mail bekam, sie komme im Juli nach London und wenn ich ebenfalls in der Gegend sei, würde sie mich sehr gern sehen, da packte ich meine Tasche und machte mich reisefertig. Die Einladung kam zur rechten Zeit – ich hatte meine Doktorarbeit in Virginia verteidigt und überlegte nun, ob ich nach Nigeria zurückkehren oder in den Vereinigten Staaten bleiben sollte. Die englische Geliebte ihres Vaters, die gleichzeitig seine Übersetzerin gewesen war, war gestorben und ihr Sohn hatte einen Koffer mit Habseligkeiten von Portias Vaters entdeckt, darunter auch unveröffentlichte Manuskripte, die werde sie in London abholen. Die Wohnung befand sich in einem Hochhaus in der Boswell Street, einem Sträßlein im Wegelabyrinth hinter dem Russell Square. In ähnlichen Gebäuden auf beiden Seiten der Boswell befanden sich unter anderem Boutiquehotels und ein, zwei Kunstgalerien, mehrere Sozialbauten. Auf deren Balkons wimmelte es nur so vor Satellitenschüsseln und Kinderspielzeug – Plastikautos und Fahrräder, die zu groß waren, um sie in der Wohnung unterzubringen oder zu neu, um sie wegzuwerfen; sie blockierten Türen und Treppen, stellten im Falle eines Feuers eine echte Gefahr dar. Nicht allzu weit entfernt lag ein Park, ein mit Maschendraht umzäuntes Rechteck, wo sich die in der Nähe arbeitende Bevölkerung während ihrer Mittagspause niederließ und eine halbe Stunde lang im Sonnenschein frische Luft schnappte. Die meisten waren hauptsächlich in den Krankenhäusern und Labors beschäftigt, die es in dieser Gegend zuhauf gab, bereits im Umkreis der wenigen Häuserblocks gab es mehr als drei Kliniken, außerdem etliche Pubs und Cafés. Rasch wurde der Park unser Lieblingsort und in der ersten Woche hielten wir uns dort stundenlang auf, meistens am Spätnachmittag, wenn die arbeitende Bevölkerung verschwunden war, beobachteten die Fußgänger, blieben manchmal, bis sich die bummlige Sommersonne gegen acht Uhr abends schließlich allmählich verabschiedete.

Da ich noch nie in London gewesen war, hatte Portia mir eine ausführliche Anweisung geschickt: Nimm die Piccadilly Line und steig erst am Russell Square aus, wo ich in einer roten Bluse warte und ein Schild mit *Welcome to London* hochhalte. Wie versprochen stand sie am Eingang der U-Bahn-Station, ließ sich von den hinaus- und hineinströmenden Fahrgästen nicht aus der Ruhe bringen, der Wind zerrte an ihrem langen Rock und der roten Button-down-Bluse und wie versprochen gab es ein *Welcome to London*-Schild, das sie steif mit beiden Händen hochhielt. Sie hatte wirklich und wahrhaftig ein Schild mitgebracht.

Ich wartete mit meiner Tasche neben einer Telefonzelle, während sie in den Tesco gegenüber flitzte, um Tee, Zucker und eine Flasche Wein zu kaufen. Später gestand sie, sie hätte mich an der Station erst erkannt, als ich vor ihr stand und leise „Hi, Portia“ sagte.

Im Badezimmer starrte ich mein Spiegelbild an: mein Haar hatte sich gelichtet, war an den Schläfen grau geworden. Freunde in Nigeria und den Vereinigten Staaten hatten zwei-, manchmal dreimal hinsehen müssen, ehe sie fragend meinen Namen sagten, unsicher, ob ich es wirklich war. Meine Schlüsselbeine traten deutlich hervor, meine Wangen waren eingefallen, aber ich bildete mir gern ein, dass in meinen Augen immer noch Feuer loderte.

„Was ist passiert?“, fragte sie.

„Alles in Ordnung“, erwiderte ich.

Die Wohnung, am Ende des dritten Stocks gelegen, war nicht groß, aber ausreichend für zwei, ein kleines Schlafzimmer, Wohnzimmer und Kochnische. Aus den

Treppenhäusern und hinter Türen konnte man Kinderstimmen hören und Mütter, die versuchten, das Dröhnen des Fernsehers zu übertönen. May, die verstorbene Wohnungseigentümerin, war Dozentin an der School of Oriental and African Studies gewesen; sie hatte hier mit Portias Vater gelebt, ehe er nach Sambia zurückgekehrt war. Sie selbst war vor vier Jahren in den Ruhestand gegangen – in dem Jahr, als er nach Sambia zurückkehrte – und vor einem Jahr gestorben, drei Jahre nach ihm. Sie war eine hübsche Frau, sogar noch im Alter; das Foto neben dem Fernseher zeigte einen geradlinigen freundlichen Blick, tiefe Lachfalten um Mund und Augen. Sie hatte ziemlich jung geheiratet und aus dieser Ehe einen Sohn, der mittlerweile in Australien lebte, ein Rechnungsprüfer mit ordnungsliebender Buchhalterseele. Er war derjenige gewesen, der Portias Mutter angeschrieben hatte, hier gebe es noch einen Koffer mit Habseligkeiten ihres verstorbenen Mannes; er sagte, Portia könne, wenn sie in London sei, die leere Wohnung nutzen, die Miete sei bis Herbst gezahlt, dann werde er die restliche Wohnung ausräumen und die Schlüssel dem Vermieter übergeben. Hier hatte das alte Liebespaar, der Schriftsteller im Exil und die Dozentin im Ruhestand, seine Tage und Nächte verbracht, unterbrochen von gelegentlichen Ausflügen zu Lesungen, ins Theater und vielleicht zu Abendessen mit alten Freunden – Lehrkräften im Ruhestand, Lektoren, Schriftsteller –, manche von ihnen Exilanten, die ein anonymes Exilantendasein in der großen, grauen Stadt führten.

In der ersten Nacht schliefen wir spät ein – unsere letzte Begegnung war zwei Jahre her und hatte nicht einmal eine Woche gedauert. Ich war der festen Meinung gewesen, ich würde Portia nie wiedersehen und dann von ihr zu hören und nun tatsächlich bei ihr zu sein, machte mich sprachlos. Ich versuchte, ihr meine Gefühle mitzuteilen, aber da mir die Worte fehlten, nahm ich sie in die Arme, bedeckte behutsam ihren Mund, ihr Gesicht mit Küssen und führte sie zum Bett. Anschließend öffneten wir die Weinflasche und saßen da, schauten uns wortlos lächelnd an. Was waren wir füreinander – Geliebte, Freunde, Fremde? Wir saßen am Fenster und redeten, bis die wässrige Sonne sich langsam über die Bäume schob und die Vögel zu zwitschern begannen. Es war lange her, dass ich mich mit jemandem so intensiv unterhalten hatte. Ein gutes Gefühl. Ich erzählte ihr von meiner Zeit im Flüchtlingslager, von Matteo und seinem Vater. Als ich geendet hatte, liefen ihr die Tränen über die Wangen.

„Das tut mir so leid“, sagte sie.

„Warum, was tut dir leid?“ Ich bemühte mich fröhlich zu klingen, unbeschwert.

Später, als wir ins Bett zurückgekrabbelt waren, zeigte sie mir auf ihrem Handy ein Foto. Sie und ich standen im Innenhof des Basler Münsters.

„Erinnerst du dich?“, fragte sie.

Es war in einem anderen Leben gewesen. Ich sah anders aus. „Ich komme mir vor, wie der Typ in dem Gedicht von John Donne“, sagte ich.

„Welches Gedicht?“

„Ich weiß den Titel nicht mehr, aber es geht um einen Mann, der sich auf eine lange Reise begibt. Ehe er sich auf den Weg macht, gibt er seiner Geliebten ein Bild von sich, damit sie nicht vergisst, wie er aussieht, für den Fall, dass er erschöpft und durch den Zeitenlauf verändert, wiederkehrt.“

„Ich kenne das Gedicht“, sagte sie. „So groß hast du dich gar nicht verändert.“

Sie legte den Kopf an meine Schulter und strich über meine Brust. „Da drinnen bist du derselbe. Und das ist wichtig.“

Als ich aufwachte, hing Portia über einem abgewetzten roten Koffer mit Kombinationsschlössern, der schon viele Reisen hinter sich hatte, und nahm, eins nach dem anderen, Ordner und Notizbücher heraus. Sie blätterte in einem Moleskine-Tagebuch. Ich ging zur Küchenzeile und setzte Teewasser auf. Morgens war bei mir alles verschwommen, bis ich den ersten Tee in der Hand hielt. Ich machte zwei Tassen und stellte eine auf den Tisch neben ihr.

Sie bedankte sich.

„Was ist das?“

„Die Notizbücher meines Vaters. Es sind mindestens fünf. Ich weiß nicht recht, was ich damit machen soll.“

„Was steht denn drin?“ Ich nahm ihr das Moleskine aus der Hand.

„Alles Mögliche. Gedichte, Tagebucheinträge, Essays, Artikel.“

Sie hielt die Teetasse mit beiden Händen und sah sich im Zimmer um. Sie war vier Tage vor mir angekommen.

„Glaubst du, sie waren glücklich hier?“, fragte sie und betrachtete Mays Foto, starrte es geradezu wütend an. Unterschwellig schwang die Frage mit: War er mit dieser Frau glücklicher als mit meiner Mutter?

„Wer kann das sagen? Denk daran, er hat sie verlassen und ist zurück zu deiner Mutter nach Sambia. Das sagt schon ziemlich viel.“

Auch Portia hatte sich verändert. Körperlich war sie fast die Gleiche, lediglich die Haut um die Augen war weniger straff, die Hüften waren etwas fülliger, aber die zackige, intelligente junge Frau war ruhiger, gelassener geworden. Mir gefiel das. Sie sei mittlerweile Mutter, sagte sie fast beiläufig. Sie zeigte mir auf ihrem Handy ein Foto. Ein lockenköpfiger, vifer kleiner Junge mit dem Lächeln der Mutter. Sie hatte den Deutschen geheiratet, vor dessen Wohnung ich sie in Berlin zum ersten Mal gesehen hatte, als sie couchsurfend unterwegs gewesen war. Vor drei Jahren war er in Lusaka aufgetaucht und brauchte seinerseits eine Couch zum Schlafen. So hatte es angefangen. Zu diesem Zeitpunkt hatte er sich schon von seiner Freundin Ina getrennt gehabt. Eine Filmgesellschaft drehte einen Dokumentarfilm über den Genozid an den Hereros im benachbarten Namibia durch die Deutschen 1884 bis 1915 und er schrieb das Drehbuch. Eigentlich gab es keinen Grund für ihn nach Sambia zu reisen, aber er erinnerte sich, dass sie dort lebte, und wollte sie sehen. Er blieb zwei Wochen und führte Portia und ihre Mutter allabendlich aus – zum Essen, zum Tanzen, ins Kino und am letzten Tag vor seiner Abreise gestand er ihr, er liebe sie und wolle sie heiraten. Ihre Mutter mochte ihn, er sei ein Gentleman, befand sie.

„Zu dem Zeitpunkt hatte ich die Hoffnung aufgegeben, dass ich dich je wiedersehen würde“, sagte Portia. „Nachdem wir uns in Basel getrennt hatten, wäre es an dir gewesen, dich zu melden. Ich habe dir meine Mail-Adresse gegeben, hatte aber deine nicht. Als du dich nicht gemeldet hast, dachte ich, du hättest eben kein Interesse.“

Portia gab Hans nicht sofort eine Antwort, sie wartete ein halbes Jahr, bis ihre Mutter eines Tages meinte: „Was willst du eigentlich, Kind? Weiß dieser Mensch, dieser Nigerianer, überhaupt, dass du auf ihn wartest?“

Und so rief sie Hans in Deutschland an und sagte ja. Er flog nach Sambia und sie heirateten in einer kleinen Kirche in Lusaka und dann zogen sie nach Berlin, in die alte Wohnung von Hans, und jedes Mal, wenn sie an der Tür vorbeikam, wo sie mich auf der Leiter stehend kennengelernt, zum ersten Mal gesehen hatte, blieb sie stehen, in der Hoffnung, diese würde sich öffnen, ich mit den Worten „Can I help?“ herauskommen. Schließlich ertrug Portia es nicht mehr, sagte Hans, sie könne in diesem Haus nicht leben, sagte, es liege an der Schwangerschaft, dieses ewige Treppensteigen widerstrebe ihr und außerdem wolle sie in der Nähe eines Parks wohnen. Sie zogen um, raus aus der Stadt Richtung Wannsee, aber trotzdem hatte sie das Gefühl, Berlin erdrücke sie jeden Tag ein Stückchen mehr. Sie fühlte sich ständig unwohl, sehnte sich nach zu Hause, sehnte sich nach etwas, was sie nicht benennen konnte. Sie blieb in der Wohnung und weinte den ganzen Tag. Hans glaubte, das läge an der Schwangerschaft, den Hormonen und hatte nichts dagegen, als sie beschloss, zurück nach Sambia zu gehen, vordergründig um dort das Kind auf die Welt zu bringen, um bei ihrer Mutter zu sein.

„Ich spürte, wie ich allmählich in eine Depression rutschte. Ich verlor das Zeitgefühl, fast auch meinen Verstand und ich hatte Angst, ich könnte mir etwas antun“, sagte sie. Hans war nicht nach Sambia mitgekommen, er spürte, dass etwas vorbei war. Die Ehe hatte kein Jahr gehalten.

„Wie heißt der Kleine?“, wollte ich wissen.

„David“, sagte sie, „wir haben ihn nach meinem Bruder genannt. Der Vorschlag meiner Mutter.“

Hans kam nach der Geburt des Jungen zweimal zu Besuch, versuchte Portia zur Rückkehr zu überreden, sie lehnte ab. Ihre Zeit in Berlin war vorbei. Sie wusste nicht, wie sie ihm beibringen sollte, dass alles ein Fehler gewesen war. Sie sagte, sie wolle ihr Kind in Afrika aufziehen, im

Kreis ihrer Familie. Manchmal wachte sie nachts auf und durchforstete Facebook auf der Suche nach mir. Mehrmals rief sie meine Berliner Nummer an und lauschte der deutschen Stimme, die verkündete, kein Anschluss unter dieser Nummer. Da beschloss sie, Gina zu schreiben und um meine E-Mail-Adresse zu bitten.

„Einen anderen Weg, dich zu kontaktieren, wusste ich nicht. Mir war eingefallen, dass Gina Zimmer-Fellow war, und ich schrieb die Stiftung mit der Bitte an, mir ihre Kontaktdaten zu schicken. Es gehe um ein Gemälde, schrieb ich. Sie waren sehr hilfsbereit. Ich mailte ihr und sie meldete sich bei mir."

„Ja, Gina hat mir die Mail weitergeleitet."

Von uns dreien hatte sich Gina vielleicht am meisten verändert. Seit Berlin war sie so etwas wie eine Weltreisende geworden; als ich vor einem Jahr nach Virginia ging, um meine Dissertation zu beenden, kam sie gerade von einem sechsmonatigen Aufenthalt in Paris zurück und war auf dem Weg zur Biennale nach Venedig. Sie war oft nach Deutschland zurückgekehrt, in Berlin gewesen und hatte einmal einen Monat in Dresden verbracht. Wir trafen uns in einem Restaurant in Chantilly, ganz in der Nähe des Dulles Airport, sie hatte ein Stunde Zeit, ehe ihr Flieger nach Rom ging. Ich wohnte in einem schäbigen Hotel in Manassas beim Highway 66 und griff jeden Morgen zum Telefon, um sie anrufen, ließ es dann aber sein und als ich es endlich doch tat, meinte sie, was für ein Glück, dass ich mich an diesem Tag gemeldet hätte, denn sie sei auf dem Weg zum Flughafen, und klang erfreut. Sie sah anders aus, hatte ein rotes Tuch um den Hals geschlungen, dessen Farbe sich auf ihrer Haut widerspiegelte, ihre Wangen und Augen zum Leuchten brachte.

„Du siehst toll aus“, sagte ich, während ich mich setzte.

„Du nicht. Was ist passiert? Warum hast du dich nicht gemeldet? Seit wann bist du in den USA? Weshalb wohnst du in einem Hotel?“

„Welche Frage soll ich zuerst beantworten?“ Ich hob die Hand.

„Alle.“

Also erzählte ich ihr von Italien, vom Flüchtlingslager, von den zwei Monaten in Tunesien, in denen ich die nigerianische Botschaft zu überzeugen versuchte, dass ich Nigerianer war. Schließlich setzten sie mich in ein Flugzeug mit mehr als hundert Abzuschiebenden und luden uns auf dem Flughafen in Lagos aus.

„Wo ist deine amerikanische Frau?“, fragte meine Mutter, als ich zu Hause eintraf. Ich erklärte, wir hätten uns getrennt, aber jedes Mal, wenn mich jemand besuchen kam, erzählte sie: „Er ist zwar allein gekommen, aber seine amerikanische Frau kommt bald nach.“ Ich konnte die Beschämung heraushören, ihr Sohn, der sich nach Amerika aufgemacht hatte, war ärmer und hagerer zurückgekehrt, als er aufgebrochen war. Sobald ich mich gesundheitlich erholt hatte, zog ich aus. Mein Vater hatte sein Konto leergeräumt und mir die gesamte Summe überreicht; er wollte meiner Mutter den Schmerz meiner Anwesenheit ersparen, die Erklärungen, weshalb meine amerikanische Frau immer noch nicht nachgekommen war.

Es gebe immer noch unsere kleine Wohnung, wenn ich Bedarf hätte, könne ich sie gern nutzen, sie brauche sie nicht, sagte Gina. Diese fühle sich für sie allein zu groß an, daher sei sie wieder zu ihren Eltern gezogen und benutze sie nur gelegentlich als Atelier. Nachmittags seien die dortigen Lichtverhältnisse immer sehr gut.

„Sie gehört dir ebenso wie mir. Wie lange bleibst du?“

„Ich weiß nicht. Morgen treffe ich meinen Doktorvater. Sobald ich meine Diss verteidigt habe, bin ich wieder weg – kann ein halbes, vielleicht ein ganzes Jahr dauern.“

„Ich werde über ein Jahr lang weg sein“, sagte sie.

Lächelnd und mit gezücktem Stift stand die Bedienung neben uns. Gina bestellte einen Salat, ich den Wolfsbarsch mit Spargel.

„Du siehst komisch aus mit dem weißen Haar“, meinte sie und berührte es, als wollte sie sich überzeugen, dass das Weiß echt war.

„Erzähl mir von deinen Reisen“, sagte ich.

Sie berichtete von Dresden, wo sie einen Wintermonat malend und mit Stadtbesichtigungen verbracht hatte. Ein Reiseführer erzählte ihnen, Dresden sei im Zweiten Weltkrieg, wenn nicht gar in der gesamten Menschheitsgeschichte, die am schwersten von Bomben getroffene Stadt gewesen, dreitausendneunhundert Tonnen Bomben seien von den Alliierten abgeworfen worden, die neunzig Prozent der Stadt zerstört hätten und dann, als die Stadt nach dem Krieg die Möglichkeit zum Wiederaufbau hatte, entschied man sich, die Gebäude genauso aufzubauen, wie sie gewesen waren. Er zeigte ihnen in der Altstadt die Frauenkirche, deren Wiederaufbau fast zehn Jahre gedauert und bei dem die Architekten 3D-Technologie benutzten hatten, mit der sie alte Fotografien und jedes vorhandene Trümmerstück am Computer analysierten.

„Sie hatten die Chance, etwas Neues zu bauen, ein für alle Mal mit der Vergangenheit abzuschließen, aber sie beschlossen, die Stadt genau so aufzubauen, wie sie war.“

„Sehnsucht nach der Vergangenheit“, mutmaßte ich.

Sie sah missbilligend drein. „Nicht jeder von uns hat den Luxus einer Vergangenheit. Abgesehen von Martin

Luther King und Rosa Parks gibt es nichts als die Plantage und danach den unüberwindlichen Atlantik. Daher habe ich mir angewöhnt, nach vorn zu schauen, das Neue zu begrüßen und meine Zukunft selbst zu gestalten. Ich finde es merkwürdig, wenn man sich derart an die Vergangenheit klammert."

Ich begriff, dass sich Gina von mir endgültig verabschiedete. Ich war traurig und stolz zugleich: Mir gefiel, zu welcher Persönlichkeit sie sich entwickelt hatte. Ich war Teil ihrer Vergangenheit, hatte so auch zu ihrer Gegenwart beigetragen. Über den Tisch hinweg griff ich nach ihrer Hand. Und so saßen wir da, schweigend und Händchen haltend, bis sie schließlich auf ihre Uhr sah und sagte: „Ich muss los."

„Guten Flug. Und ... pass auf dich auf."

„Hast du Gina gesehen, als du in den USA warst?", fragte Portia.

Ich bejahte.

Sie saß mit gesenktem Kopf da, richtete sich die Nägel. Ihre Stimme klang weit weg, geradezu kalt.

„Hast du bei ihr übernachtet?"

Portia hatte dunkle Momente. An diesem Morgen war ich aufgewacht und sie hatte ins Kopfkissen geweint und als ich sie fragte, was los sei, erzählte sie mir von einem Mädchen, das sie während unseres Aufenthalts in Basel gesehen hatte.

„Damals habe ich dich nicht darauf aufmerksam gemacht, aber da war dieses Schulmädchen, schwarz, ungefähr sechs, sieben Jahre alt, mit hübschen Zöpfen. Die Klasse lief pärchenweise ordentlich im Gänsemarsch, die Lehrer gingen nebenher. Einsam und allein bildete das schwarze Mädchen den Schluss. Die anderen Kinder plapperten und lachten, nur das schwarze Mädchen nicht. Ich betrachtete die hübschen Zöpfe und die kleine rote Haarspange und dachte an ihre arme Mutter, die wahrscheinlich in Gedanken den ganzen Tag voller Sorge bei ihrem Töchterchen war, dem einzigen schwarzen Kind in der Klasse in diesem fremden, kalten Land."

Ich erzählte ihr von meinem Aufenthalt in den Vereinigten Staaten; ich blieb genau ein Jahr und nach unserem Abschied in dem Restaurant sah ich Gina nie wieder. Es war ein komisches Gefühl so allein in unserer kleinen Wohnung mit dem Ausblick auf den leeren Parkplatz, abends erwartete ich beinahe, dass die Tür aufgehen und Gina von der Arbeit heimkommen würde. Im Kleiderschrank hatte sie auf einer Seite sorgfältig meine Kleider, meine Bücher und Ordner zusammengeräumt.

An den Wänden und im Regal neben dem Fernseher hingen und standen noch immer unsere Fotos. Auf dem Hochzeitsfoto sah ich in meinem schwarzen Anzug sehr jung und glücklich aus. Gina in ihrem weißen Hochzeitskleid lächelte mich an, in der Hand einen Blumenstrauß und wir waren umgeben von Familie und Freunden. Zu manchen Gesichtern fielen mir mittlerweile nicht einmal mehr die Namen ein.

Das Jahr ging schnell herum. Abends arbeitete ich an meiner Dissertation und tagsüber streifte ich durch die Stadt, ich fuhr mit der Metrorail bis zur Endstation, ich ging zur National Mall und spazierte im Sprachbabel der Menge übers Cherry Blossom Festival. Ich stand vor dem Washington Monument und beobachtete Eltern mit ihren Kindern, die Drachen steigen ließen; auf dem Weg zum neuen Martin Luther King, Jr. Monument mit seinen weisen Zitaten kam ich am Tidal Basin vorbei. Einmal ging ich in die Stadtbibliothek, die in der Nähe der Wohnung lag, und fuhr mit der Hand die Buchrücken entlang. Ich saß da und las die Zeitungen, in der vergeblichen Hoffnung, dass mich jemand erkennen würde, denn hier hatte ich meine Englisch-Kurse gegeben und kannte den Großteil der Belegschaft zumindest flüchtig. Ich kam am Infoschalter vorbei, die Frau dahinter hieß Jill, wir hatten öfter miteinander geplaudert, doch jetzt lächelte sie mich lediglich nichtssagend an und fragte, ob ich Hilfe bei der Buchsuche benötigte.

Am Tag vor Thanksgiving rief mich Gina aus Venedig an und fragte, was ich an Thanksgiving vorhätte. Ich hatte nichts vor. Hoffentlich plante ich nicht, allein in der Wohnung herumzuhocken, meinte sie. Sie habe ihren Eltern erzählt, dass ich da sei, die beiden würden mich zum Abendessen erwarten. Am nächsten Tag zog ich mich sorgfältig an, kaufte eine Flasche Wein und stieg in ein Taxi, das mich nach Takoma Park fuhr. Ihre gesamte Familie würde sich versammelt haben, Cousins und Cousinen, Nichten und Neffen, Onkel und Tanten – Onkel Keith mochte ich besonders. An meinem ersten Thanksgiving in dieser Runde, da waren wir noch nicht verheiratet, war die gesamte Familie in den nahegelegenen Park zum Football-Spielen gegangen. Das sei Tradition, hatte Gina mir erklärt. Ich hatte von Football keinen blassen Schimmer, spürte aber, dass die gesamte Verwandtschaft mich unter die Lupe nahm und herausfinden wollte, wie ich mich wohl in die Sippe einfügen würde. Tapfer jagte ich dem Ball hinterher, ertrug es, mehrmals von Ginas ein Meter neunzig großen, zweihundert Pfund schweren, schwachköpfigen Cousin Ruben, der in seinem College zur Footballmannschaft gehörte, zu Boden gerammt zu werden. Als ich schließlich ohne Gesichtsverlust das Spielfeld verlassen konnte, schloss ich mich den Älteren an, die von der Seitenlinie die Spieler anfeuerten. Ich stellte mich zwischen Ginas Vater, der mir aufmunternd zunickte, und Onkel Keith, der mir einen Blick zuwarf und sagte: „Das war ja eine schauderhafte Vorstellung. Du hast eindeutig keine Ahnung von Football."

Ich nickte, bemühte mich, nicht beleidigt dreinzusehen. Meine Knie hatten Schrammen, meinen Rippen taten von den Zusammenstößen weh und ich fand, dass ich mich unter den Umständen bravourös geschlagen hatte.

„Ja, Fußball liegt mir mehr", gab ich zurück.

Wie sich herausstellte, war Onkel Keith früher Football-Spieler gewesen, mittlerweile war er Trainer. Er hinkte, weil er sich bei einem Match das Bein gebrochen hatte – das Ende seiner aktiven Laufbahn.

„Folgendes – im Grunde genommen ähneln sich alle Sportarten. Es geht einzig und allein um den Sieg, wie beim Krieg, aus dem sich sämtlicher Sport ableitet. Vergiss das nie."

Mittlerweile hatte das Taxi Takoma Park erreicht, gleich wären wir beim Haus von Ginas Eltern. In diesem Moment wusste ich, dass ich ihnen nicht gegenübertreten konnte. Ich konnte mir nicht vorstellen, mit bemüht fröhlichem Gesicht unter ihnen zu sitzen, den Fragen der versammelten Mannschaft ausweichend, warum meine Ehe mit ihrer Tochter, Nichte, Schwester, Cousine beendet war. Ich konnte es einfach nicht. Ich bat den Fahrer, anzuhalten, zahlte und schenkte ihm den Wein. Ich stieg aus und suchte ein Restaurant, dort aß ich allein, ging dann in die Wohnung, wo ich vorm Fernseher einschlief.

An meinem letzten Tag in der Wohnung, bevor ich zum Flughafen aufbrach, unterschrieb ich die Scheidungspapiere, die Ginas Anwalt per Kurier geschickt hatte. Ich saß vor dem Rechner und versuchte eine kurze, aufrichtige Mail an sie zu verfassen: *Danke für die gemeinsame Zeit und viel Glück für die Zukunft,* aber das wirkte nichtssagend, daher löschte ich den Satz, schaltete den Rechner aus und ging.

„Nein, ich habe nicht bei ihr gewohnt. Sie war nicht im Land. Es ist aus zwischen ihr und mir. Ich habe die Scheidungspapiere unterschrieben."

„Wie geht's jetzt weiter? Du hast deinen Doktor gemacht. Gehst du wieder in die USA, um dich dort einbürgern zu lassen oder zurück nach Nigeria?"

„Ich habe mich noch nicht entschieden."

Sie widmete sich erneut ihren Nägeln. Nach langer Pause sagte sie: „Komm doch mit mir mit."

„Wohin? Wieder nach Basel?"

Lachend schüttelte sie den Kopf. Die dunkle Wolke hatte sich aufgelöst. „Nein, nicht nach Basel. Nach Lusaka. Wenn du magst. Ich kann dir auch einen Job anbieten. Meine Mutter geht in den Ruhestand, daher übernehme ich die Leitung der Schule. Du könntest dort unterrichten."

„Ich war noch nie in Sambia. Ich habe keine Vorstellung, was mich dort erwartet."

„Oh, es wird dir gefallen." Sie stellte den Nagellack weg. Ihr Gesicht begann zu strahlen, ihre Stimme jubelte. „Die Kinder sind toll, du wirst sie mögen. Und ruhig ist es dort, friedlich. Du hättest Zeit, in aller Ruhe zu überlegen, was du als Nächstes machen möchtest. Du könntest bei mir und meiner Mutter wohnen. Außerdem …"

Mit einem verruchten Lächeln sah sie mich an.

„Außerdem was?"

„All das hier." Sie stand auf, deutete auf ihren Körper, wackelte mit den vollen, nicht von einem BH eingezwängten Brüsten, den runden Hüften. „Denk darüber nach."

Manchmal spazierten Portia und ich von der Boswell Street zur British Library. Als sie an der School of Oriental and African Studies gewesen sei, habe sie ganz in der Nähe der Bibliothek gewohnt, erzählte sie. Sie deutete auf einen Pret a Manger. Dort hätten sie und ihre Mitbewohnerin ein ganzes Semester lang jeden Tag zu Mittag gegessen – der Freund der Mitbewohnerin hatte dort gearbeitet.

„Hieß deine Mitbewohnerin etwa Portia?", zog ich sie auf.

„Du bist eifersüchtig. Endlich mal eine Gefühlsregung."

„Wie meinst du das? Ich habe sehr wohl Gefühlsregungen."

Manchmal spazierten wir in die andere Richtung, Richtung Holborn Station, weiter zum British Museum oder zum Covent Garden, wo wir uns unter die Touristen mischten, die den geschminkten Jongleuren und Zauberern zusahen. Einmal kamen wir zufällig an einem Pop-up-Markt vorbei, wo Speisen aus jedem erdenklichen Winkel der Welt verkauft wurden. Wir stellten uns bei einem Thai-Stand an und setzen uns irgendwo hin; beim Essen liefen uns die Tränen übers Gesicht, weil es so scharf war. Es dunkelte, als wir zum Haus zurückkamen, vor dem sich eine Menschenmenge versammelt hatte, manche Leute hielten Transparente hoch.

„Eine Demo", konstatierte Portia.

Tatsächlich handelte es sich um zwei Demos, die vor unserem Hauseingang und eine auf der anderen Straßenseite, hüben wie drüben Männer und Frauen mit Plakaten, die beiden Gruppen schienen gegensätzliche Positionen zu vertreten. In einiger Entfernung parkten zwei Streifenwagen, ihre Warnleuchten blitzten.

„Was ist denn los?“, fragte Portia die Frau neben ihr. Sie trug einen Trainingsanzug, als wollte sie zum Joggen gehen, schob aber einen Kinderwagen – das Kind, eingepackt in Decken, sah zufrieden drein und nuckelte am Daumen. „Offenbar hat sich ein Mann in unserem Gebäude versteckt“, sagte die Frau außer Atem, „einer, der Asyl will. Eine Hilfsorganisation hat ihn hier untergebracht.“ Sie deutete unbestimmt auf eine Fensterreihe. „Da oben.“

In diesem Augenblick fuhr langsam ein Bus vorbei und die Menge vor unserem Eingang jubelte laut. Verwirrt warf ich einen Blick auf den Bus und verstand. In großen schwarzen Buchstaben prangte auf ihm: *Ausländer raus*! Die andere Gruppe buhte und warf Wasserflaschen nach dem Bus. Der verschwand am anderen Ende der Straße und während wir noch dastanden, tauchte er erneut auf und rief bei beiden Gruppen wieder die gleichen Reaktionen hervor. Seit wann er wohl Runde um Runde um den Block fuhr, wie ein Hai, der einen ertrinkenden Schwimmer umkreist?

„Er kommt aus Nigeria und heißt Juma.“ Wir waren wieder in der Wohnung und Portia saß an ihrem Laptop. Ich setzte mich dazu. Eine Organisation, die sich The Guardians nannte, hatte den flüchtigen Asylsuchenden offenbar wochenlang versteckt gehalten, ihn von einer sicheren Wohnung in die nächste gebracht, an Polizei und Einwanderungsbehörden vorbeigeschmuggelt. Sein Asylantrag war abgelehnt worden und er stand kurz vor der Abschiebung, als er mit Hilfe der Organisation fliehen konnte, die behauptete, die Abschiebungsanordnung sei gesetzeswidrig, denn sie seien in Berufung gegangen. Nativisten hatten ihn schließlich in unserem Wohnhaus aufgespürt und was wir auf der Straße erlebt hatten, war eine Pattsituation zwischen ihnen und den Anti-Nativisten.

„Hier steht, dass er sich seit Monaten im Hungerstreik befindet und lieber sterben würde, als abgeschoben zu werden.“

Offenbar war Juma ein ziemlich beliebtes Thema, in den Zeitungen gab es über ihn Artikel und Kommentare dutzendweise, manche bezogen für ihn Stellung, andere riefen lauthals nach Verhaftung und Abschiebung. Das Innenministerium hatte geschworen, ihn abzuschieben. Einer der Artikel zeigte ein Foto von Juma, ein abgemagertes, nachdenkliches, zugleich aber trotziges Gesicht, das mit festem Blick in die Kamera sah.

Am nächsten Morgen wachte ich auf und trat ans Fenster, rechnete halb damit, die Demonstranten immer noch dort unten stehen und den ominösen Bus immer noch seine Runden drehen zu sehen. Hatte wirklich ein großer roter Bus seine Runden gedreht oder hatte ich das nur geträumt? Und die Streifenwagen und die Frau mit dem Kleinen im Kinderwagen, die Portia atemlos erklärte, was gerade vor sich ging? Der Wind trieb Laub und Papierfetzen die Straße entlang. Nur einige Plastikflaschen, die sich im Rinnstein verkeilt hatten sowie ein paar weggeworfene Plakate auf dem Gras bezeugten die Demo am vorigen Abend. Es war erst sechs Uhr morgens, ein Sonntag, die Straßen waren leer, die Stadt lag noch im Schlaf, erholte sich von den vielen Partys, dem Saufen, bereitete sich auf den Montag vor.

Während ich auf dem Fensterbrett saß und hinaussah, die Stille genoss und darauf wartete, dass Portia aufwachte, drangen mir allmählich die Stimmen im Hausflur ins Bewusstsein. Man hatte sie schon seit geraumer Zeit hören können, aber mittlerweile befanden sie sich offenbar direkt vor unserer Tür, klangen leiser, als hätten sie Angst, gehört zu werden, die schlummernden Nachbarn zu wecken. Ich machte die Tür auf und streckte meinen Kopf hinaus. Am Ende des Korridors stand eine Tür halb offen, von dort kamen die Stimmen. Ich zog mir die Schuhe an, ging hinüber und klopfte, die Stimmen verstummten und als sich niemand zeigte, betrat ich die Wohnung, ohne zu wissen, warum oder was ich sagen sollte. Ein junger Mann in Jeans und Trainingsjacke stand allein mitten im Zimmer und schien offenbar über meinen Anblick nicht erstaunt. Wo war der Besitzer der zweiten Stimme?

„Einen Moment noch“, sagte er zu mir und tippte dann wieder wild mit beiden Daumen eine Nachricht in sein Handy. Hinter ihm stand ein Tisch voller Kartons mit Ordnern, aus denen die Seiten halb heraushingen. Das Zimmer war sparsam möbliert, ein Tisch an der Wand, in der Ecke ein Sofa. Ich schlenderte zu einem der Fenster, von dem aus man auf die Straße sah, genau derselbe Ausblick wie von unserem Wohnzimmer. Aus einem anderen Zimmer kamen Geräusche, es hörte sich an, als würden Möbel zerlegt, Bücher aus dem Regal in Kartons gepackt werden – das musste die andere Stimme sein. Eine der Fensterscheiben hinter dem Tisch war kaputt, dort war gestern Abend ein Stein hindurchgeflogen. Das war eindeutig die Wohnung, in der Juma untergebracht worden war. Aber wo war er? Ob der junge Mann endlich mal von seinem Handy hochsah, aber nein, er tippte weiter, verschickte Nachrichten und starrte auf den Bildschirm, wartete auf den Klingelton der Antwort. Da kam der Besitzer der zweiten Stimme mit einem Karton voller Bücher aus dem Nebenzimmer. „Sieht nach Umzug aus“, sagte ich.

Er blieb stehen, den Karton unterm Arm, und sah von mir zum jungen Handyjunkie, wusste nicht, wo er mich einsortieren sollte. Er fuhr sich durchs Haar und sah sich im leeren Zimmer um. Er musste ungefähr Mitte zwanzig sein.

„Der Vermieter will, dass wir Ende der Woche raus sind. Sie haben ja die Scheißfaschisten gesehen, die uns gestern mit Steinen beworfen haben. Wer sind Sie eigentlich?"

„Ich wohne ein paar Türen weiter. Ich habe den Tumult gestern mitbekommen und wollte wissen, ob alles in Ordnung ist."

Der andere junge Mann sah nun doch von seinem Handy auf. „Sie sind nicht von der *Metro*? Ich dachte, Sie sind von der *Metro*?"

„Der *Metro*?", fragte ich perplex.

„Die wollten einen Journalisten für ein Interview schicken ... vergessen Sie's. Was wollen Sie?" Jetzt sah er misstrauisch zur offenen Tür, als erwartete er, dass noch mehr Menschen hereinkämen. Er schloss die Tür.

„Wie gesagt ich wohne nebenan und habe gestern Abend den ganzen Tumult mitbekommen. Ich bin aus Nigeria, wie Juma. Wenn ich also helfen kann ..."

Mit nachdenklichem Gesicht versuchte er mich einzuschätzen, fuhr sich mit den Fingern durchs Haar. Der andere junge Mann hatte den Bücherkarton auf den Tisch gestellt und streckte mir die Hand entgegen. „Ich heiße Josh, das ist Liam."

Wir gaben uns die Hand. Liam entspannte sich sichtlich.

„Also, ich muss los", sagte Josh. „Nett, Sie kennengelernt zu haben."

Er verschwand und nun standen nur noch Liam und ich im halbleeren Zimmer.

„Also", fing ich an, „hoffentlich störe ich Sie nicht -"

„Kommen Sie", unterbrach mich Liam, „ich zeige Ihnen was."

Ich folgte ihm in einen Raum, der wie ein Arbeitszimmer wirkte, an einer Wand befanden sich etliche Bücherregale. Er blieb stehen und sah mich an. Dort mussten sie Juma untergebracht haben. Das Zimmer sah aus wie eine Klosterzelle, in einer Ecke ein Klappbett, ein nackter Kiefertisch, auf dem einsam ein Buch lag, ein Stuhl; die nackte Glühbirne, die von der Decke hing, warf auf alles einen dunkelgelben Lichtschimmer. Ich nahm das Buch in die Hand. *„Hunger"* von Knut Hamsun.

„Er hat es immer wieder gelesen, als würde er sich auf eine Prüfung vorbereiten", bemerkte Liam. Seine Stimme war leise, geradezu ehrfürchtig. Ich warf einen flüchtigen Blick in das Buch. Ich hätte verstehen können, wenn ein Verhungernder ein Buch über Essen gelesen hätte, aber nicht warum er ein Buch über einen verhungernden Schriftsteller lesen wollte. Es kam mir masochistisch vor.

„Stimmt es, dass er siebzig Tage lang gefastet hat?", fragte ich.

Gerade wollte er antworten, da klopfte es und er hastete zur Tür. Wahrscheinlich der Journalist. Ich legte das Buch zurück und ging ihm nach. Ein Mann in abgetragener Regenjacke, einen Rucksack über die eine Schulter geschlungen, redete auf Liam ein. Ich nickte ihm zu und machte einen Schritt auf die Tür zu.

„Na dann, auf Wiedersehen."

Liam vertrat mir beinahe den Weg. „Hören Sie ... ich habe nachgedacht, Sie kommen aus Nigeria, stimmt's?"

„Stimmt."

Er senkte die Stimme. „Könnte er sich mit Ihnen unterhalten? Es wäre toll für ihn, wenn er mit jemandem reden könnte, jemandem aus seiner Heimat."

„Wo ist er?“

Er warf einen Blick auf den Journalisten, der am Tisch einen Laptop aus seinem Rucksack holte. „Das wissen wir nicht.“

„Wie, Sie wissen es nicht?“

„Als sich gestern Abend diese Faschisten da draußen zusammenrotteten, haben wir ihn durch den Hintereingang rausgeschmuggelt. Molly ist mit ihm in ein Café am Russell Square, um die Demo auszusitzen. Er ist ihr entwischt. Ging aufs Klo und war weg.“

„Wer ist Molly?“

„Sie gehört auch zu unserer Gruppe.“

„Wenn ich was für Sie tun kann, finden Sie mich in Flat 20, am Ende des Korridors.“

Spontan gab ich Liam meine Telefonnummer – einen Impuls, den ich bald bereuen sollte –, wahrscheinlich, weil mir die Ungerechtigkeit so naheging. Die Menge mit ihren Transparenten, die wie ein Lynchmob wartete, der Bus, der wie ein Hai den Block umkreiste, während der verängstigte, abgemagerte Juma sich in seinem Zimmer duckte und nicht wusste, was das Schicksal für ihn bereithielt. Unweigerlich verspürte ich Solidarität mit dem Mann. Ich hatte sehr viele wie ihn unterwegs getroffen, ich war einer von ihnen gewesen.

Portia bemerkte, dass ich immer wieder auf mein Mobiltelefon schielte. „Du hörst mir gar nicht zu“, unterbrach sie ihre Geschichte von einem Cousin, der in Südlondon lebte. Ihre Mutter hatte angerufen und wollte, dass sie ihn besuchte.

Ich entschuldigte mich und erzählte von meiner Begegnung mit Liam, von dem kleinen, fast leeren Zimmer einige Wohnungstüren weiter.

„Und sie wissen nicht, wo er ist? Für mich hört sich das nicht an, als wären die Guardians besonders kompetent. Was für eine Organisation ist das eigentlich?“

„Ich habe nur zwei von ihnen kurz gesehen, beide ziemlich jung. Und es gibt wohl noch eine dritte Person, eine Frau.“

Als das Handy klingelte, war es beinahe zehn Uhr abends. Die leise Stimme klang entschuldigend, sie stünden im Hausflur, ob sie kurz reinkommen dürften? Wir waren schon im Bett. Portia, die müde war, weil sie lange über den Tagebüchern ihres Vaters gehockt hatte, sah sich gerade an ihrem Laptop eine Folge von *Doctor Who* an, eine Serie, nach der sie geradezu süchtig war. Manchmal leistete ich ihr dabei Gesellschaft – diesmal war der Doctor einem Dalek in die Falle gegangen und es sah so aus, als gäbe es diesmal keine intergalaktische Flucht mittels der getreuen Telefonzelle.

„Die wollen raufkommen? Jetzt gleich?“, fragte Portia und riss sich vom Bildschirm los. „Es ist schon spät.“

„Sie stehen bereits vor der Tür.“

„Verdammte Scheiße“, nörgelte sie. Ich zog mich an und ging ins Wohnzimmer. Portia räumte die leeren Teetassen vom Tisch, während ich die Weinflasche und den Flaschenöffner vom Fensterbrett einsammelte. Es läutete. Ich machte auf. Sie waren zu zweit: Liam, immer noch in Jeans und Trainingsjacke, hinter ihm eine stämmige junge Frau mit energisch hochgezwirbeltem Pferdeschwanz. Sie war erstaunlich groß und sah sehr kompetent aus, bereit Verantwortung zu übernehmen. Wie eine Krankenschwester, ging mir durch den Sinn.

„Ich bin Molly“, stellte sie sich vor. Sie hatte einen festen Händedruck und war tatsächlich Krankenschwester.

Ich zeigte zum Sofa. „Setzen Sie sich doch bitte.“

Liam entschuldigte sich für den Überfall und die späte Stunde, aber ich beruhigte ihn.

„Wir konnten nicht früher kommen, denn die Leute hatten sich wieder vorm Haus versammelt. Wir haben sie durchs Fenster gesehen, sie hatten sich genauso positioniert wie gestern und der große rote Bus fuhr auch ständig um den Block."

„Haben Sie Juma mittlerweile gefunden?"

„Nein", sagte Liam. Seine Sorgenfalten waren tiefer geworden. Molly hingegen wirkte gelassen, unerschütterlich.

„Es geht ihm bestimmt gut", sagte sie.

„Wie kannst du dir da so sicher sein?", blaffte Liam.

„Wenn sie ihn gefunden hätten, wenn ihm etwas zugestoßen wäre, hätten wir das mittlerweile aus den Nachrichten erfahren."

Liam und Molly hatten Juma in dem Krankenhaus kennengelernt, in dem Molly arbeitete. Man hatte ihn aus der Abschiebehaft eingeliefert, nachdem er in Hungerstreik getreten war und sich sein Zustand verschlechtert hatte. Von offizieller Stelle aus hätte man ihm am liebsten zwangsernährt, ihm Schläuche in den Hals geschoben. Molly war die für ihn zuständige Krankenschwester und entsetzt von dem, was sie sah. Als sie mit ihm allein war, erkundigte sie sich nach seinem Schicksal und allmählich öffnete er sich ihr. Auch ihr Lebensgefährte Liam hatte Jumas Geschichte in den Nachrichten verfolgt und gemeinsam beschlossen sie, einzugreifen. Eines Tages versuchte Juma zu fliehen. Molly traf ihn im Korridor, er war barfuß und hatte ein Bettlaken über das Krankenhausnachthemd gewickelt, verwirrt suchte er den Ausgang. Sie führte den Protestierenden in sein Zimmer zurück und erklärte, sie könne ihm helfen. „So schaffen Sie das nie", konstatierte sie, „ich habe einen Plan."

Am nächsten Tag brachte sie feste Stiefel mit, eine Kapuzenjacke, eine Sonnenbrille und Jeans. Sie versteckte alles auf der Herrentoilette und sobald der Wachmann kurz weg war, brachte sie Juma erst dorthin und nachdem er sich umgezogen hatte, zu ihrem Auto in der Tiefgarage. Es war einfach, einfacher als sie gehofft hatte. Sie nahm ihn mit in die Zweizimmerwohnung, in der sie mit Liam wohnte. So fing es an.

„Warum?", wollte ich wissen. „Eventuell verlieren Sie dadurch Ihre Stelle oder kommen ins Gefängnis."

„Meine Stelle habe ich bereits verloren", sagte Molly ruhig, „und mir ist es egal, ob ich ins Gefängnis komme. Ich konnte einfach nicht mehr zusehen, wie sie versuchten ihn zwangszuernähren, das ist schrecklich, unmenschlich. Außerdem ist es rechtswidrig."

„Wer gehört denn noch zu eurer Organisation?", fragte ich.

„Na ja, wir sind eine kleine Organisation." Liam warf Molly einen Blick zu.

„Wie klein? Um die Einwanderungsbehörde auszutricksen, ist bestimmt ziemlich viel Organisation nötig."

„Na ja, es sind nur wir drei. Molly, Josh und ich."

„Nur Sie drei?", fragte Portia und artikulierte mein Erstaunen.

„Na ja, bisher haben wir uns ganz gut geschlagen", verteidigte sich Liam.

Liam war Doktorand an der University of East Anglia, Josh war Lehrer und beide engagierten sich leidenschaftlich für Migrantenrechte. Molly war leidenschaftlich, wenn es um Gesundheit und Gerechtigkeit im Allgemeinen ging. Sie hatten den Namen The Guardians gewählt, damit ihre dreiköpfige Organisation einen professionellen Eindruck machte. Wie sie das alles stemmten? Es war nicht leicht gewesen, und während sie erzählten, konnte man ihnen den Stress anhören, den Druck, der auf ihnen lastete. The Guardians waren entstanden, als Juma in ihrer kleinen Wohnung unterkam, auf dem Boden im Wohnzimmer schlief; als man ihnen steckte, dass demnächst die Polizei vor ihrer Tür stehen würde, zogen sie aus. In den letzten paar Monaten hatten sie Juma an fünf verschiedenen Orten untergebracht, meistens bei Freunden, von denen manche nicht einmal wussten, wer Juma war oder was genau vor sich ging. Andere wiederum wussten Bescheid und waren schon aus Prinzip bereit zu helfen. Die ganze Zeit über hatten sie die Medien miteinbezogen, ihnen Einzelheiten über Jumas Hungerstreik zukommen lassen, über das Vorgehen der Regierung, die ihn verhaften wollte, obwohl sein Fall in Berufung gegangen war. Sie waren begeistert, als Josh erklärte, sie könnten Juma bei ihm unterbringen, beziehungsweise in der Wohnung seines Onkels, eines Bankers, der nach Spanien versetzt worden war und die Wohnung in Joshs Obhut gegeben hatte.

Ich bemühte mich, meine Enttäuschung zu verbergen. Alles hörte sich entsetzlich improvisiert an und es war nur eine Frage der Zeit, bis ihnen das Ganze um die Ohren flog. Ich war mir nicht sicher, ob ich mich da hineinziehen lassen sollte, das wäre unklug.

„Also …“, sagte ich und sah Portia an.

„Ihr braucht Hilfe.“ Portia wandte sich an Molly, lehnte sich vor. „Wie können wir euch unterstützen?“

„Ja, wie können wir euch helfen?“, wiederholte ich widerwillig.

Doch wie sich herausstellte, war ihre Bitte höchst bescheiden. Ich sollte mich diskret innerhalb der nigerianischen Gemeinde umhören, ob jemand wusste, wo Juma sich aufhielt, ob ihn eine nigerianische Familie oder Organisation versteckte. Sie hatten ein schlechtes Gewissen, weil sie nicht genügend auf ihn aufgepasst hatten. Ich kannte keine Nigerianer in London und hatte meine Zweifel, ob er sich an seine Landsleute wenden würde, aber um sie aufzumuntern, versprach ich, mich umzuhören.

Nachdem unser Besuch gegangen war, hatte Portia nicht einschlafen können, sich daher erneut die Tagebücher ihres Vaters vorgenommen und in einem davon ein Foto entdeckt, das an den Rändern vergilbt war. Es zeigte sie selbst, im Alter von einem Jahr, die Ähnlichkeit war bereits unverkennbar. Sie stand in einem Park oder Garten, es war Frühling, hinter ihr lag eine grüne Wiese, dahinter ein baumumstandener See. Lachend sah sie direkt in die Kamera und hatte sich in Pose geworfen, die Hand in die Hüfte gestützt.

„An das Foto kann ich mich gar nicht erinnern." Portia klang verblüfft.

Hinten auf dem Foto waren Datum und Ort vermerkt. *April 1992, Leeds.*

„Meine Mutter hat nie erwähnt, dass wir nach Leeds sind, als ich ein Jahr alt war."

„Das bist aber eindeutig du", sagte ich. „Dieselbe Nase, derselbe Mund, die schönen Augen schon in dem Alter voller Selbstbewusstsein." Auf der Rückseite des Fotos stand auch ein handschriftliches Gedicht, das ihr gewidmet war. Sie las es langsam vor.

FRÜHLING
(für Portia)

Es ist Frühling, Kind!
Spür die Säfte, noch gefroren im vergangenen Monat –
Wie der See vorm Fenster –
Lass die Säfte fließen.

Steh, geh, stolper und steh wieder auf,
Schau, die Kaninchen sind wieder da
Und auch die Blätter der Birke

Die Farben sind wieder hier,
Blaue Narzissen, gelber Löwenzahn,
Und grün, immergrün für dich.

Jubel mit Ranken und Pappeln,
Ruf vivat, denn der Winter war lang,
Und die Sonne ist wieder hier!

„Was für ein schönes Gedicht", sagte ich.

„Er hat es für mich geschrieben. In Leeds." Erstaunen lag in ihrer Stimme. Sie rief ihre Mutter an, die bestätigte, ja, sie seien in Leeds gewesen, als sie gerade ein Jahr alt gewesen sein, ein kurzer Aufenthalt, sie seien nur einen Monat dort gewesen, Mitte März bis Mitte April. Es war das letzte Jahr ihres Vaters in England gewesen, im darauffolgenden zog er nach Norwegen und sie sahen ihn erst wieder als Portia zehn war. Sie las ihrer Mutter das Gedicht am Telefon vor.

„Ich weiß nicht, was ich mit den Tagebüchern machen soll", meinte Portia später. Bisher hatte sie in den verschiedenen Kladden über zwanzig Gedichte ausgemacht, nicht alle waren vollendet, manche Fragment geblieben – über das Wetter, über das Meer. Manche waren May, seiner Geliebten, gewidmet. Eines mit dem Titel „Heimatlieder" schien fertiggestellt zu sein. Darin ging es um seine Kindheit und den ersten Tag im Internat. Alles in allem Texte aus zwanzig Jahren, alle unveröffentlicht. Tagebucheinträge gab es nur sporadisch, es gab ganze Jahre ohne einen einzigen Eintrag, aber gegen Lebensende, von 2009 bis 2011, hatte er durchgehend jeden Tag mehrere Seiten notiert.

„Du solltest dich an seinen Verleger wenden."

„Die sind mittlerweile alle im Ruhestand oder tot."

Von Charing Cross nahmen wir die National Rail. Die morgendliche Hauptverkehrszeit war bereits vorbei und das Gedränge lockerte sich allmählich auf, je weiter wir südwärts fuhren, bis wir nur noch ungefähr zu sechst im Wagen waren. Ein Mann auf der anderen Gangseite gackerte laut vor sich hin, das Lachen ließ seinen langen, dünnen Bart beben. Er sah müde aus, seine Augen waren gerötet und zwischen den Lachanfällen schlürfte er laut seinen Kaffee. Portia blitzte ihn an, wandte sich dann der vorbeiziehenden Umwelt zu. Balkons, an deren Geländer Wäsche trocknete, Backsteinmauern mit unlesbaren Graffiti. Neben dem lachenden Mann saß eine junge Frau, die sich redlich bemühte, ihn zu ignorieren. Sie konnte nicht älter als fünfzehn sein, mit der einen Hand umfasste sie die Lenkstange eines Buggys, in dem ein Kleinkind saß, mit der anderen presste sie sich ihr Mobiltelefon ans Ohr. Sie trug eine rosafarbene Jogginghose und ein dünnes T-Shirt, unter dem sich ihre winzigen Brüste abzeichneten.

Ihre Finger mit den langen, rotlackierten Nägeln klopften auf die Pailletten besetzte Hülle, die farblich genau zu den Nägeln passte. Die Wörter kamen immer schneller, ihre Finger trommelwirbelten auf das Handy ein, jedes Wort ein Akzentmischmasch aus Karibisch, Westafrikanisch, Südlondon. Es war ein Bummelzug, der an jeder Station hielt. Der Lachende verließ uns in Gillingham. Die junge Frau stieg in Crayford aus. Dann kam Abbey Wood. Wir standen auf.

Am Morgen hatte Portias Mutter angerufen, um sie zu erinnern, sie solle ihren Cousin besuchen, der, seit er sein Studium in England begonnen hatte, nie wieder auf Heimatbesuch in Sambia gewesen war. Sie hatte ihr Handy an mich weitergereicht und gesagt: „Meine Mutter." Und als ich sie verständnislos ansah, hatte Portia ermunternd genickt. „Sie möchte hallo sagen", sagte sie lautlos.

„Hallo", quetschte ich heraus. Ich hatte noch nie mit ihrer Mutter gesprochen und wusste nicht, wie ihre Stimme klang. Sie fragte, wie das Wetter in London sei, und ob wir schon am Piccadilly Circus gewesen seien. Ich antwortete der festen, klaren Stimme am anderen Ende mit ja beziehungsweise nein auf diese beiden Fragen. Schließlich bat sie mich, dafür zu sorgen, dass Portia ihren Cousin Jonah besuche, denn seine Mutter sei krank und mache sich Sorgen.

„Tut mir leid", sagte Portia anschließend, „ich habe dich wohl kalt erwischt."

„Schon gut." Offenbar hatte ihre Mutter nichts dagegen, dass sich ihre Tochter allein mit mir in London aufhielt, was ich sowohl erstaunlich als auch beeindruckend fand. Andererseits hatte Portia stets unmissverständlich klargemacht, wie nahe sie ihrer Mutter stand. Was sie ihr wohl über mich erzählt hatte? Ob ihre Mutter sich wohl Sorgen machte, ob ich ein verantwortungsvoller Mensch war, ob ich mich auch ordentlich um ihre Tochter kümmerte? Bestimmt, welche Mutter tat das nicht.

Ich dachte an meine Mutter. Als ich aus Italien zurückkam und Freunde mich besuchen wollten, tat sie stets, als wäre ich nicht zu Hause oder sagte, ich schliefe. „Deine Mutter hat so große Hoffnungen in dich gesetzt“, meinte mein Vater eines Tages zu mir. „Ständig hat sie ihren Freundinnen erzählt, dass sie dich einmal in Amerika besuchen, deine Frau kennenlernen und mit deinen Kindern spielen wird.“

Müde sah mein Vater aus, wie er dasaß, meinem Blick auswich. „Schau mal, ich weiß nicht, was mit dir passiert ist. Ich hoffe bloß, du hast nichts Ungesetzliches getan. Ich hoffe, du kannst irgendwann wieder zurück und deine Angelegenheiten in Ordnung bringen.“

Wir verließen die Station und folgten der Abfallspur auf dem Gehweg, Papier, Bierdosen, Zigarettenschachteln markierten den Weg. Wir kamen an einem Waitrose vorbei, an einem Curry Shop, einem Waschsalon; von der Stimme ihres Cousins am Handy navigiert, bog Portia mal nach links, mal nach rechts ab, bis wir schließlich in der Nähe von Abbey Road vor einem Straßenblock mit Sozialbauten standen. Die Häuser hinter großen Birken und Ulmen sahen alle gleich aus: Doppelhaushälften, jede mit eingezäuntem Garten hinten, vorn grüne Plastikmülltonnen. Quadratische Steinplatten führten zur Eingangstür. Portia klingelte und die Tür ging auf. Ein Mann Mitte dreißig öffnete, wobei er sich immer noch das Handy ans Ohr hielt. Er trug ein Trikot des Arsenal FC sowie Shorts und Fußballschuhe und wirkte auf mich, als wollte er gleich zum Training aufbrechen.

„Rein mit euch, Leute. Ihr kommt genau rechtzeitig. Das Spiel hat gerade erst angefangen."

Wir stiegen über den Poststapel auf dem Fußabstreifer und folgten ihm durch einen schmalen Flur in ein dunkles, enges Wohnzimmer, das vom Licht des großen, nahezu wandfüllenden Fernsehers erhellt wurde.

„Setzt euch", sagte Jonah, die Augen auf den Bildschirm geheftet. Auf dem Boden vor dem Fernseher saßen ein Junge und ein Mädchen, die ebenfalls Arsenal-Trikots trugen. Auf einem Rücken stand Thierry Henry, auf dem anderen Pires, der Vater lief als Patrick Vieira auf.

„He, Tom, Sheila, begrüßt eure Tante Portia. Die war das letzte Mal hier – wann?" Er sah Portia an.

„Vor vier Jahren? Ich war damals an der SOAS, es muss also vier, fünf Jahre her sein."

„Wow", sagte Jonah, „dann war Tom damals vier und Sheila zwei. Und sieh dir die beiden jetzt mal an."

Tom und Sheila drehten sich kurz um und riefen mit gelangweilter Miene im Chor „Hallo, Tante Portia" und wandten sich wieder dem Fernseher zu. Arsenal spielte gegen Tottenham Hotspur. Jonah saß auf der Sesselkante, ganz ins Spiel versunken, stöhnte bei jedem Fehlpass, jubelte bei jeder Rettungsaktion. Oft beugte er sich vor und klatschte seinem Sohn auf den Rücken. Die Kinder gingen genauso mit wie der Vater.

„Hast du das gesehen, Dad, hast du das gesehen?", rief der Junge. Er flitzte in die Küche und wir konnten hören, wie er seiner Mutter erzählte, was sich gerade auf dem Spielfeld getan hatte. Die Mutter war nur kurz zur Begrüßung ins Wohnzimmer gekommen, dann wieder in der Küche verschwunden, eine kleine Frau mit verbittertem, verkniffenem Gesicht. In der Halbzeit erhob sich Jonah, reckte und streckte sich. Er wirkte hoffnungsfroh – es stand 1:1. Er holte aus der Küche drei Dosen Bier, reichte eine mir, eine Portia und öffnete die dritte. „Auf Arsenal", er hob die Dose. „Ich hab ein gutes Gefühl bei diesem Spiel."

Seine Frau kam herein und setzte sich auf die Armlehne seines Sessels, legte ihm den Arm um die Schulter, als wollte sie ihn bremsen. Jonah prostete ihr zu. Sie lächelte dünn, mied aber hartnäckig Portias oder meinen Blick, starrte auf den Fernseher, obwohl offensichtlich war, dass sie das Spiel nicht interessierte. Die Halbzeitpause war vorbei, die Spieler kamen aus dem Tunnel, machten das Kreuzzeichen, als sie das Fußballfeld betraten, manche beugten sich vor und berührten den Rasen, alle begaben sich auf ihre Positionen. In den ersten zehn Minuten ging es steil bergab für Arsenal und nach Abpfiff waren sie 3:1 geschlagen.

Jonah zerdrückte seine leere Bierdose und schmiss sie gegen die Wand. Er sprang auf und rannte in die Küche, seine Frau warf uns einen entschuldigenden Blick zu und ging ihm nach. Kurz darauf hörten wir sie streiten. Ich stand auf, doch Portia schüttelte den Kopf. Also setzte ich mich wieder. Die Kinder saßen immer noch da und starrten auf den Fernseher, wo jetzt Experten das soeben beendete Spiel analysierten. Sie schienen darauf zu warten, dass die Spieler erneut aus der Umkleide kamen und das Spiel von vorn anfing, ihr Team seine Unbesiegbarkeit bekräftigte.

Jonah tauchte wieder auf, in der Hand eine Flasche Smirnoff, ließ sich laut aufseufzend in den Sessel fallen, knallte dann den Wodka auf den Tisch. Er würdigte uns keines Blickes, füllte sich ein Glas bis obenhin, trank es auf ex und wiederholte den Vorgang zweimal. In wenigen Minuten war die Flasche halb leer. Ich hörte, wie seine Frau langsam die Treppe hochging, jede Stufe gab ein lautes Knarzen von sich, dann klappte eine Tür zu und es klang, als würde ein Licht ausgeschaltet. Die Kinder starrten weiterhin auf den Bildschirm. Mit traurigem Gesichtsausdruck betrachtete Portia ihren Cousin. Er hockte zusammengesunken in seinem Sessel, das Gesicht in den Händen vergraben, vehement den Kopf schüttelnd und dann schlüpfte zwischen seinen Fingern ein Aufschrei hindurch.

„Scheiß auf euch, Gunners!", schluchzte er, „Warum, Arsenal, warum?"

Wenig später kam seine Frau nach unten, blieb an der Tür stehen und sah ihn an.

„Wir müssen los." Portia stand auf.

Sie brachte uns zur Tür, aufrecht und mit hocherhobenem Kopf. „Er hat seinen Job verloren", sagte sie und sah Portia mit dünnem Lächeln an. „Er hatte eine gute Stelle in einer Fabrik, dann fing er an zu trinken. Er verliert jeden Job. Sicherheitsfirma, Bote, Kellner, Taxifahrer, er hat alles ausprobiert. Jetzt probiert er nichts mehr aus. Er schaut Fußball und säuft."

Die Demonstranten hatten sich wieder versammelt, ungefähr ein Dutzend Personen auf jeder Straßenseite, wie üblich standen die Nativisten dichtgedrängt in der Nähe des Hauseingangs und schwenkten ihre Plakate. Sie buhten uns aus, als wir uns durch sie hindurch manövrierten, riefen: „Geht nach Hause!" und „Wo ist er?" und „Scheißasylanten!" Ruhig schloss Portia die Haustüre auf, während ich hinter ihr stand und meinen Rücken als Schutzschild gegen Wurf- und Wortgeschosse positionierte. Ich drückte die Tür fest hinter mir zu und nahm sie, die zitterte und keinen Schritt mehr gehen konnte, am Fuß der

Treppe in die Arme. Ich spürte, wie ihr ganzer Körper bebte und umarmte sie fester, bis sie sich beruhigt hatte. Zum ersten Mal dachte ich daran, in ein Hotel zu ziehen, weil wir hier möglicherweise nicht sicher waren. Im Flur, der zu unserer Wohnungstür führte, war es dunkel, daher nahm ich die beiden Gestalten in den langen Mänteln, die sich in den Türrahmen einer Nachbarwohnung drängten, gar nicht richtig wahr. Die größere Person kramte in ihrer Tasche, als suchte sie nach dem Schlüssel, und erst als sie aufsah, erkannte ich ihr Gesicht: Molly. Gleichzeitig sagte sie: „Ich bin's, Molly."

„Hallo, Molly", sagte ich.

Die andere Frau versteckte sich hinter Molly, ihr Gesicht lag im Dunkeln. Dann bemerkte ich, dass sie schwarz war und ein Kopftuch trug, das ihr bis über die Schultern reichte. Sie kamen mit uns in die Wohnung und setzten sich aufs Sofa und erst im Lampenschein kam mir das Gesicht dieser Frau vage bekannt vor. Irgendwo hatte ich diese Augen schon einmal gesehen. Portia ging in die Küche, um Tee zu machen, und ich folgte ihr.

„Was die wohl wollen?", fragte ich leise. „Außerdem kommt mir diese Frau irgendwie bekannt vor, dir nicht auch?"

„Das ist keine Frau", erwiderte Portia, „das ist ein Mann, das ist *er*. Sind dir nicht seine Schuhe aufgefallen, die Hände?"

Natürlich. Sie hatte vollkommen recht. Ich ging zurück ins Wohnzimmer und ja, er war es, das Kopftuch lag mittlerweile neben seinen Füßen, neben den dreckigen und zerschlissenen ehemals eleganten Schnürschuhen. Zusammengekauert saß er da, die Hände zwischen den Knien und sah mich an, ein abwartender Blick, er war sich nicht sicher, ob er willkommen war. Ein Mensch, der es gewohnt war, abgewiesen, auf die Straße geworfen zu werden, ein ausgesetzter Hund. Ich setzte mich ihnen gegenüber und wartete darauf, dass Molly das Wort ergriff.

„Wir haben ihn gefunden“, sagte sie überflüssigerweise.

Im Schutze des Kopftuchs war Juma von sich aus zurückgekommen. Molly wirkte kleinlaut, als würde sie gleich um etwas hanebüchen Unverschämtes bitten. Ich wappnete mich innerlich.

„Wo ist Liam?“, fragte ich.

Sie sah auf ihr Handy. „Ich erwarte jede Minute seinen Anruf. Er trifft sich gerade mit dem Pfarrer von St Luke’s, der uns unterstützt und versprochen hat, Juma eine Weile aufzunehmen. Hier ist er nicht mehr sicher.“

Lächelnd wandte ich mich an Juma. „Hallo.“

Er gab mir die Hand, legte sie dann auf sein Herz. Diese Geste überraschte mich, bei mir zu Hause war es durchaus üblich, nachdem man sich die Hand gegeben hatte, diese auf sein Herz zu legen, doch ich hatte diese Geste schon lange nicht mehr gesehen und schon gar nicht damit gerechnet, ihr hier zu begegnen.

„Hallo“, erwiderte er. Seine Stimme war heiser, kam pfeifend aus seinem Mund, der lange Hungerstreik hatte ihn ausgelaugt. Er nahm die Tasse Tee entgegen, die ihm Portia reichte.

„Danke sehr. Ich trinke nur Tee und Wasser“, sagte er. Offenbar war es ihm wichtig, klarzustellen, wie penibel er sich an den Hungerstreik hielt.

„Tut mir leid, dass ich Sie so überfalle. Aber Liam meinte, Sie kämen aus demselben Land wie Juma und dass Sie bereit wären, zu helfen“, meinte Molly.

Als ich schwieg, sah sie Juma an, dann Portia. Sie senkte den Kopf. „Wir haben sonst niemanden, an den wir uns wenden können.“

Gestern Abend sei wieder ein Stein durchs Fenster geflogen und der Vermieter drohe, die Polizei zu rufen, sie müssten sofort ausziehen. Am nächsten Tag, wenn mit dem Pfarrer alles laufe wie geplant, würden sie in die Kirche ziehen, aber für diese Nacht brauche Juma einen Unterschlupf. Sie hätten Angst, jederzeit könne die Polizei oder die Nativisten-Truppe an die Wohnungstür des Onkels hämmern. Sie könnten Juma nicht einmal durch den Hintereingang hinausschmuggeln, denn seit die Demonstranten diesen entdeckt hätten, werde er von ihnen bewacht. Molly und Juma hatten sich im Treppenhaus und den Hausfluren versteckt gehabt, wo sie seit zwei Uhr nachmittags auf uns warteten. Wir waren, nachdem wir uns von Portias Cousin verabschiedet hatten, nicht gleich nach Hause gegangen, sondern eine Weile ziellos herumgeschlendert, sahen uns im British Museum die ägyptische Sammlung an, aßen in einem karibischen Restaurant zu Abend und von dort nahmen wir nicht die U-Bahn, sondern gingen zu Fuß, bis wir nach ungefähr einer Stunde zu unserem Park kamen, wo wir uns noch einmal zehn Minuten hinsetzten – und die ganze Zeit über hatten die beiden auf uns gewartet, sich vor der Tür herumgedrückt, waren die Treppen hoch- und runtergeschlichen, immer auf der Hut, damit die Hausbewohner, die an ihnen vorbeikamen, sie nicht erkannten.

„Also", fing ich an, „diese Wohnung gehört uns gar nicht, wir passen, wie Sie auf die Wohnung des Onkels, nur darauf auf –"

„Geht in Ordnung", kam aus der Küche Portias Stimme. Lächelnd zuckte ich die Achseln. „Er kann bleiben. Eine Nacht lang."

Nachdem Molly gegangen war, fragte ich Juma, ob er etwas benötige. Er wollte ins Badezimmer. Er habe seit zwei Tagen nicht geduscht, meinte er. Ich zeigte ihm, wo das Bad lag und wo sich Handtücher befanden. Er zog seine kaputten Schuhe aus und schlappte in den Flipflops, die ich ihm gegeben hatte, zum Duschen. Portia betrachtete die Schuhe, die fast auseinanderfielen. Man fragte sich, wie er überhaupt darin laufen konnte; die Socken, die er in die Schuhe gesteckt hatte, waren geflickt und schmutzig. „Diese Socken müssen gelüftet werden", kommentierte sie, „die stinken."

Wir beratschlagten, was wir tun sollten: sie wegwerfen und ihm am nächsten Tag neue kaufen oder sie zum Waschsalon bringen, was kaum der Mühe wert schien, so fadenscheinig waren sie. Wir beschlossen, sie mitsamt den Schuhen vor die Wohnungstür zu stellen, das schien uns am wenigsten verletzend, zu Hause in Nigeria war es üblich, sie draußen stehen zu lassen. Und was war mit Essen, was wenn wir kochen wollten? Portia machte morgens gern Omeletts, wie würde sich das auf seinen Hungerstreik auswirken? Für uns zu kochen, während er mit dem Hunger rang, wäre extrem grausam. Gut, am nächsten Morgen würden wir das Frühstück eben ausfallen lassen und wenn er noch zur Mittagszeit hier wäre, dann würden wir einfach essen gehen – einmal von unserem Tagesablauf abzuweichen, würde uns nicht umbringen. Hoffentlich würde Liam ihn gegen Abend hinausschmuggeln können. Portia hängte seine wuchtige Jacke in den Garderobenschrank, das Kopftuch sorgsam daneben.

Juma saß vor dem Fernseher, die Augen auf die Nachrichten geheftet. Ob er wohl darauf wartete, dass sein Name erwähnt wurde?

„Wohin sind Sie gestern denn verschwunden?", fragte ich. „Die drei haben Sie gesucht."

„Ich habe den Bus genommen", antwortete er.

„Den Bus?"

Er nickte. „Ja, Busse sind ein sicherer Ort."

In seiner Anfangszeit in England habe er sich abends oft in den Bus gesetzt, sagte er, im Winter sei das der wärmste und sicherste Ort gewesen. Er sei in die Busse mit den längsten Strecken gestiegen, besonders gern in den, der zum Flughafen fuhr, darin verbrachte er manchmal drei Stunden am Stück, hin und her, und stieg nur aus, um sich etwas zu essen zu besorgen.

„Ich war noch nicht lange in England, ich hatte nur eine Tasche, eine sehr kleine, in der sich meine Zahnbürste, einmal Wechselkleidung und ein, zwei Bücher befanden, mehr nicht. Ich hatte Angst, irgendwohin zu gehen, irgendetwas zu machen. Mir kam der Bus wie der sicherste Ort vor."

„Und die Fahrer haben sich nie beschwert?"

„Nein. Manchmal habe ich mich am Flughafen herumgetrieben. Bei diesem vielen Kommen und Gehen fällt man nicht auf. Und in den Abfalleimern draußen finden sich Lebensmittel, die noch tadellos sind. Monatelang habe ich das so gemacht, bis sie mich erwischt haben."

„Wer hat Sie erwischt?"

„Die Einwanderungsbehörde. Ein Busfahrer muss mich verpfiffen haben." Abrupt verstummte er, sein Blick war auf den Fernseher geheftet. Portia stieß mich in die Seite. „Er sollte schlafen gehen", flüsterte sie.

Sie gab Juma eine Decke und fragte, ob er sonst noch etwas benötige, bevor wir uns zurückzogen. Er verneinte.

„Was, wenn Molly und Liam morgen nicht kommen?", fragte ich im Schlafzimmer.

Sie schien weniger besorgt als ich. „Die kommen schon."

Nachdem wir die Lampen ausgeschaltet hatten, trat ich kurz ans Fenster. Noch immer standen die Demonstranten mit ihren Plakaten da, manche hockten rauchend auf dem Bordstein, an der Ecke parkte ein Streifenwagen.

Als wir aufstanden, schlief Juma noch. Wir beschlossen, ihn weiterschlafen zu lassen, und machten einen Spaziergang. Wir aßen in einem kleinen Café, das gerade aufgemacht hatte. Schlaftrunken ging die Besitzerin von Tisch zu Tisch, rückte Stühle gerade, deckte ein. Anschließend kaufte Portia bei einem Obststand Äpfel. Als wir zurückkamen, war Juma wach und sah fern. Portia tat die Äpfel in eine Schale beim Fenster, mit einem schuldbewussten Blick auf ihn trug sie diese in die Küche. Er bemerkte es. „Sie müssen wirklich keine Rücksicht auf mich nehmen." Und um ihr noch mehr die Befangenheit zu nehmen, tischte er eine Geschichte über Obst auf. Offenbar hatte er für jeden Anlass eine passende Geschichte – das war seine Art, sich mitzuteilen – durch das, was er durchgemacht hatte. Oder er wollte auf diese Weise seinen Hunger vergessen. Jedenfalls erzählte er mit unerwartetem Nachdruck, wobei der Tonfall seiner heiseren Stimme stets gleich blieb. Sein Englisch war passabel, das Englisch eines Menschen, der kein Muttersprachler ist und die Sprache hauptsächlich aus Büchern gelernt hat, sich die Aussprache von Wörtern zusammenreimt.

„Einmal wurden ein Freund und ich in Griechenland von Skinheads angegriffen, zu dem Zeitpunkt war ich bereits zwei Jahre von zu Hause weg. Zwei Tage lang hockten wir ohne was zu essen in einem Haus fest."

„Wie konnte das passieren?", wollte ich wissen.

Er sah erst mir, dann Portia geradewegs in die Augen, forderte unsere Aufmerksamkeit ein.

„Mein Freund und ich hatten seit über einem Monat Erdbeeren gepflückt und der Bauer weigerte sich uns zu bezahlen und als wir uns beschwerten, hetzte er diese Jugendlichen auf uns. In Griechenland waren wir nur auf der Durchreise, wollten nach Frankreich und weiter nach London. Wir hatten nie vorgehabt, lange in Griechenland zu bleiben. Als wir kamen, war gerade Erntezeit und mein Freund Hassan – wir haben uns im italienischen Flüchtlingslager kennengelernt, er stammt aus Afghanistan – meinte, es ist absolut sinnvoll Geld zu haben, wenn wir in Frankreich ankommen, damit wir die Schmuggler bezahlen können, die sich selber lieber Führer nennen und die uns nach England bringen sollten und also arbeiteten wir. Fünf Euro pro Tag plus Essen. Wir arbeiteten und am Anfang bezahlte uns der Bauer auch regelmäßig, hat jeden Abend seinen Vorarbeiter geschickt, der hatte eine Geldtasche dabei, und wir bildeten eine Reihe und er gab uns das Geld. Und dann gab es keine Bezahlung mehr. Am ersten Tag dachten wir, da ist eben was schiefgelaufen, und gingen am nächsten Tag weiterhin zur Arbeit und am nächsten auch, mittlerweile schuldete er uns das Geld für mehrere Tage und dann war eine ganze Woche vergangen, ohne dass wir etwas von ihm hörten, daher gingen wir zu mehreren in sein Büro, um uns zu beschweren. Aber er hatte uns schon erwartet. Die Polizei war da, die musste in Bereitschaft gewesen sein, so was hatte er wohl schon mal gemacht. Die Polizisten sagten, wir müssen den Hof verlassen und das machten wir auch, ganz friedlich. Wir sind zu unseren Zelten, wir hatten da in einem Park außerhalb der Stadt ein Lager. Früh am nächsten Morgen kamen die Skinheads in ihren schwarzen T-Shirts. Die fingen an, unsere Zelte zu demolieren und mit Baseballschlägern auf uns einzuprügeln. Wir waren ein paar hundert, darunter Frauen und Kinder, aber wir hatten diesen jungen Männern nichts entgegenzusetzen, es waren ungefähr zwölf. Sie waren so wütend, und im Nachhinein frage ich mich, warum sie so wütend waren, sie schlugen auf Kinder und Frauen ein, traten brüllend auf sie ein. Wir rannten alle in verschiedene Richtungen weg, mein Freund und ich flüchteten uns in ein leerstehendes Haus, in dem wir dann zwei Tage lang festsaßen. Die Skinheads wussten, dass wir da drin waren, kamen aber nicht rein, sie warteten draußen auf uns, für sie war das ein Spiel, sie wollten uns aushungern. Zwei Tage ohne Essen, mit nur einer halbleeren Wasserflasche und ohne Heizung. Sie warteten in einer Bar auf der anderen Straßenseite, wechselten sich mit der Bewachung des Hauses ab und wenn die Kneipe zumachte, warteten sie auf der Straße, sie wussten, dass wir nicht entwischen konnten, es gab bloß einen Ausgang. Wir konnten sie sehen, ab und zu stellten sich ein paar vor die Bar, standen da in ihren schwarzen T-Shirts und den Springerstiefeln und musterten das Haus. Mein Freund Hassan hätte beinahe aufgegeben. Ich redete ihm zu, er soll durchhalten, er heulte und bettelte, er will aufgeben, dann fanden wir in einem Küchenschrank eine Dose eingelegte Äpfel, es war fast wie ein Wunder. Wir öffneten sie, tranken den Saft, dann machten wir uns über die Äpfel her. Dank dieser Dose hielten wir einen Tag länger durch und genau an diesem Tag gaben die Skinheads auf, sie gingen einfach und wir konnten das Haus verlassen. Als wir die Dose öffneten und ich ein Apfelstück rausnahm, ließ mir der Duft die Tränen in die Augen steigen. Ich erinnerte mich an all das Obst, das ich als Kind und Jugendlicher gegessen hatte, an die vielen Mangos, Bananen, die Melonen, Ananas. Ich wollte heim. Das Heimweh überkam mich so sehr, dass ich Bauchschmerzen bekam. Ein Moment der Schwäche, dem ich nie wieder nachgeben werde. Hunger ist ein Instrument. Hunger bedeutet Macht. Wenn man das Essen verweigert, bedeutet das für den Feind: Du kannst mir nichts mehr antun. Wenn ich bereit bin, mich für eine Sache zu Tode zu hungern, wovor sollte ich da noch Angst haben?"

„Weshalb sind Sie aus Nigeria weg?", fragte ich.

Weitschweifende Geschichten folgten, die uns wie zufällig gewählt vorkamen. Er saß auf dem Sofa, die Decke über den knochigen Knien, den abgemagerten Waden. Die Sätze purzelten nur so aus ihm heraus und es war absolut faszinierend, dass in dieser schmalen Gestalt so viele Worte wohnten. Im Flüchtlingslager in Calais hatte er eine Frau getroffen, die in ihrer Heimat reich gewesen war, sie besaß ein Restaurant und eine Villa, hatte Autos und Bedienstete und dann musste sie das Land verlassen, um ihre Haut zu retten. Im Lager, allem beraubt, was sie einst besessen hatte, tat sie vornehm, weigerte sich zu essen, sich zu waschen, sie lag in ihrem Zelt auf einer Matratze und rief die Namen ihrer Dienstmädchen, die in der Heimat geblieben waren, sie sollten kommen und aufräumen, ihr das Badewasser einlassen, sie wurde wütend, als sie keine Antwort bekam und stürmte aus ihrem Zelt, stolzierte Verwünschungen von sich gebend auf dem engen Raum davor auf und ab, verscheuchte die Kinder, die dastanden und das Spektakel betrachteten. Ein trauriger Anblick. Er wusste nicht, was aus ihr geworden war. Er war nur zwei Tage im Lager gewesen, dem trostlosesten Ort, den er je gesehen hatte, sie nannten es den Dschungel, schlimmer als Niger, Griechenland oder Deutschland. In Deutschland hatte er am Berliner Oranienplatz eine Demonstration miterlebt. Ein Mann hatte drei Tage lang auf einem Baum ausgeharrt, der Polizei Widerstand geleistet, die das Flüchtlingszeltlager auflösen wollte. Juma war voll der Bewunderung. Die Polizei war perplex, sie wusste nicht, wie sie dem Mann beikommen sollte. Mitten im kalten europäischen Winter blieb er, wo er war, klammerte sich im strömenden Regen an einen Ast, nässte und kotete sich ein, hatte nichts zu essen und zum Trinken nur Regenwasser, aber er kletterte nicht herunter.

Am Nachmittag kamen The Guardians und holten Juma. Offenbar war der Vermieter nach einem Telefonat mit Joshs Onkel weichgestimmt und hatte ihnen bis zum Auszug noch zwei Tage gewährt. „Glauben Sie, er steht das alles durch?", fragte ich Liam.

Mir war klar geworden, dass Juma geistig eventuell nicht ganz anwesend war. Sein Leidensweg hatte einen gewissen Tribut gefordert und oft wirkte er abwesend, manchmal war ihm offenbar kaum bewusst, wo er war oder was er gerade tat. Liam zuckte die Schultern. „Keine Ahnung. Am meisten Sorge bereiten uns die Behörden. Unsere Gewährsleute sagen, wir müssen jederzeit mit einer Razzia rechnen. Wir versuchen, die Medien zu mobilisieren, damit ein gewisser öffentlicher Druck entsteht und die da oben keine weiteren Maßnahmen ergreifen."

An diesem Nachmittag fingen die Demos früh an. In unserer Wohnung konnten wir die an- und abschwellenden Sprechchöre hören, es klang wie Fans in einem Fußballstadion, ohne das Gedränge der Massen, aber die Leidenschaft dahinter war unverkennbar. Ich spitzte die Ohren, rechnete ständig damit, dass schwere Stiefeltritte Kurs auf Flat 12 nahmen, der Befehl ertönte, die Tür zu öffnen oder ein Rammbock die Tür durchbrach. Aber alles blieb ruhig. Juma wurde kurz in den Nachrichten auf Channel 4 erwähnt. Der Schattenminister für Einwanderung verurteilte die grausame und unmenschliche Einwanderungspolitik des Innenministeriums, das Versprechen der Regierung, ein für Immigranten unwirtliches Klima zu schaffen. Migrantenrechtsgruppen forderten ihre Mitglieder auf, sich aus Solidarität mit Juma in Hungerstreik zu begeben. Im ganzen Land verweigerten Menschen, die sich in Abschiebehaft befanden, das Essen.

„Da unten tut sich was."

Portia stand am Fenster und sah zu den Demonstranten hinunter. Ich stellte mich neben sie. An diesem Tag war die Anti-Nativistenfraktion größer, auf manchen Plakaten prangte in großen stolzen Lettern Jumas Name.

„Offenbar gewinnt unser Freund die Herzen der Menschen", sagte ich, fürchtete allerdings, diese plötzliche Unterstützung könnte sich negativ für ihn auswirken. Der Regierung käme ein Gesichtsverlust mehr als ungelegen, weswegen sie eventuell schnell reagieren würde. Meine Sorge erwies sich als begründet.

Am nächsten Morgen stand die Polizei da. Früh am Morgen, als die Straße schlief und auf dem Gehweg die Plakate, Wasserflaschen und Zigarettenkippen von den Demos am Vorabend herumlagen, hörten wir, wie im Hausflur an eine Tür gehämmert wurde, und ich sprang aus dem Bett und hastete an unsere Wohnungstür. Sie waren zu fünft, in voller Schutzausrüstung. Die Tür ging auf und sie betraten die Wohnung. Mittlerweile stand Portia neben mir. Sie schob ihre Hand in meine und drückte sie ganz fest.

„Was ist los?", fragte sie. Doch sie wusste genau, was los war. Nach einer Weile kamen sie heraus, zwei kräftige Männer, die Juma an den zweigdürren Armen gepackt hatten, seine mageren, schuhlosen Beine berührten kaum den Boden. Dahinter folgte Molly, die ebenfalls ein Mann am Arm gepackt hielt, dann Liam und Josh; den ganzen Weg durchs Treppenhaus hallte klar und deutlich Mollys kämpferische Stimme: „Das dürfen Sie nicht. Das ist gegen das Gesetz. Sie haben keine rechtliche Handhabe."

Dann verstummten die Schritte und die Haustür klappte zu. Wir rannten zum Fenster und sahen gerade noch den Polizeimannschaftswagen davonfahren.

„Was sollen wir machen?", fragte Portia. Sie war den Tränen nahe. „Können wir denn gar nichts dagegen unternehmen?"

Ich sah ihr Gesicht einfallen, wie die Sandburg eines Kindes am Strand, wenn sie von den Wellen überspült wird.

„Es tut mir so leid", ich nahm sie in die Arme.

„Das ist ungerecht", sagte sie und wiederholte Mollys Worte, „das ist gegen das Gesetz."

Als ich in der Oberschule war, hatte ich einmal einer öffentlichen Hinrichtung beigewohnt, die es damals in Nigeria noch gab. Man hatte drei Diebe zu einem Fußballplatz am Stadtrand gekarrt und wir waren alle gekommen, um zuzusehen, Kinder, Männer, Frauen, von denen manche ihren Säugling auf dem Rücken trugen. Die Diebe, man hatte ihnen die Hände auf dem Rücken zusammengebunden, wurden von einem Militär-Pick-up heruntergezerrt und an sandgefüllte Ölfässer gebunden. Ich war erstaunt, wie jung sie wirkten, Teenager mit schläfrigen, benommenen Gesichtern. Wir sahen zu, wie sich die Soldaten in einer Reihe vor ihnen aufstellten und nach einem gebellten Befehl ihres Hauptmanns das Feuer auf sie eröffneten. Es war brutal. Innerhalb einer Minute waren die jungen Männer, die noch vor kurzem voller Leben und vielleicht sogar Hoffnung gewesen waren, tot, schlaff hingen ihre Köpfe herab. Ihre leblosen Körper wurden losgemacht und auf den Pick-up geworfen. Später sagten meine Freunde, ich hätte, während die Schüsse fielen, ständig „Das ist ungerecht! Das ist ungerecht!" gebrüllt.

„Ich weiß." Fest drückte ich Portia an mich, meine Wange an ihrer, spürte, wie ihr die Tränen hinabliefen, aber vielleicht stammten die Tränen nicht nur von ihr. „Es tut mir so leid."

Es war das letzte Mal, dass wir Juma leibhaftig sahen. Doch sein Foto tauchte überall auf. Die Nachrichten waren ein Buschfeuer, das Jumas Namen brüllte. Es gab Talkshows, Diskussionen und hastige Rechtfertigungen für das, was sich abgespielt hatte. Auf jedem Sender sah sich der Innenminister mit hochrotem Kopf einer Unmenge Mikrofone gegenüber und rang um plausible Erklärungen, warum es die Regierung für nötig befunden hatte, dermaßen viel Geld für die Abschiebung des Nigerianers aufzuwenden und dann das Ganze in den Sand zu setzen.

An jenem Morgen hatten sie ihn direkt zum Luton Airport kutschiert und in ein eigens gechartertes Flugzeug verfrachtet, das ihn direkt nach Nigeria bringen sollte. Ich stellte mir vor, wie der verängstigte Juma auf seinem Flugzeugsitz kauerte, das bis auf die beiden links und rechts von ihm sitzenden Sicherheitsleute leer war, zu schwach und zu verwirrt, um protestieren oder Widerstand leisten zu können, wie die Nacht draußen vor dem Fenster vorbeiglitt und dann das Abheben in die Wolken. In Abuja verweigerte die nigerianische Regierung die Landeerlaubnis, deshalb musste das Flugzeug mit seinem verblüfften Passagier nach einem kurzen Tankzwischenstopp in Malta nach London zurückkehren.

Ein merkwürdiges Gefühl, das Haus zu verlassen, ohne dass man auf Plakat schwingende Demonstranten traf, die mit wutverzerrtem Gesicht Hassbotschaften brüllten. Molly und Liam warteten beim Eingang auf uns und mir fiel ein, wie sie vor zwei Wochen mit Juma im Treppenhaus wie zwei verdeckte Ermittler in einem B-Movie auf uns gewartet hatten. Als Liam anrief, er habe einen Brief von Juma für uns, hatten wir sie eingeladen, aber sie wollten sich lieber woanders treffen, in einem nahegelegenen Pub, und ich konnte es ihnen nicht verübeln, das Gebäude barg wahrlich keine schönen Erinnerungen für sie.

Nachts hatte es geregnet und die Luft war immer noch kühl, aus einer nahegelegenen Krähenkolonie ertönten tapfere Unterhaltungen, die dem neblig-nassen Tag einen gewissen fröhlichen Anstrich gaben. Wir saßen in einem überfüllten Café, das hinter einer Bushaltestelle lag, im Fernsehen lief Fußball und die aufgedrehte Menge verfolgte lautstark jubelnd und buhend den Spielverlauf. Wir saßen im hinteren Teil, möglichst weit weg vom Bildschirm und bestellten jeder ein Bier.

„Wo ist er momentan?“, fragte Portia.

Als Antwort reichte mir Liam den Brief.

„Den hat mir sein Anwalt gegeben. Für Sie beide.“

Sobald Molly und Liam gegangen waren, öffneten Portia und ich den Brief. Während Portia laut vorlas, erklang durch die Zeilen Jumas Stimme, als wäre er hier bei uns, diese unglaublich sonore Stimme, die in einem so ausgemergelten Körper wohnte, nahm den Erzählfaden da wieder auf, wo er vor zwei Wochen abgerissen war:

Mittlerweile haben Sie bestimmt aus den Nachrichten oder von Liam erfahren, dass meine Abschiebung schiefgelaufen ist und ich wieder in Großbritannien bin. Nur so viel, nie hätte ich gedacht, dass ich dieses Flugzeug lebend verlasse. Aber ich möchte nicht über diese Tortur reden, das ist zu schmerzlich. Stattdessen möchte ich Ihnen erklären, warum ich damals meine Heimat verlassen habe. Sie erinnern sich, Sie haben mich danach gefragt, aber ich hatte nicht die Möglichkeit, Ihnen meine Gründe zu erläutern. Wenn ich Ihre Frage beantworten will, dann muss ich Ihnen meine ganze Geschichte erzählen. Einen Teil habe ich bereits erzählt und manches werden Sie selbst auf Ihren Reisen erlebt haben. Das wird ein langer Brief, aber hier im Auffanglager habe ich Zeit. Ich verbringe die Tage mit Lesen, die Bücher bekomme ich von netten Wohltätigkeitsorganisationen. Gerade lese ich The Lonely Londoners. Darin geht es um karibische Einwanderer. Manchmal ist ihr Englisch schlecht verständlich, aber ich kann mich gut in ihre Situation einfühlen. „Ihr glaubt wohl, die Straßen von London sind mit Gold gepflastert“, sagt einer über die Westinder. Sehr witzig. Die meisten sind bestimmt nicht gekommen, weil sie auf Gold aus waren, die wollten ein besseres Leben, bessere Möglichkeiten. Ich stelle mir ihr Leben in Bayswater vor und wie sie damit zurechtkommen mussten, dass die Straßen voller Schilder und Graffiti mit „Unser Wasser muss weiß bleiben“ waren. Es hat sich nichts geändert. Während ich das schreibe, fällt mir der Bus mit seiner Warnaufschrift ein, der immer um den Block fuhr. Aber zurück zu meiner Geschichte, ich fange mit der Nacht an, in der ich von zu Hause wegging. Wahrscheinlich dauert es ein paar Tage, bis ich mit Schreiben fertig bin, daher müssen Sie entschuldigen, wenn die Geschichte manchmal etwas zusammenhanglos ist oder ich mich wiederhole.

Die Schule, an der ich unterrichtet habe, war von religiösen Extremisten angegriffen worden, die unter anderem die westliche Bildung ausrotten wollten. Schon Wochen vorher hatten wir von ihnen gehört, wie sie von Stadt zu Stadt zogen, Polizeiwachen angriffen, die Waffen an sich nahmen und Banken überfielen und Geld raubten, jeden Tag sahen wir Menschenströme auf der Flucht vor den Mördern, immer mehr kamen durch unsere Stadt. Manche waren seit zwei oder drei Tagen unterwegs, zu Fuß, hauptsächlich Frauen und Kinder. Ich kann mich an eine Frau erinnern, die war bestimmt im siebten Monat schwanger, und als wir ihr rieten, sie soll sich in unserem Dorf ausruhen, weigerte sie sich. Sie wollte so viel Abstand zwischen die Mörder und sich bringen wie möglich. Wir haben nicht gefragt, wo ihr Mann und ihre restliche Familie sind.

In der Nacht wurde unser Dorf überfallen. Als Erstes griffen sie die Schule an, an der ich unterrichtet habe. Die stand etwas außerhalb und von unserem Haus konnten wir sehen, wie die Flammen in den Nachthimmel loderten. Sie gingen zum Haus des Rektors und brachten ihn und seine Frau und die drei Kinder um. Sie fuhren mit ihren Pick-ups durch die Stadt, feuerten in die Luft und brüllten religiöse Parolen. Ich muss Ihnen sagen, noch nie habe ich derart Angst gehabt. Jeder Schuss war enorm laut, stellen Sie sich vor, jemand hämmert mitten in der Nacht an Ihre Tür und reißt Sie aus Ihren Träumen. Mein alter Vater kam in mein Zimmer und sagte, ich muss fliehen. Er gab mir ein Päckchen mit seinen gesamten Ersparnissen. Er ist über siebzig, er und meine Mutter sagten, sie bleiben hier und stellen sich ihrem Schicksal. „Die können mich höchstens an die Wand stellen und erschießen, mehr können sie einem alten Mann wie mir nicht antun", sagte mein Vater. „Was deine Mutter betrifft, die bringen keine Frauen um. Aber wenn du bleibst, dich nehmen sie mit und machen einen Mörder aus dir."

Mein Vater wollte mir den Abschied erleichtern und ich wusste, er hatte recht, aber es war schwer, sie im Wissen zurückzulassen, dass ich sie vielleicht nie wiedersehe. Das ist die Geschichte, wie ich mein Zuhause verlassen habe, mit nichts als den Kleidern am Leib.

Warum ich mein Land verlassen habe? Ich wusste nicht mal, dass ich mein Land verließ. Wir rannten die ganze Nacht hindurch, wir überquerten einen Fluss und am nächsten Morgen hieß es, wir sind in einem anderen Land, in Kamerun. Wir ließen uns auf dem offenen Feld vor einer Schule im Gras nieder, wir alle, Männer, Frauen und Kinder, waren zu benommen, um richtig zu begreifen, was los war. Aber unser Martyrium war noch nicht vorbei. Zwei Tage später überquerten auch die Terroristen den Fluss und griffen die Schule an, haben mehr als die Hälfte der Leute umgebracht, die unter freiem Himmel schliefen, der Rest von uns, wir, die Glück gehabt hatten, mussten wieder fliehen. Wir rannten den ganzen Tag und als wir schließlich stehenblieben, hieß es, wir sind in einem anderen Land, der Republik Niger. Ich war ein Flüchtling geworden. Ich hatte keine Familie, kein Zuhause, keine Freunde, die Menschen, die gemeinsam mit mir geflohen sind, waren meine neue Familie.

Ich blieb über sechs Monate in Niger. Wir wurden auf offenem Feld untergebracht, wir waren mehr als zehntausend Personen. Meilenweit gab es weder ein Dorf noch eine Stadt, in der Ferne nichts als Baobab-Bäume, Buschland und ein paar Nomadensiedlungen.

Ich will Sie nicht mit Einzelheiten langweilen, ich will nicht darüber schreiben, wie ich gelitten habe oder welches Elend ich gesehen habe, stellen Sie sich einfach Folgendes vor: Über zehntausend Menschen leben auf einem Fleck, der ungefähr so groß wie eine Oberschule ist, wie viel Nahrungsmittel sind nötig, damit sie satt werden, wie viele mobile Toilettenkabinen sind nötig und stellen Sie sich vor, wie dunkel es nachts ist, weil es keinen Strom gibt, und überall Moskitos, weil Regenzeit ist, und manchmal fegte der Sturm die Zelte weg und wir mussten uns bis zum Morgen im strömenden Regen zusammenkauern. Und jeden Tag starben die Menschen wie die Fliegen. An einem Tag sah man ein Kind im Dreck spielen, am nächsten Tag erfährt man, dass es nachts gestorben ist. Ich habe mich häufig umgesehen und mich gefragt: Wo bin ich? Wer bin ich? Wie bin ich hierhergekommen? Ich bemerkte, wie sich manche bereits an dieses andere Leben gewöhnt hatten. Seltsam, wie das Leben einfach weitergeht. Die Leute brachten tatsächlich Kinder auf die Welt, heirateten und die Kinder gingen zur Schule, alles in unserem aus den Nähten platzenden Lager. Mein Blick aber war immer heimwärts gerichtet, jeden Tag träumte ich von meinen Eltern und ich fragte mich, was mit ihnen an dem Tag, als ich geflohen bin, passiert ist.

Gelegentlich kamen Vertreter der nigerianischen Regierung vorbei und versicherten uns, zu Hause wird die Lage immer besser, der Krieg ist fast gewonnen und bald können wir heim. Sechs Monate. Die gleiche Geschichte. Aber das Lager wurde nicht kleiner, sondern größer, täglich trafen weitere Menschen ein. Und eines Tages sagte ich zu mir: Du wirst nie wieder heimgehen können. Abends hörten wir Radio, meistens BBC und das Africa Radio Germany und da erfuhren wir, dass es mit dem Krieg bloß immer schlimmer wird, die Mörder immer mehr Dörfer und Städte in ihre Gewalt bringen und sie bereits ein sogenanntes Kalifat gebildet haben und bald werden sie auch die Dörfer hier in Niger angreifen. Zweimal wurde unser Lager in der Grenzregion umgesiedelt. Und da akzeptierte ich endgültig, dass ich nicht wieder heimkonnte, jedenfalls nicht so bald. Wenn ich im Lager blieb, würde ich dort sterben, so viel war sicher. Ich beschloss, weiterzuziehen. Andere waren bereits weg, hauptsächlich die Jungen, Starken und Gesunden. Jeden Tag kamen Männer aus Libyen, Algerien und Marokko, um uns zu überzeugen, dass wir mit ihnen mitkommen sollten. Ich gab ihnen die Ersparnisse meines Vaters, wir verließen das Lager, wir waren zu zehnt, drei Männer, vier Frauen und drei Kinder, zwei Jungen und ein Mädchen. Ich will Sie nicht langweilen mit der Geschichte, wie wir zusammengekauert in dem Lastwagen hockten und in der gnadenlosen Hitze vor uns hin schmorten oder wie der Lastwagen mitten in der Sahara, in der Nähe von Agades, eine Panne hatte, und wie wir uns einer anderen Gruppe anschlossen und den Rest des Weges zu Fuß gingen, ohne Essen und kaum Wasser, und wie wir uns weigerten, zurückzusehen, wenn die neben uns plötzlich zusammenbrachen und in den heißen Sand fielen und nie wieder aufstanden. Ich schaffte es nach Libyen, nur um dort von der Grenzpolizei verhaftet zu werden. Ich war tage-, wochen-, vielleicht sogar monatelang im Gefängnis, keiner weiß genau wie lange. Wir wurden in einen dunklen Raum gesteckt und dort vergessen, dort hörte ich von denen, die schon seit Tagen, Wochen, Monaten da drin waren, unterschiedliche Geschichten. Sie sagten, wir werden dort festgehalten und später an Leute verkauft, die uns Nieren, Herz und andere Organe entnehmen. Andere sagten, nein, wir werden an Reiche verkauft, in deren Häusern wir unser Leben lang wie die Sklaven schuften müssen. Ich will Ihnen nicht erzählen, wie man dort überlebte, dass wir unseren Urin trinken mussten, nur ungefähr sechs von den zwanzig eingesperrten Männern den Raum lebendig verließen. Ich hatte mir geschworen, ich werde diese Sache überleben. Ich hatte bereits angefangen, mich auf das Hungern vorzubereiten. Eines Tages hörten wir Schüsse und dann wurde die Tür von bewaffneten Männern aufgerissen, die sagten, ihr seid frei und könnt gehen. Einfach so.

Ein Jahr lang war ich in dieser libyschen Hölle.

Wenn ich Arbeit bekam, arbeitete ich, ich werde Ihnen nicht erzählen, was das für Arbeit war, aber in einem Jahr schaffte ich es, tausend Dollar zusammenzusparen. Warum ich weg bin? Woher soll ich das wissen? Ich wusste, wenn ich überleben will, dann muss ich weiter. Irgendwie geriet ich in eine Gruppe, die übers Mittelmeer nach Europa wollte. Mitten in der Nacht trieben sie uns mit vorgehaltenen Waffen in einem kleinen Hafen zusammen, Männer, Frauen und Kinder, hauptsächlich Familien. Wir müssen einen unendlich traurigen Anblick abgegeben haben, wie wir so dastanden und ich wusste, dass jeder Einzelne eine genauso traurige Geschichte hat wie ich, wenn nicht noch trauriger. Ich sah einen Mann mit seiner Frau und den beiden Kindern, alle trugen teure Jacken und Schuhe, die Frau hatte eine sehr edle Handtasche, als würde sie auf dem Flughafen auf ihren Abflug in den Urlaub warten.

Später fand ich heraus, warum die Schlepper die Waffen auf uns richteten. Man musste, egal wie viel man bezahlt hatte, den zugewiesenen Platz auf dem Schiff einnehmen, durfte nicht protestieren. Es war eng. Es war laut. Neben mir sangen mehrere Frauen „Halleluja!" Sie sangen die ganze Zeit. Es ging zu wie in einer Erweckungskirche. Ich hatte einen Platz unter Deck, direkt neben der mobilen Toilette, die für die über dreihundert Menschen auf diesem klapprigen Schiff ausreichen musste und aus der Urin und Kot herausquollen. Ich erspare Ihnen die Einzelheiten.

Natürlich sank das Schiff kaum eine Stunde, nachdem wir abgelegt hatten. Ich weiß nicht, was passiert ist, ich war ja unten neben der Toilette. Manche sagten, Milizen hätten uns beschossen, manche sagten, es sind unsere Fluchthelfer gewesen, die wollten uns wieder zurückbringen, damit wir noch einmal bezahlen müssen, ich weiß es nicht und es spielt auch keine Rolle, was passiert ist oder warum. Was eine Rolle spielte, als unser Schiff unterging, war, dass ich nicht schwimmen konnte und dass die Leute sich aufs Deck raufkämpften, um sich traten und brüllten und ihre Kinder an der Hand gepackt hielten. Die meisten hatten wie ich keine Rettungsweste an und konnten ebenfalls nicht schwimmen. Die stinkende Toilette rettete mich. In einem Augenblick war ich dort unter Deck, im nächsten unter Wasser und als ich auftauchte, war da diese blaue Plastiktoilette vor mir. Durch eine Sauerstoffblase oder vielleicht aufgrund der ganzen Scheiße, die sich zersetzte, trieb das Ding nach oben. Ich klammerte mich daran fest. Ich wusste, lange werde ich das nicht durchhalten. An mir trieben Menschen kreischend und um sich schlagend vorbei, Kinder und ihre Mütter trieben vorbei, mit dem Bauch nach oben, bevor sie untergingen, Plastikschuhe, Schüsseln, Bücher trieben vorbei und dann war auf einmal alles weg. Es gab nichts mehr, weder Himmel, noch Erde, noch Schiff, nur Wasser und der Wind, der übers Wasser pfiff. Es dauerte nicht lange, dann sank die Toilette, glücklicherweise kam in diesem Moment ein Dinghi vorbei und sie zogen mich aus dem Wasser. In dem Dinghi waren zwei Seenotretter und ein Vater mit seiner Tochter. So einen untröstlichen Menschen habe ich noch nie gesehen. Seine Frau und der Sohn waren da draußen auf dem Wasser und er war hier in diesem wackligen Bötchen mit seiner Tochter. Er raufte sich das Haar, er starrte unverwandt auf den Horizont, hoffte einen Blick auf sie zu erhaschen. Er war ein guter Schwimmer und sprang zurück ins Wasser und schwamm suchend herum und als seine ungefähr zehnjährige Tochter zu weinen anfing und nach ihm rief, kam er schnell zurück. Er saß hilflos und hin und her gerissen da und die anderen hielten ihn fest, weil sie Angst hatten, er tut sich was an. „So Gott will, werden Sie die beiden wiedersehen", sagte ich, weil mir eingefallen war, was mein Vater in der Nacht zu mir gesagt hatte, bevor ich geflohen bin. Aber er schaute weiterhin suchend übers Wasser, stand auf, schrie hinaus in den Wind, bis es Nacht wurde, bis seine Stimme heiser wurde und dann setzte er sich und umarmte seien Tochter und die beiden weinten und keiner von uns konnte sie trösten. Ich frage mich oft, was aus Vater und Tochter geworden ist, ob die Familie wieder zusammengefunden hat. Später habe ich, erfahren, dass von uns über dreihundert Menschen, die an diesem Morgen aus Libyen weggingen, nur ich, der Mann und das Mädchen und fünf weitere Personen überlebt haben.

Warum habe ich überlebt? Das frage ich mich oft. Ich bin kein sehr gläubiger Mensch, aber wenn man durchmacht, was ich durchgemacht habe, wird einem klar, dass es irgendwo einen Gott gibt, der die Menschengeschicke lenkt. Aber manchmal fragt man sich auch, wenn es einen Gott gibt, warum lässt er dann so etwas zu? Warum werden manche in ein Leben voller Elend und Leid geboren, während andere vom Tag ihrer Geburt bis sie sterben in Glück und Freude leben? Ist Gott voreingenommen? Was habe ich getan, dass ich so viel Leid ertragen muss? Was haben der Mann und das kleine Mädchen getan, dass sie von ihrer Familie getrennt wurden? Ich habe diese Gedanken einmal einem Pfarrer gegenüber erwähnt, den ich in Deutschland kennengelernt habe. Ich hatte hungrig und verfroren die Nacht in einer leeren Kirche verbracht und morgens weckte mich der Geistliche und bot mir wortlos Essen und Obdach für die kommende Nacht an. Wir kamen ins Gespräch und ich stellte ihm die gleiche Frage: Ist Gott parteiisch? Er meinte, wen Gott für Großes ausersehen hat, wird manchmal besonders geprüft. Ich lachte ihm ins Gesicht. Inwiefern waren die Männer und Frauen, die bei dem Schiffsunglück umkamen, für Großes ausersehen? Sie sind tot. Tot. Amüsiert sich Gott irgendwo, sitzt Er in Seinem Wohnzimmer und spielt Schach und schaut fern, ach so, wir befinden uns im Fernsehen, in einer Reality-Show, bei der es ums Überleben geht. Manchmal gehen mir solche Gedanken durch den Kopf, aber dann sage ich mir, hey, zumindest habe ich überlebt, ich habe es geschafft.

Ich hatte schon erwähnt, dass das ein langer Brief wird. Aber mittlerweile bin ich fast fertig. Ich habe Ihnen bereits einen Teil der Geschichte erzählt, wie wir zwei Tage lang ohne Essen in einem Haus in Griechenland gefangen waren, mein Freund Hassan der Afghane und ich. Er war derjenige, der mir von England erzählt und gesagt hat, das muss unser Ziel sein. Aber zuerst mussten wir Geld verdienen, deshalb haben wir auf diesem Hof Erdbeeren gepflückt. Ich erinnere mich an die zwei Tage in dem leerstehenden Haus und ich erinnere mich an die Stimmen der Skinheads in der Nacht, an ihre Schritte, die ums Haus herumgingen, wie sie warteten, dass wir rauskommen, ich erinnere mich, wie wir nach Angst und Schweiß rochen. Manchmal krabbelten wir zum Fenster und sahen auf den Platz mit dem Restaurant, wo die Leute zu Abend aßen und der Wind uns hin und wieder den Essensgeruch zutrug, wir vor Hunger beinahe wahnsinnig wurden.

Schließlich schafften wir es über Deutschland nach Frankreich, nach Calais.

Hassan hatte in Calais ein paar Bekannte und er sagte, von dort ist es nicht mehr weit nach England. Es hörte sich so einfach an, daher war ich nicht auf das vorbereitet, was mich dort erwartete. Sie nannten es den „Dschungel" und es war ein Dschungel. An dem Tag, als wir beim Flüchtlingslager ankamen, erlebten wir eine Messerstecherei mit, bei der ein Mann ums Leben kam. Einfach so. Es gab Streit, weil ein Mann einen anderen beschuldigte, er hat ihm sein Fahrrad geklaut, einen Inder, der sagte, nein, er ist damit nur in die Stadt gefahren, um Gemüse zu kaufen, und er hat das Rad zurückgebracht. Doch der andere, ein Eritreer, wurde immer lauter und rammte ihm das Messer in den Hals. So wurden wir im Dschungel von Calais empfangen. Ich erinnere mich an den Gestank und den Müll, der überall herumlag.

Hassan nahm mich zu seinen Freunden mit und sie fingen an, in ihrer Sprache zu reden. Einer musterte mich misstrauisch. Ihm boten sie eine Tasse Tee an, mir nicht. Das ist merkwürdig, dachte ich. Ich sagte, ich muss mal wohin. Jetzt redete der jüngere der Männer mit mir. Sei vorsichtig, sagte er auf Englisch, das ist ein Dschungel. Es kam mir vor, als will er mir Angst einjagen, aber ich war dankbar für die Warnung, immerhin war er der erste Mensch hier, der Notiz von mir nahm. Ich bedankte mich und ging raus. Vielleicht entdeckte ich ja irgendwo ein bekanntes Gesicht. Ich sah einen Mann, einen Schwarzen, und ging zu ihm hin und fragte, wo er herkommt. Warum willst du das wissen, fragte er wütend. Er sah wie ein Verrückter aus, hatte einen verstörten Blick und als er sich ganz dicht vor mir aufbaute, bemerkte ich, dass er starken Mundgeruch hatte. Ich drehte mich um und ging weg. Hey, brüllte er mir nach, hey. Ich ging weiter. Mir jagte sein Anblick Angst ein und ich fragte mich, ob ich wohl genauso aussah? Stank ich genauso, sah ich genauso irre aus und wusste es gar nicht? Es war eine Weile her, dass ich zum letzten Mal gebadet hatte, etwas Anständiges gegessen hatte oder frische Kleider angezogen hatte.

Wir blieben nur zwei Nächte dort, aber die Erinnerung an diesen Ort wird mir bleiben. Ich habe Ihnen schon die Geschichte der Frau erzählt, die in ihrer Heimat Eritrea reich gewesen war. Sie weigerte sich, mit jemandem zu sprechen. Sie hockte in ihrem Zelt und gab Anordnungen von sich, sie rief ihre Dienstmädchen: Esther, komm sofort her. Bring mir mein Essen, es ist schon längst Zeit, Esther. Oder sie erteilte Anweisungen, sie sollen ihr das Badewasser einlassen. Sie hockte da am Zelteingang und alle starrten sie neugie-

rig an, wie eine Kaiserin hockte sie da, mitten im Müll, mit zerrissenen Kleidern, stinkend und von Fliegen umschwirrt. Diejenigen, die sie kannten, sagten, bei ihrer Flucht ist ihr ganzer Reichtum an die Regierung ihres Landes gegangen, Häuser, Autos und ihr Mann ist verhaftet worden.

Jedenfalls gingen wir nach zwei Tagen weiter und ich war dankbar und glücklich, dass wir es geschafft hatten. Wir wurden zu den Lastwagen gebracht, wo sie die Nacht weit weg vom Dschungel verbrachten. Was, wenn wir erwischt werden, fragte ich, aber die Schlepper versicherten, es ist alles mit den Lastwagenfahrern vereinbart, wir müssen uns bloß unten am Lastwagen anschnallen und festhalten und sobald wir in Großbritannien sind, uns losmachen und wegrennen. Mein Freund schaffte es leider nicht. Wahrscheinlich war er eingeschlafen oder sein Gurtzeug war kaputt, ich hörte nur das Kreischen, als die Räder ihn überfuhren und dann ein weiches, schmatzendes Geräusch.

Am Abend davor hatten wir am Strand von Calais gestanden und übers Wasser zu den Lichtern auf der anderen Seite gesehen. Mein Freund sagte: Das ist Dover Beach. Er wusste gut über England Bescheid. Sein Vater hatte dort studiert und er hatte in Afghanistan eine englische Schule besucht, es war als ob er sich sein ganzes Leben lang auf diesen Augenblick vorbereitet hat. England, sagte er und seine Stimme klang ehrfürchtig. Er fragte, ob ich das berühmte Gedicht über Dover Beach kenne und als ich nein sagte, zitierte er aus dem Gedächtnis ein paar Verse. Er sagte, es ist von Matthew Arnold. Der Dichter hat auf der uns gegenüberliegenden Seite gestanden und zur französischen Küste hinübergesehen. Ich kann mich nicht mehr an alle Zeilen erinnern, aber es kommt „in dem ein steter Ton von Trauer schwingt“ vor. Ich weiß, was er damit meint.

Das ist also meine Geschichte, meine Freunde. Deshalb kam ich nach England. Deshalb habe ich mein Land verlassen. Den Rest kennen Sie. Jetzt bin ich hier, in diesem abgelegenen Auffanglager und warte darauf, dass sich mein Schicksal entscheidet. Liam und Molly kommen mich immer noch besuchen. Ich bin immer noch im Hungerstreik; mittlerweile habe ich seit hundert Tagen nichts gegessen. Ich mache mir keine Illusionen darüber, wie die Sache ausgeht. Die Regierung glaubt, dass ich einlenke und aufgebe. Das kann ich nicht. Ich bin müde, stimmt schon, und ich weiß, letztlich wird sich dadurch nichts ändern, sie werden weiterhin Menschen verhaften, wenn ich schon längst tot und vergessen bin. Ein Doktor hat mich untersucht. Er hat mich gewarnt, wenn ich noch länger faste, wird mein Körper irreparabel geschädigt. Er hat besorgt ausgesehen. Er hat meinen Blutdruck gemessen und mir in Augen, Mund und Ohren gesehen. Er hat versucht, mir Angst einzujagen, damit ich meinen Hungerstreik beende, wollte meinen Willen brechen. Ich habe ihm erklärt, dass ich nicht faste, weil ich das immer noch möchte, das alles hat für mich keine Bedeutung mehr. Ich habe keinerlei Appetit mehr, das ist die Wahrheit. Manchmal schiebe ich mir sogar etwas in den Mund, aber nachdem ich es gegessen habe, muss ich erbrechen. Ich kann nicht essen. Mir fallen die Zähne aus. Mir schmeckt nichts mehr. Sie haben mir alles vorgesetzt, was mich verlocken könnte, Obst, Gemüse, wollen mich zum Essen verführen, aber ich kann nichts im Magen behalten. Ich möchte die voll-

kommene Speise. Ich erkläre ihnen, dass ich Manna möchte oder Ambrosia, das Essen der Götter, und sie denken, ich mache Witze, aber ich meine es ernst. Ich möchte die vollkommene Speise, aber wo finde ich die auf Erden? Ich möchte das Essen meiner Mutter, das Essen, mit dem ich aufgewachsen bin. Ich möchte das essen, was ich als Erstes gekostet habe, ich möchte die Milch meiner Mutter, aber mittlerweile ist meine Mutter bestimmt tot.

Im Pub war es ruhig geworden. Das Spiel war zu Ende, unser Aufenthalt in London in zwei Tagen ebenfalls. Am nächsten Tag würde Portia die Lektorin ihres Vaters treffen, die sie übers Internet ausfindig gemacht hatte, und ihr die Notizbücher überreichen; ich hatte angeboten, sie zu begleiten, aber sie hatte abgelehnt, das sei etwas, das sie allein tun müsse.

Jetzt wollte sie wissen, ob ich mit nach Lusaka käme. Sie stand auf. „Ich mache mich jetzt frisch und wenn ich zurückkomme, möchte ich ein Ja oder Nein von dir." Sie beugte sich vor und küsste mich auf den Mund, ehe sie Richtung Toilette verschwand. Ich sah, wie die Blicke der Männer ihr durch den Raum folgten. In ihrem knielangen schwarzen Kleid, das sich eng um ihre Hüften schmiegte und ihre schmale Taille betonte, sah sie hinreißend aus. Ich war stolz, dass sie mit mir zusammen war, und hatte mich des Öfteren gefragt, warum sie mich gewählt hatte, wenn sie doch jeden Mann haben konnte, und warum eigentlich zögerte ich, warum konnte ich nicht ja sagen?

Kurz darauf war sie zurück, setzte sich mir gegenüber und nahm meine Hand. „Hast du dich entschieden?"

Ich stellte mir ihr Zuhause in Lusaka vor und es war, als wäre ich schon dort gewesen, so viel hatte sie mir davon erzählt, dass ich vor meinem inneren Auge die Schule sehen konnte, die Jacaranda-Bäume, die Kinder in ihren adretten Schuluniformen. Und sie wäre dort bei mir, jeden Tag. Aber würde ich dorthin passen? Würde das überhaupt eine Rolle spielen, solange wir zusammen waren? Die Dinge würden sich fügen. Ich sah sie intensiv an und staunte, wie sehr sie sich von der jungen, impulsiven Frau unterschied, die ich in Berlin kennengelernt hatte. Wie schön und beherrscht sie geworden war. Weil auch sie gelitten hatte.

„Was, wenn ich nicht derjenige bin, den du in mir siehst, was, wenn sich etwas in mir verändert hat, etwas in mir zerbrochen ist, seit wir uns das letzte Mal gesehen haben?"

„Wir werden uns schon zusammenraufen. Außerdem, das musst du zugeben, schlägst du dich allein nicht besonders gut. Als ich dich das letzte Mal alleingelassen habe, bist du in einem Flüchtlingslager gelandet."

Ich dachte an Juma, wie er in seiner winzigen Zelle im Harmondsworth Immigration Removal Centre saß und vielleicht las, zwischendurch immer wieder einschlief, weil er zu schwach war, um lange wach zu bleiben. Liam und Molly werden ihn pflichtbewusst weiterhin jeden Tag besuchen und selbst nicht mehr wissen, warum sie das tun. Sie reden über das Wetter, dass der Sommer fast vorbei ist. Jumas Stimme ist noch heiserer, noch leiser geworden, die Besucher müssen dicht an ihn heranrücken. Liam fragt ihn, ob er Wasser möchte, und Juma sagt ja. Er nimmt einen winzigen Schluck, befeuchtet seine zitternden, rissigen Lippen. Dann weicht die Klarheit aus seinem Blick und sie gehen. Am nächsten Tag verweigert man ihnen den Zugang mit der Begründung, er sei in eine andere Einrichtung verlegt worden. Wohin, weiß niemand so recht. Liam und Molly werden protestieren, den Anwalt aufsuchen, aber vielleicht werden sie auch nicht mehr kommen, sind ausgelaugt, ziehen keine Erkundigungen mehr ein, denn selbst die Gütigsten und Mitfühlendsten unter uns sind irgendwann emotional am Ende. Liam geht zurück nach Norwich und konzentriert sich auf sein Studium, Molly begleitet ihn, nimmt eine Stelle am N&N Hospital an. In den Medien wird es ruhiger um Juma, der in seiner Zelle sitzt und nach der Milch seiner Mutter dürstet, alles andere nicht bei sich behalten kann. Er schrumpft, entwickelt sich zurück, wird wieder zum Kind, rollt sich in einer Ecke wie ein Fötus zusammen. Sein Fleisch vertrocknet, seine Knochen werden zerbrechlich wie Zweige. Eines Tages schließen die Wachmänner die Tür auf und er ist nicht da, nur ein Haufen Zweige liegt auf dem Boden. Die Reinigungskraft kommt und fegt die Zweige zusammen, packt sie in einen Sack und wirft sie in den Müllcontainer.

Ich stand auf, half Portia in ihre Jacke, schlüpfte in meine und sagte: „Ja, gehen wir.“

ENDE

Anmerkungen

1 https:www.poetryfoundation.org/poems/45392/ulysses
I cannot rest from travel … übersetzt von Susann Urban

2 Suhrkamp, Frankfurt am Main 2001, S. 58

DANKSAGUNG

Mein Dank gilt zuallererst den Menschen, deren Geschichten in diesem Buch leben – dafür, dass sie mir ihre Erlebnisse anvertraut haben. Vielleicht findet ihr in euren Reisen die gesuchte Heimat.

Ich bedanke mich bei meinen Freunden, die sich die Zeit genommen haben, sich durch die verschiedenen Romanfassungen hindurch zu lesen und Vorschläge zu machen, vor allem hinsichtlich der deutschen Einsprengsel: Pascal Rondez, Branwen Okpako, Funmi Kogbe, Zainabu Jallo, Panashe Chigumadzi und Kai Hammer.

Danke, Johanna Meier, dass du meine Berliner Stadtführerin warst.

Bei meinen Agenten David Godwin und Ayesha Pande bedanke ich mich für ihre unerschütterliche Unterstützung und Ermunterung, dafür, dass sie sich um die geschäftliche Belange kümmern, bei meinen Lektor*innen Simon Prosser und Alane Mason – dieses Buch war eine Reise, die Jahre dauerte; danke, dass ihr einen besseren Schriftsteller aus mir gemacht habt.

Das hervorragende *An das Leid gewöhnt man sich nie. Salztränen* von Pietro Bartolo und Lidia Tilotta half mir, weitere Aspekte der Flüchtlingskrise für Europa zu verstehen.

Die in Buch 1 erwähnte Videoinstallation stammt von Branwen Okpako.

Ich bedanke mich beim DAAD für das wunderbare Jahr in Berlin. Ohne Ihre Unterstützung wäre dieser Roman nicht entstanden. Ein Dank geht an Flora Veit-Wild und Susanne Gehrmann vom Institut für Asien- und Afrikawissenschaften der Humboldt-Universität.

Schließlich ein Dank an alle, die hier nicht erwähnt sind, ich trage euch stets im Herzen. Die Begegnung mit euch hat mich für immer verändert.

Helon Habila, 1967 in Nigeria geboren, studierte Literatur und lehrte an der Universität, bevor er nach Lagos ging, um dort als Journalist zu arbeiten. Er lebt mit seiner Familie in den USA und unterrichtet Kreatives Schreiben an der George Mason University in Washington, D.C. Sein dritter Roman *Öl auf Wasser* (Wunderhorn 2012) wurde 2013 mit dem deutschen Krimi-Preis International ausgezeichnet. Helon Habila war 2013 Stipendiat des DAAD im Rahmen des Berliner Künstlerprogramms in Berlin.

Susann Urban arbeitet nach dem Studium der Germanistik und vielen lehrreichen Jahren im Buchhandel als Übersetzerin u.a. von John Steinbeck, Nuruddin Farah, Lola Shoneyin, Imraan Coovadia, Nadifa Mohamed und Ishmael Beah.

Indra Wussow, Herausgeberin der Reihe AfrikAWunderhorn, studierte Literaturwissenschaft, lebt in Johannesburg/Südafrika sowie auf Sylt. Sie arbeitet als Autorin, literarische Übersetzerin und Kuratorin für verschiedene internationale Einrichtungen. Ein Schwerpunkt ihrer Arbeit liegt im Dialog zwischen Wissenschaft und Kunst. 2002 gründete sie die Kulturstiftung Sylt Foundation, die interdisziplinäre internationale Kulturprojekte entwickelt und durchführt.

www.wunderhorn.de